英語学が語るもの

米倉　綽・中村芳久=編

小林　隆　　田中秀毅
長野明子　　中村不二夫
中村芳久　　服部義弘
保坂道雄　　堀　正広
堀田優子　　前田　満
山本武史　　米倉　綽

くろしお出版

まえがき

　「英語学」というと難しいという印象をもたれるかもしれませんが、英語という言語の音声（音韻）から意味の分野を研究することを「英語学」と呼んでいると考えてください。本書は、大学生や大学院生の皆さん、中学校・高校で英語を教えている皆さん、そして、今後小学校でも英語を教えることになる人たちにも、「英語学」で取り上げられる様々な問題を、わかりやすく「料理」して出すことに注意を払っています。各執筆者はこの「わかりやすく」を考慮しながらも最新の研究成果を踏まえて英語学のさまざまなテーマを論述する努力をいたしました。この意味ではすでに英語学を研究対象にされている皆さんにも参考にしていただけると思います。

　本書は音声学・音韻論、形態論、統語論・意味論の分野に分けていますが、どの分野も互いに関連しています。特に、統語論と意味論は峻別することは難しいため、ひとつのまとまりとして区分しています。第11章を除いて、この各分野は古英語・中英語・近代英語に関する内容と現代英語に関する内容を論じています。また、本書は 12 章からなっていますが、本書を手にしてくださる読者の皆さんは興味ある章から読んでいただいても理解できるように構成されています。

　各章の内容を簡単に記しておきます。

　第 1 章では後期中英語から初期近代英語にかけて生じた大母音推移について考察しています。大母音推移とは強勢をもつすべての長母音が二重母音化する音変化です。この音変化は標準英語にのみ生じた現象として説明されていますが、英語以外のゲルマン語系の語にもよく似た母音変化が見られます。また、この連鎖推移は長母音だけに見られるのではなく短母音にも見られます。このような事実から、大母音推移は分節音の歴史的変化やプロソディとの相互作用の問題をも考慮しながら検討するべきと問題提起しています。

第2章では現代英語の動詞の強勢について考察しています。例えば、acclimate や contribute のような3音節の動詞の強勢型をみると、3番目の音節に主強勢が置かれるのは語末音節がフットを形成する場合のみです。このように動詞の強勢をフットと形態構造を考慮に入れるとうまく分析できる場合が多いという事実を明らかにしています。

第3章では古英語および中英語における複合語と統語句の区別は可能かについて考えています。古英語では語尾屈折が現在のドイツ語のように豊富でしたので、この点から複合語と句の区別ができる場合がありますが、中英語になると語尾屈折は消滅しますので、複合語と句を識別する手段がなくなります。

第4章は名詞 ice がいかなる接辞の助けもなく動詞 ice としても用いられる現象を調査・分析しています。なぜ名詞 ice がそのまま動詞としても使われるのかと言えば、これは語形成の一つである転換によるものです。ここではこの英語の転換を詳しく考察しています。

第5章では he doesn't care というところを he don't care が許されるという言語現象を歴史的事実の検証から説明します。don't と doesn't の頻度の推移、統語的・文体的特徴からみた使用状況などを調べることで、he don't care もかつては正しい用法であったことを実証しています。

第6章はコンテクストからは省かれている部分が特定できない省略と意味変化の関係を論じます。例えば、gold「金メダル」は gold medal という複合語からの省略であり、このような省略は特定の表現にしか見られません。この事実を説明するためには構文文法でいうところの構文化のモデルを用いるアプローチが有効であることを明らかにしています。

第7章は一見単純にみえる BE 動詞の用法について検討しています。BE 動詞は A is B のようなコピュラが一般的ですが、場所・時間を表す副詞句を伴う be here や be＋現在分詞／過去分詞の場合など様々な用法がみられます。ここでは、このような多義ともいえる BE 動詞の働きを文法化という視点から論述しています。

第8章では Mary smiled a merry smile. のような同族目的語構文の統語的・意味的特徴について考えます。先ず、これらの特徴について述べ、

さらに同族目的語の解釈がどのようなものであるかを明らかにします。そののち、この解釈が同族目的語構文とその受動文の容認性とどのような関係にあるかという点を認知文法の視点で論じます。

第9章は部分構造とよばれている英語のA of B形式の表現について考察しています。タイトルにあげているsome of the booksとsome of themは表面上は部分・全体の関係であり、部分構造といえますが、それぞれの表す意味は同じではありません。そこで、このなぜ異なる意味になるのかという疑問をJackendoff（1977）や田中（2017）に基づいて解決しています。

第10章では主節で表される内容に対する話し手のためらいを示す働きをする評言節とよばれるI meanとI knowをとりあげて、語用論の基本的概念であるグライスの会話の公理とポライトネス理論に基づいて、その統語的・意味的特徴を明らかにします。

第11章はコロケーションという習慣的な語と語のつながりをとりあげ、これを語彙的、文法的、意味的観点から考察しています。また、コロケーションとイディオムの関係や認知文法の基本的概念であるメタファーからみたコロケーションについても説明を加えています。

最後の第12章は、いわば言語全体あるいは英語全体を一つの観点から捉えようとする場合の素描です。ここでは認知という一つの観点から、語の使い方や文法現象を説明するということはどういうことか、言語の特徴とされる要素の結合や再帰性（recursion）というのは認知的にどのように捉えられるのか、を考察します。また言語の類型、言語の起源・進化についても認知的な接近法が示されています。

最後になりましたが、本書を出版するにあたり、くろしお出版の池上達昭氏にはその企画の段階から校正まで貴重なご助言をいただきました。ここに記して感謝の意を表します。

2018年2月　　　　　　　　　　　　　　　　米倉綽・中村芳久

目　次

1 「大母音推移」は本当にあったのか ……………………… 1
―連鎖的母音変化をめぐる諸問題―
服部義弘

1. はじめに　1
2. 「大母音推移」についての従来の説　1
3. GVS をめぐるさまざまな問題　5
4. 社会言語学的考察　10
5. GVS を問い直す　13
6. 結び　16

2 動詞の語強勢と形態構造 …………………………………… 19
―acclimate はどのように発音されるのだろうか?―
山本武史

1. はじめに　19
2. 語強勢の概略　20
3. さまざまな動詞の強勢　24
4. おわりに　41

3 ice cream は語か句か? ……………………………………… 43
―古英語と中英語における複合語―
米倉　綽

1. はじめに　43
2. 現代英語における複合語と句を区別する基準とは？　44
3. 古英語と中英語における複合語　46
4. おわりに　59

4 なぜ ice は動詞としても使えるのか？ ……………………… 63
―現代英語における転換―
長野明子

1. はじめに　63
2. 屈折と語形成　67
3. 可能な品詞の組み合わせ　68
4. 生産性を支えるもの　74
5. 同一性の条件　78
6. まとめ　83

5 He don't care の慎ましやかな訴え ……………………… 87
―否定辞縮約形 don't と doesn't の競合の歴史―
中村不二夫

1. はじめに　87
2. *don't, doesn't* の初出と確立期　88
3. *He don't care* 語法の歴史　90
4. 結論　102
5. 追記　103

6 なぜ Gold だけで「金メダル」？ ………………………109
―省略と意味変化―
前田　満

1. はじめに　109
2. 復元不可能な省略　110
3. 構文的視点の重要性　115
4. ゲシュタルト化と省略$_2$　121
5. まとめ　125

viii | 目 次

7 変幻自在な BE 動詞の謎 ……………………………………127
―文法化の視点から―
保坂道雄

1. はじめに　127
2. コピュラ文と Predication　128
3. 進行形の文法化　132
4. 受動態の文法化　138
5. BE 動詞の文法化　141

8 Mary smiled a merry smile.は「陽気な微笑みを微笑んだ」？ …143
―同族目的語構文の特性と意味解釈―
堀田優子

1. はじめに　143
2. 同族目的語構文の特性　143
3. 認知文法からみた同族目的語構文　148
4. 同族目的語構文の意味解釈　151
5. 同族目的語構文の解釈と受動文　154
6. まとめ　158

9 some of the books と some of them は同じ意味か？ ……161
―A of B で表される部分・全体の関係の考察―
田中秀毅

1. はじめに　161
2. 先行研究における部分構造の分類　162
3. 部分構造の3分類と類別詞の機能　167
4. T部分関係を表す部分構造の下位類　173
5. おわりに　177

目　次　| **ix**

10 I mean と I know の使用の傾向と動機を探る ………179
―語用論からみた評言節―
小林　隆

1. はじめに　179
2. 評言節とは？　179
3. 先行研究　182
4. 語用論の理論に基づく考察　183
5. 認知語用論的分析の可能性　194
6. おわりに　195

11 コロケーションとイディオムと認知 ……………………199
―語と語の結びつきを探る―
堀　正広

1. はじめに　199
2. コロケーションの定義　199
3. 語彙的コロケーション　200
4. 文法的コロケーション　202
5. 意味的コロケーション　203
6. コロケーションとイディオム　209
7. コロケーションと認知　210
8. 語順　216
9. おわりに　218

12 認知から言語をとらえる……………………………………221
―超入門・認知言語学―
中村芳久

1. はじめに　221

2. 認知が語彙に反映するということ：動詞 *rise* の場合　222

3. 認知が文法に反映するということ：
   主語と直接目的語の場合　228

4. 要素結合から再帰性（recursion）への認知的基盤　236

5. 2つの認知モード：言語の進化とタイポロジー　242

6. おわりに　247

索　引　249

1 「大母音推移」は本当にあったのか
―連鎖的母音変化をめぐる諸問題―

服部義弘

1. はじめに

　アルファベットを構成する最初の 3 文字、すなわち A, B, C は、英語ではそれぞれ /eɪ/, /biː/, /siː/ と発音され、それがこれらの文字の名称となっています。これらの文字をこのように発音するのはローマン・アルファベットを用いるヨーロッパの主要言語の中ではおそらく英語だけではないでしょうか。たとえば、フランス語では A /ɑ/, B /be/, C /se/、ドイツ語では A /aː/, B /beː/, C /tseː/ というように、その母音部分はほとんどローマ字読みで発音すればよいようになっています。他の母音字、たとえば I や O なども、英語では、それぞれ、/iː/ でなく /aɪ/, /oː/ でなく /oʊ/ と発音されて、他の諸言語とは異なっています。なぜ、英語だけがこのような変則的な発音になっているのでしょうか。この問題を解く鍵は、かつて英語に起こったとされる大規模な母音変化の過程の中に隠されています。

　以下、その母音変化について、まず、伝統的な考え方を紹介し、続いて、従来の定説についての問題点を指摘したうえで、新しい考え方を提示することにします。

2. 「大母音推移」についての従来の説

　まず、以下の議論に入るまえに、議論の前提として必要な、母音の体系を構成する各母音とその分類上の名称を見ておくことにしましょう。

次の図をご覧ください。

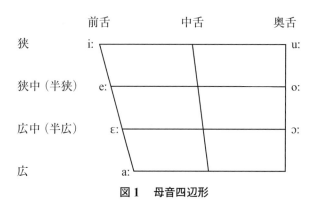

図1　母音四辺形

上の図1において、四辺形の左側が人間の口内の前の方、右へゆくほど奥になります。同様に、四辺形の上方ほど口内の天井部分に近くなり、下方ほど床部分に近くなります。そして、横軸の前方から奥に向かって、それぞれ、前舌、中舌、奥舌、縦軸の上方から下方に、狭、狭中、広中、広と呼びます。これにしたがって母音を分類するわけですが、たとえば、/i:/ は前舌狭母音、/ɔ:/ は奥舌広中母音などと呼びます。以下、母音を特定する際に、このような呼びかたをしてゆきます。

　近代英語（Modern English、以下 ModE と略記）の母音体系は中英語（Middle English、以下 ME）のそれとは著しく異なっており、そのなかでも特に顕著なのは ME の長母音と、それに対応する ModE の発達形との間に発音上の大きな不一致が見られることです。これらの不一致を引き起こした個々の音変化はそれぞれがでたらめに変化したのではなく、ある種の型をなしていることを指摘した初期の代表的な研究が Luick (1914–1940) と Jespersen (1909) であったといってよいかと思います。ここでいう「型」を端的に表したものが次の図2で、Jespersen の命名によって、一般に「大母音推移」（Great Vowel Shift、以下 GVS と略称）と呼ばれています。GVS については過去何十年にもわたって研究が続けられてきていますが、いまだにその原因や変化の過程については不明

2.「大母音推移」についての従来の説

な点が多く、英語史上最大の難問（crux）の1つとされています。

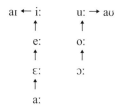

図2　大母音推移概略図

　以上を簡単に要約すると、GVS とは後期 ME 期から初期 ModE 期（およそ 1400 〜 1700 年頃。以下で見るように、さらに早く、13 世紀に開始されたとする見方もある）にかけて、強勢をもつすべての長母音に起こった変化で、その大きな特徴は、①当該の母音が生起する前後の環境とは関わりなく変化した文脈自由の過程であること、②母音四辺形の最上段の狭母音は二重母音化し、それ以下の母音は一段ずつ上昇化した、いわば縦軸方向の変化であること、の 2 点です。多くの研究者は GVS を構成する個々の変化は相互に連動した連鎖的音変化であるとみなしてきました。

　ここで、GVS 以前と以後、そして現代英語（Present-day English、以下 PDE）における発音の変遷を表にしてまとめておきましょう。

表1　GVS 発達経路

	GVS 以前	GVS 以後	PDE	
bind	/biːnd/	/bəɪnd/	/baɪnd/	（類例：find, wife, time）
see	/seː/	/siː/	/siː/	（類例：keep, fiend, teeth）
beat	/bɛːt/	/beːt/	/biːt/	（類例：sea, meal, wheat）

ME/ɛː/ をもつ break, great, steak, yea は例外的に下の ME/aː/ の発達形と途中で合流し、PDE では /eɪ/ となる。固有名詞 Reagan, Yeats なども同様

| name | /naːm/ | /nɛːm/ | /neɪm/ | （類例：face, day, take） |
| goat | /gɔːt/ | /goːt/ | /goʊt/ | （類例：boat, nose, home） |

PDE の /goʊt/ はイギリス英語ではのちに /gəʊt/

| fool | /foːl/ | /fuːl/ | /fuːl/ | （類例：goose, moon, tooth） |
| house | /huːs/ | /həʊs/ | /haʊs/ | （類例：cow, mouse, loud） |

4 | 第 I 章 「大母音推移」は本当にあったのか

　なお、上記の例と同じ ME の母音をもつにもかかわらず、現在でも
ME の発音を留めている例が PDE に散見されます。次の語群の下線部
の母音の発音に注意してください。

　　/ i:/　　machine, police, routine, unique

　　/u:/　　group, rouge, soup

　　/ɑ:/　　garage, mirage

実はこれらの例は GVS の過程が終了したのちに英語に借入された語で
あるため、GVS の適用を受けずに、ME 時代の発音を今日まで留めてい
るものなのです。

　上で述べたように、GVS とは ME の長母音に起こった一連の上昇化
（raising）と二重母音化（diphthongization）の総称というのが今日までの
伝統的な考え方です。最上段の狭母音は二重母音化し、それ以下の母音
は広から中、中から狭へと上昇しました。この変化の過程が内的な因果
関係を前提としていること、つまり、母音空間における個々の母音の変
化が相互に関連し合って推移していると考える点で従来の考え方は共通
しているといえます。どこまでの変化を GVS と考えるかについては、
意見が分かれており、ME の長母音の ModE への変化すべてを含める立
場と、上二段の変化のみを GVS とし、それ以降に起こった下二段の上
昇や、新たに生じた二重母音の第一要素が下降化・中舌化した過程、
ME の /eː/ と /ɛː/ がいずれも /iː/ に融合した過程は GVS 自体に含まれな
いとする立場が主なものです。その後も、19 世紀に起こった二重母音
化により、ME/aː/, /ɔː/ から発達した /eː/ と /oː/ はそれぞれ /eɪ/, /oʊ/ とな
りました。これに加えて後者の /oʊ/ の第一要素はイギリス標準英語で
は、後に中舌化し、現在 /əʊ/ となっています。これらは通例、GVS に
は含まれないとする考え方が一般的です。狭中母音の上昇と狭母音の二
重母音化の上二段の変化のみを GVS とみなすにせよ、そのあとに起
こった一連の変化も含め、GVS をより広義にとるにせよ、GVS 全体を
一体化した（unitary）変化と考える点では多くの論者の考えは共通して

います。しかし、この、特定の母音変化が次の母音変化を誘発し、それがまたその次の変化を引き起こすとする考え自体が近年、疑問視されるようになってきました。従来の考え方の問題点は、GVSが進行している数百年の間にも、当然、それぞれの時代の話者／聴者が存在するわけで、その間、各時代の人々は何の支障もなくコミュニケーションの道具として、その時代の発音によって英語を用いてきたわけですから、何らかの動機づけに基づいて、何らかの目的に向かってGVSという一連の連鎖的変化が起こったとすると、200年、あるいはそれ以上も、不完全な母音体系が続いたということになってしまい、その間、なぜ人々が何の支障もなく英語をコミュニケーションの手段として使用することが可能であったかの説明がつきにくくなります。

　以上、GVSに対する従来の一般的な説明について述べましたが、本当にこのような連鎖的な推移があったのかどうか、次節で見てゆくことにしましょう。

3.　GVSをめぐるさまざまな問題

　GVSをめぐって、これまでさまざまな問題が提起されてきました。以下、Stockwell and Minkova（1988a）にしたがって、その論点を整理しておきましょう。

GVSに関する論点
①　発端の問題（The inception problem）
　　GVSが実際あったと仮定して、そもそもどの音から始まったのか。
　　GVSの発端は何か。
②　融合の問題（The merger problem）
　　母音対立を保持しようとして、異なる発音をもつ複数の母音が融合して同音になってしまわないように、順次、連鎖的に推移するという考え方は真に妥当なものであるのか。

③　順序の問題（The order problem）

GVS を構成する各母音変化は段階的に順番に起こったのか。それ
が正しいとした場合、変化の年代的順序はどのようであったか。

④　方言の問題（The dialect problem）

想定されている推移は標準英語における変化を述べたもので、他の
方言では違った変化をたどったと考えられる。方言間の相違をどの
ように説明するのか。

⑤　構造的一貫性の問題（The structural coherence problem）

GVS は各変化が相互に関連した単一のまとまりをもった推移現象
であったというのは果たして事実なのか。

　　ここでは①の GVS の発端は何であったかという問題に焦点を当てて
みましょう。これまで提出された GVS の発端に関する説として代表的
なものは次の 2 つです。

(1) 引き上げ連鎖説（drag-chain theory）

最初に狭母音 /iː/, /uː/ が二重母音化し、その結果として生じた空隙
を埋めるために、いいかえれば、調音上・知覚上のスペースを等距
離に保とうとして、一段下の狭中母音 /eː/, /oː/ が引き上げられた、
とする Jespersen（1909）の説。

(2) 押し上げ連鎖説（push-chain theory）

最初に狭中母音 /eː/ と /oː/ が何らかの理由で上昇変化を受け、もと
の /iː/, /uː/ の位置まで高められた。融合（merger）を避けるために、
もとの狭母音は狭中母音に押しやられて、それぞれ、/əɪ/, /əʊ/（一説
では /eɪ/, /oʊ/。Lass（1999）などを参照）に二重母音化した、とする
Luick（1914–1940）の説。

　　なお、押し上げ連鎖説については、わが国で出版されている多くの英
語史概説書が最下段の広母音から上昇が開始されたとする説である旨の
記述をしていますが、母音四辺形の下二段の広中および広母音の上昇は

上二段の変化よりずっと遅れて 1750 年頃であるとされていますので、最下段から上昇が始まったと考えるのは無理があると思います。当の Luick も、上述したとおり、狭中母音の上昇から始まったと考えています。引き上げ連鎖説と押し上げ連鎖説のいずれが事実により近いのか、さまざまな論者が各種の論拠を挙げて論じてきましたが、今日に至るまで、最終的結論には達していません。

　ここで GVS の開始時期について述べておきます。GVS がいつ始まったのかについては諸説ありますが、Jespersen（1909）では 1500 年ごろ始まったとしています。Luick（1914–1940）はそれより少し前であったと考えています。最近の Stenbrenden（2010, 2016）の研究では、当時の綴り字などを手がかりに、1400 年より前、13 世紀中葉には GVS の初期段階が始まったと主張しています。Minkova（2014）もこれに賛意を示し、ME /iː/, /uː/ の二重母音化と /eː/, /oː/ の上昇化はイギリス中東部や中西部では 13 世紀にほぼ同時期に起こっているとしています。同時期であるとすれば、上述の引き上げ連鎖説と押し上げ連鎖説のいずれが正しいかという問題もそもそも問題にならなくなります。また、Minkova は ME の広中母音および広母音の、いわゆる下二段の変化（/ɛː/ → /eː/, /ɔː/ → /oː/, /aː/ → /eɪ/）は上記上二段の変化と比べるとはるかに遅れて起こっているとしているため、時間的隔たりの大きさから考えて、これらを一連の連鎖的な母音推移と見ることは難しいとして、従来の説に異を唱えています。

　引き上げ連鎖説か押し上げ連鎖説かの問題に関して、1 つの事例を挙げておきます。Johnston（1997）の研究によりますと、13 世紀後半に起こった「北部 /oː/- 前舌化」（Northern /oː/-Fronting）という音変化の結果、北部方言およびスコットランド方言の一部では、奥舌狭中母音の /oː/（たとえば boot などの母音）は前舌円唇狭中母音 /øː/ へと前舌化しました。次の図 3 をご覧ください。

8 | 第 I 章 「大母音推移」は本当にあったのか

iː	time	uː	loud
eː	green	øː←　(oː)	boot
ɛː	break	ɔː	boat
aː	name		

図3　北部 /oː/- 前舌化

イングランド北部方言およびスコットランド方言に奥舌狭中母音 /oː/ を
欠く体系をもつものがあったことになります。これらの方言で注目すべ
きことは、イングランド南部に起こったとされる、GVS の一環として
の奥舌狭母音の二重母音化が起こらなかったということです。つまり、
ME /uː/ をもつ語（たとえば、loud）は /uː/ のままであり、二重母音には
ならなかったのです。逆の見方をすれば、この事実は、標準英語版
GVS では、狭母音と狭中母音の変化が連鎖的なものであったこと、さ
らにいえば、その際、押し上げ連鎖が働いていたことを暗に示している
といえると思います。しかし、このことからただちに GVS においては、
押し上げ連鎖説が関与したという一般化は引き出せず、引き上げ連鎖説
を支持するような証拠も別に見出せます。おそらく、方言によって
GVS の進行過程は異なっていたと見るほうが妥当かもしれません。

　さて、Stockwell and Minkova（1988a）は、上述の GVS の 5 つの論点
について、変化の発端や各変化の生起順序を問題にすること自体、母音
推移の内的一貫性を前提とした問題提起であって、各変化間の因果関係
をはじめから想定しての議論である、と述べています。Stockwell and
Minkova（1988a, b）は GVS を時代的に特定しうる、内的一貫性をもっ
た出来事であると見る伝統的な立場を否定して、従来、GVS として一
括された個々の変化は、西ゲルマン諸語の時代から、あるいは、さらに
さかのぼって、ゲルマン基語の時代から今日に至るまで、常に繰り返さ
れてきたものであって、後期 ME から初期 ModE にかけて起こった変
化だけを 1 つのまとまりを成す連鎖的変化であると考えるのは当を得た

3. GVS をめぐるさまざまな問題

ものではないとしています。これらの変化は英語に限らず他のゲルマン諸語にも共通して見られるものであり、また、今日世界で話されている各種の英語の変種にも繰り返し起こっているもので、これらのすべてを包括的に扱えるような音変化に関する一般化がなされるべきであると主張しています。

さらに、彼らは GVS のそもそもの開始時点から ME の狭母音 /iː/、/uː/ はすでに二重母音になっており、二重母音の第一要素と第二要素の差を明確にするための異化作用により、現在の二重母音 /aɪ/、/aʊ/ が発達したと主張します。そして、母音空間の最上段の狭母音がないという、他の言語と比べた場合の類型論的特異性を解消するために、狭中母音がその位置に上昇したと考えます。少なくとも上二段の変化については、彼らも連鎖的推移であったことを認めていると思われます。

ここで、Minkova and Stockwell (2008) にしたがって、伝統的な GVS の概略図（上記図 2）に対する暫定的な代案を挙げておきます。

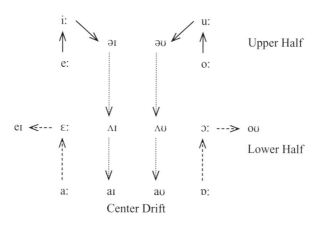

図 4　**Minkova and Stockwell による GVS 改訂版**
(Minkova and Stockwell (2008) より。音声記号は一部変更)

図 4 において、Minkova and Stockwell（2008）は母音空間の上二段（Upper Half）の実線で示した変化のみが連鎖的推移（Chain Shifts）と呼べるものであり、破線で示した下二段（Lower Half）の変化は融合（Merger）を起こす過程を、また、彼らが Diaphone と呼ぶ、方言に分布する異音の変化は点線で示し、それを Center Drift と呼んでいます。Center Drift を構成する各音は方言間の異音であって、音韻的対立をもたないものとされます。Lower Half も Center Drift も連鎖的推移には含まれないとされます。これに対し、上二段の連鎖的推移は一定の定められた順序で、音の融合を起こすこともなく、いわば玉突きのように進行するものです。上二段の変化は 1550 年ごろまでに完了したとされ、下二段の変化は 18 世紀まで引き続き起こっていたとされています。また、Center Drift は各種の方言で今日まで続いているものです。このようなわけで、これらのそれぞれに性質の異なる変化をすべて一括りにして、GVS と呼ぶのはやはり、適切であるとはいえないようにも思われます。

4.　社会言語学的考察

　ここまで主として音韻体系内部の問題として GVS について考察してきましたが、ここで少し視点を変えて、外面史的な立場から GVS の問題を考えてみたいと思います。

　一口に GVS といっても、英語のすべての方言に等質的に起こったわけではないということは GVS を理解するうえで、非常に重要なことであると考えられます。近年、社会言語学や方言学などの分野で GVS についての研究が盛んになってきていますが、ここでは 1 つの例証として Smith（1996, 2007, 2015）の研究を取り上げてみましょう。

　従来、英語史研究において話題にされてきた GVS は、主として、ロンドンを中心とするイングランド南部方言に起こった変化を指していうのですが、類似の変化はイギリスの各地で起こっていることが知られています。なかでもよく知られているものが、イングランド北部やスコットランド南部の方言に起こった変化です。Smith は前者の伝統的な GVS

を南部推移（The Southern Shift）、後者を北部推移（The Northern Shift）と呼んで区別しています（図 5 を参照）。南部推移では前舌、奥舌のいずれもが上昇化、二重母音化を起こしていますが、北部推移では上昇化、二重母音化が起こるのは前舌母音の系列のみである点に注意してください。

南部推移（The Southern Shift）

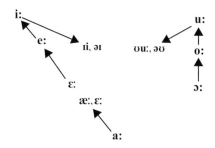

北部推移（The Northern Shift）

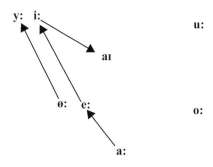

図 5　南部推移と北部推移（Smith（2007）より）

南部推移と北部推移には類似点も存在しますが、これらの類似点はお互いの方言がそれぞれ独自に発達させたものであって、いずれかの方言が他の方言に影響を与えたのではなく、類似性は偶然のものであると Smith（2007）は述べています。この例からもわかるように、GVS は一枚岩のものではなく、各種の音変化の集合体からなっており、中身の各種音変

化は方言ごとに異なっていると考える研究者が多くなってきています。

　さらに、Smith（2007, 2015）は、社会言語学的な観点から、GVS の開始時期は英語がラテン語やフランス語に比べ、低い地位に甘んじていた状態から脱して、洗練度を増し始める時期と重なることに注目しています。そして、南部大母音推移は中世末期からチューダー朝初期のロンドンに地方出身者が集まり始め、当時の、より威信のある方言に、いわば「過剰適応」（hyperadaptation）を行った時期に始まるとしています。Smith は南部推移の発端と時期的に対応する 4 つの主要な、しかもお互いに関連し合った英語外面史上・内面史上の出来事として次のものを挙げます。

① 標準英語の出現（14世紀末〜15世紀初頭に現代の標準英語のもととなるものが、主として書き言葉において、また、幾分かは話し言葉においても出現した。）
② ロンドンの政治的、経済的中心地としての重要性が増し、地方出身者の流入が始まる。これにより、ロンドンは大陸のパリ、ヴェニス、ローマなどに匹敵する規模と重要性とを獲得する。（中世末〜チューダー朝初期）
③ 語末の屈折語尾 -e の消失。14世紀末以降、チョーサーよりあとの世代では語末の -e は消失し、単音節語が増大することにより、英語の発音に大きな影響を与えることになる。
④ 語末の -e の消失に伴い、ME の開音節長音化の結果音が音素化する。チョーサーは古英語の e, o からの発達形の開音節長音化を受けた形と、古英語の ēa, æ の発達形とを区別して発音した。しかし他の方言ではこれを区別せず、融合が生じた。それぞれ System I 、System II と称する。

　①と②が主として外面史に関連した出来事、③と④が言語内の出来事です。このように、2 つの異なる体系をもつ話者同士が 15 世紀初頭のロンドンで接触した際に、System II の話者が社会的上昇志向から

System I の話者にならって、母音を上昇させて、つまり、これまでより口を閉じ加減にして発音するようになったと考えられます。一方、System I の話者も下層階級との差別化の意識が働いて、英語の母音より一層狭母音化したフランス語的な発音を採用して、狭中母音が狭母音に近い上昇化した発音になったと推測されます。それにより、元々の狭母音も融合を避けて二重母音（おそらく、[ii], [ou] のような発音）になったのではないか、というのが Smith の考えです。GVS がなぜ、中世末〜初期 ModE という時代に始まったのか、という問題は言語体系内の問題としてのみ考察したのでは解明できず、上記のような社会言語学的な動機づけなどの外面史的視点から考えてみなければ、最終的な解決の糸口は見出せないのではないでしょうか。

5. GVS を問い直す

　果たして GVS と呼ばれる大規模な音変化は実際に存在したのでしょうか。ここで改めて GVS について考え直してみたいと思います。もちろん、二重母音化とか母音上昇とかいった、GVS を構成するとされる個々の音変化が存在しなかったと主張する論者はいないでしょう。問題は、確定できる原因や動機づけをもち、一括りにまとめることができる、英語の長母音の大規模な統一的・連鎖的変化という意味での GVS が存在したかどうかということです。「大母音推移」ということばで括られる音変化の集合体は、のちの言語学者が勝手に考えた「あと知恵」に過ぎないとする論者もいます。夜空に輝く数々の星をながめて、その特定の集まりのなかに何らかの形を連想し、そこに牡牛座とか牡羊座とかいった星座があると認識する、人間の物事に対するパターン化への欲求に過ぎないのではないか、とか、かつてイギリスで起こったさまざまな分野での一連の産業上の改革や技術革新を後世の人々が「産業革命」として一括りにして扱う場合などと同じなのではないか、などという議論もなされました。しかし、星座や産業革命と GVS とを同日に論じることができるかどうかは、拙速に結論づけられるものとも思われませ

ん。しかしながら、言語学者は言語変化を究明する際、当の言語変化の
起こっている只中にいて、その言語変化の本質を明らかにすることはで
きないでしょう。現に起こっている言語変化の外に立って、その変化を
客観的に観察することから始めなければならないとも思われます。歴史
家の歴史研究とはまさにそのようなものであるべきだとすると、上述の
星座や産業革命とGVSとの連想もあながち即座に否定すべきものとも
いえないでしょう。

　ここまで述べてきたように、変化の原因とか、動機づけとかいった視
点から、GVSの当否について考えてゆくと、最終的な結論に到達する
のはなかなか困難なことかと思われます。そこで、少し見方を変えて、
変化の結果という視点からGVSを考えてみることにしましょう。次の
表2をご覧ください。

表2　語とその派生形・屈折形における母音音質の交替

1. [aɪ]—[ɪ]:　　child—children, wise—wisdom, hide—hid, light—lit
2. [iː]—[e]:　　deep—depth, mean—meant, read—read
3. [eɪ]—[æ]:　　nation—national, nature—natural, sane—sanity
4. [əʊ]—[ɒ]:　　cone—conic, know—knowledge
5. [aʊ]—[ʌ]:　　profound—profundity, pronounce—pronunciation
6. [uː]—[ɒ]:　　fool—folly, lose—lost, shoot—shot

表2において、各組の左右の対は元来、母音の音量（長さ）だけで対立
していました。ところがGVS、その他の音変化の結果、現在では母音
の音質が異なる結果となっています。上記、1, 2, 5, 6はMEの母音体系
では上二段に属する変化によって招来したものであり、一方、3と4は
MEの下二段に属する母音変化によってもたらされたものです。上二段
と下二段の双方の母音変化により、同種の形態音素的対応関係が生じて
います。GVSを狭く解釈する立場では上二段の変化のみをGVSとしま
すから、音変化の結果音から判断した場合は、MEの長母音の変化をす
べて含む、GVSを広く解釈する立場のほうが現代英語の形態音素的交

替を的確に説明できるように思われます。

　以上、さまざまな角度から GVS について考察してきましたが、最後に GVS とプロソディー（prosody。母音や子音を分節音と呼ぶのに対して、強勢、リズム、イントネーションなどの総体をプロソディーといいます）の関係について見ておきたいと思います。

　近年、GVS を分節音体系内部における変化としてのみ見るのではなく、強勢やリズムとの関わりで分析する研究が現れてきました。Ritt (2012) や Kaźmierski (2015) などの研究がその主なものです。よく知られているように、世界の言語はリズムの観点から、強勢がほぼ等時間隔を置いて現れる強勢拍リズム（stress-timed rhythm）と、各音節（あるいはモーラ）がほぼ等しい時間で発音される音節拍（ないしは、モーラ拍）リズム（syllable-timed rhythm, mora-timed rhythm）とに二分されるといわれています。すべての言語がはっきりと、このいずれか 1 つのリズムをもつといえるかどうかは定かではありませんが、大雑把にどちらかのリズムをもつ傾向があるとはいえるでしょう。要は、言語によって、また同じ言語でも時代によって、いずれかのリズム特性を強くもつか、その特性の程度が弱くなるかが歴史的に変化するといってよいかと思います。リズムの観点からいうと、一般的に、強勢拍リズムをもつ言語のほうが、音節拍（あるいはモーラ拍）リズムをもつ言語よりも母音推移という音変化現象が起こる確率が高いという事実が明らかになってきました。母音推移の多い言語の代表はゲルマン語であり、一方、母音推移の少ない言語としてはフィン諸語、ハンガリー語、日本語などが挙げられます。つまり前者は強勢拍リズムをもつ言語であり、後者は音節拍ないしモーラ拍リズムの言語といわれているものです。母音推移が多いということ以外に、強勢拍リズムを特徴とする言語は歴史的変化の過程で、二重母音化や母音弱化が多いことも知られています。強勢拍言語は強勢音節を長めに発音するという特徴をもっており、長母音がさらに強められれば二重母音化するというのは音声学的には自然なことです。逆に、無強勢音節は弱く、時間的にも短縮されて発音されますから、母音弱化が起こるのもごく自然なことです。歴史的母音推移現象と言語のリズム

とを関連づけて考えることは、それほど的外れなことではありません。言語は本来話されるものであり、言語変化の発端も話すという過程のなかで生ずるものと考えられます。話す際には必然的にリズム、イントネーションなどのプロソディーの要素が介在します。リズムの影響で母音自体の発音が徐々に変化するということは大いにあり得ることのように思われます。

6. 結び

　以上、いろいろな視点から英語の GVS について検討してきました。

　従来の多くの英語史概説書では GVS を標準英語のみに限定して扱っており、方言における変化の過程は詳しく扱われてきませんでした。各種方言（イギリスやアメリカの方言ばかりでなく世界の他のさまざまな英語変種）にも目を向けると推移の様相が異なっていることがわかります。また従来、GVS は英語のみに起こった現象として取り扱われてきましたが、実際には、英語以外のゲルマン語にも同種の、長母音に影響を与える連鎖推移が起こっていることが明らかになっています。こうした世界の各種の母音推移現象を包括する新たな変化理論の構築が必要かもしれません。長母音だけでなく、短母音の推移にも目を配る必要があるでしょう。このように多角的な視点から音変化を見直すことによって、英語の GVS 自体の解釈にも新たな視点が開けてくることも考えられます。さきほど述べた、分節音の歴史的変化とプロソディーとの相互作用の問題もさらに詳細な研究を積み重ねる必要があるでしょう。

　本章の表題に掲げた「大母音推移は本当にあったのか」という疑問に対して、性急に答を出すことは控えなければなりません。少なくとも教育的な配慮から、こういう大規模な変化が英語の歴史上起こったのだとすることは、学習者の記憶に残りやすいという意味で意義のあることかと思われますが、GVS の理論的妥当性の当否については、さまざまな角度からさらなる研究を続けてゆかなければならないでしょう。

参照文献

Jespersen, Otto（1909）*A Modern English Grammar on Historical Principles,* Part I, Munksgaard, Copenhagen.

Johnston, Paul（1997）"Older Scots Phonology and Its Regional Variation,"*The Edinburgh History of the Scots Language*, ed. by Charles Jones, 47–111, Edinburgh University Press, Edinburgh.

Kaźmierski, Kamil（2015）*Vowel-Shifting in the English Language: An Evolutionary Account*, Mouton de Gruyter, Berlin.

Lass, Roger（1999）"Phonology and Morphology,"*The Cambridge History of the English Language, Vol.III:1476–1776*, ed. by Roger Lass, 56–186, Cambridge University Press, Cambridge.

Luick, Karl（1914–1940）*Historische Grammatik der englischen Sprache*, 2 vols, Basil Blackwell, Oxford.

McMahon, April（2006）"Restructuring Renaissance English,"*The Oxford History of English*, ed. by Lynda Mugglestone, 147–177, Oxford University Press, Oxford.

Minkova, Donka（2014）*A Historical Phonology of English*, Edinburgh University Press, Edinburgh.

Minkova, Donka and Robert Stockwell（2008）"Phonology: Segmental Histories,"*A Companion to the History of the English Language*, ed. by Haruko Momma and Michael Matto, 29–42, Wiley-Blackwell, Chichester.

Ritt, Nikolaus（2012）"How to Weaken One's Consonants, Strengthen One's Vowels and Remain English at the Same Time,"*Analysing Older English*, ed. by David Denison, Ricardo Bermúdez-Otero, Chris McCully and Emma Moore, 213–231, Cambridge University Press, Cambridge.

Smith, Jeremy（1996）*An Historical Study of English: Function, Form and Change*, Routledge, London.

Smith, Jeremy（2007）*Sound Change and the History of English*, Oxford University Press, Oxford.

Smith, Jeremy（2015）"The Historical Evolution of English Pronunciation,"*The Handbook of English Pronunciation*, ed. by Marnie Reed and John M. Levis, 3–18, Wiley Blackwell, Chichester.

Stenbrenden, Gjertrud Flermoen（2010）*The Chronology and Regional Spread of Long-Vowel Changes in English, c. 1150–1500*, Doctoral dissertation, University of Oslo, Oslo.

Stenbrenden, Gjertrud Flermoen（2016）*Long-Vowel Shifts in English, c. 1050–1700: Evidence from Spelling*, Cambridge University Press, Cambridge.

Stockwell, Robert P. and Donka Minkova（1988a）"The English Vowel Shift:

18 | 第 1 章　「大母音推移」は本当にあったのか

problems of coherence and explanation,"*Luick Revisited*, ed. by Dieter
Kastovsky and Gero Bauer, 355–394, Gunter Narr Verlag, Tübingen.

Stockwell, Robert P. and Donka Minkova（1988b）"A Rejoinder to Lass," *Luick
Revisited*, ed. by Dieter Kastovsky and Gero Bauer, 411–417, Gunter Narr
Verlag, Tübingen.

2 動詞の語強勢と形態構造
―acclimate はどのように発音されるのだろうか?―

山本武史

1. はじめに

　皆さんは acclimate という語を知っているでしょうか。もし、いま、初めてこの語に触れたとしたら、どう発音されると思いますか。これは「慣らす」という意味の動詞で、実は 3 種類の発音があります。[1] この発音のバリエーションは強勢 (stress) の違いによるものです。

　英語の強勢はさまざまな要因で決まりますが、まずその語の音節構造 (syllable structure) が大きな影響力を持ちます。また、同じ音節構造をもつ語でも品詞によって強勢が異なることもあります。

　ところが同じ品詞で音節構造が似ていても、強勢の位置が異なる場合もあります。次はすべて -fer で終わる動詞ですが、強勢の型は 2 つに分かれます。

（1）-fer で終わる 2 音節の動詞
　　a.　defér, infér, prefér, refér
　　b.　díffer, óffer, súffer

omít と vómit もどちらも動詞で形も似ていますが、強勢の位置は違います。この章ではこのような興味深い振る舞いを示す英語の動詞の強勢について詳しく見ます。

---

[1]　語の音形についての確認は主に Wells（2008）と Merriam-Webster（2003）を使用しました。音声表記の方法は変更してあります。

20 | 第 2 章 動詞の語強勢と形態構造

2. 語強勢の概略

この節では、続く第 3 節での動詞に関する議論の準備も兼ねて、動詞と名詞の強勢についてその中核となる部分を見ることにしましょう。データは英語の強勢に関する多くの文献の分析の出発点となっている Chomsky and Halle（1968）のものを使用します。

2.1 動詞

まず動詞の主強勢（main stress）の位置から見ましょう。英語の強勢位置は語末から数えるとその規則性が捉えやすいのですが、Ⅰの欄の語は後ろから 2 番目の音節（penult）に主強勢があり、ⅡとⅢの欄の語は語末音節（ultima）に主強勢があります。

(2)　動詞（Chomsky and Halle（1968: 69））

Ⅰ	Ⅱ	Ⅲ
astónish	maintáin	collápse
édit	eráse	tormént
consíder	caróuse	exháust
imágine	appéar	eléct
intérpret	cajóle	convínce
prómise	surmíse	usúrp
embárrass	decíde	obsérve
elícit	devóte	cavórt
detérmine	achíeve	lamént
cáncel	caréen	adápt

Chomsky and Halle（1968）は母音を中心とした音の集まりである音節（syllable）の概念を強勢の位置の説明に組み入れておらず、また多くの規則を逐次、適用していく仕組みなのでその分析は複雑なものになっていますが、音節の概念を使えばより簡単にこれらの動詞の主強勢の位置

を説明できます。次に、そのために必要な音節の重さ（syllable weight）[2]
について説明しましょう。音節の重さについては複数の考え方がありま
すが、ここでは窪薗（1998: 102–104）、窪薗・太田（1998: 49–51, 88–89）
に従って軽音節（light syllable）、重音節（heavy syllable）、超重音節
（superheavy syllable）の3つの区別を認めることにします。モーラ
（mora）とは音節の重さの単位です。

(3) 音節の重さ
   a. 軽音節　　（1モーラ）　$C_0\underline{V}$
   b. 重音節　　（2モーラ）　$C_0\underline{VC}, C_0\underline{VV}$
   c. 超重音節　（3モーラ）　$C_0\underline{VC_2}, C_0\underline{VVC_1}$

　Cは子音（consonant）を表し、C_n は n 個以上の子音を表します。また、
Vは1つの短母音（short vowel）、VVは1つの長母音（long vowel）また
は二重母音（diphthong）を表します。
　この3種類の区別は一見少し複雑に見えるかもしれませんが、次の点
に注意すると理解しやすくなります。音節初頭子音（onset）とはその音
節内で母音より前にある子音で、音節末尾子音（coda）とはその音節内
で母音より後にある子音のことです。

(4) 音節の重さを理解するためのポイント[3]
   a. 音節初頭子音は音節の重さには関係しないが、音節末尾子音
      は音節の重さに関係する。
   b. 音節末尾子音1つの重さと短母音1つの重さは同じである
      （1モーラ）。
   c. 長母音・二重母音は短母音2つ分（2モーラ）の重さをもつ。

このようにして音節の重さを数えると CVCCC（text［ˈtɛkst］）、CVVCC

---

[2]　音節量（syllable quantity）と呼ばれることもあります。
[3]　(3) の下線部分が音節の重さに関係するところです。

22 | 第 2 章 動詞の語強勢と形態構造

（coax［ˈkoʊks］）はそれぞれ 4 モーラとなりますが、強勢の説明におい
て 3 モーラと 4 モーラ以上を区別する必要はありません。

さて、ここで (2) の各欄の動詞の語末音節の重さに注目してみましょ
う。Ⅰの欄の動詞は短母音＋ 1 子音で終わっているので重音節、Ⅱの欄
の動詞は長母音・二重母音＋ 1 子音で終わっているので超重音節、Ⅲの
欄の動詞は母音[4] ＋ 2 子音で終わっているので同じく超重音節となりま
す[5]。

(5)　動詞の語末音節

Ⅰ	Ⅱ	Ⅲ
édit	cajóle	tormént
［dɪt］	［dʒoʊl］	［mɛnt］
CVC	CVVC	CVCC
重音節	超重音節	超重音節

これより、動詞の主強勢の位置が次のような規則で決まることがわか
ります。

(6)　動詞の主強勢

　　a.　語末音節が超重音節（3 モーラ）ならばそこに主強勢を置く。

　　b.　語末音節が重音節（2 モーラ）以下ならば 1 つ前の音節に主
　　　　強勢を置く[6]。

---

[4]　exhaust のみ長母音で、他は短母音です。

[5]　Ⅲの欄の usúrp, obsérve の語末音節の母音［ɚː 〜 ɔː］と cavórt の語末音節の母音［ɔɚ
〜 ɔː］は音声的には長母音・二重母音ですが、音韻的には短母音＋ /r/ と見なされます。
同様に、Ⅰの欄の consíder の語末の弱母音［ɚ〜 ə］も短母音＋ /r/ と見なされます。
また、Ⅱの欄の appéar の語末の母音［ɪɚ〜 ɪə］は音声的には二重母音ですが、音韻的
には長母音・二重母音＋ /r/ と見なすことができます。

[6]　語末音節が軽音節（1 モーラ）である動詞は、3.1 節の (11) で扱います。

2.2 名詞

次に名詞を見てみましょう。Ⅰの欄の語は後ろから 3 番目の音節
(antepenult) に主強勢があり、ⅡとⅢの欄の語は後ろから 2 番目の音節
に主強勢があります。

(7)　名詞 (Chomsky and Halle (1968: 71))

Ⅰ	Ⅱ	Ⅲ
América	aróma	veránda
cínema	balaláika	agénda
aspáragus	hiátus	consénsus
metrópolis	horízon	synópsis
jávelin	thrombósis	amálgam
vénison	coróna	uténsil
ásterisk	aréna	asbéstos
ársenal	Minnesóta	phlogíston
lábyrinth	angína	appéndix
análysis	factótum	placénta

動詞の場合は語末音節の重さに着目しましたが、たとえばⅠの欄の名
詞を見てみるとその重さはさまざまです。

(8)　Ⅰの欄の名詞の語末音節

América	aspáragus	ásterisk
[kə]	[gəs]	[ɹɪsk]
CV	CVC	CVCC
軽音節	重音節	超重音節

それでは名詞の場合は音節の重さと主強勢の位置との間に関係がない
のでしょうか。実は、名詞は動詞と違って後ろから 2 番目の音節の重さ

24 | 第 2 章　動詞の語強勢と形態構造

によって主強勢の位置が決まります。[7]

(9)　名詞の後ろから 2 番目の音節

I	II	III
América	aróma	veránda
[ɹɪ]	[ɹoʊ̯]	[ɹæn]
CV	CVV	CVC
軽音節	重音節	重音節

名詞の主強勢の規則をまとめておきましょう。

(10)　名詞の主強勢
　　　a.　後ろから 2 番目の音節が重音節（2 モーラ）ならばそこに主
　　　　　強勢を置く。
　　　b.　後ろから 2 番目の音節が軽音節（1 モーラ）ならば 1 つ前の
　　　　　音節に主強勢を置く。

これを (6) の動詞の規則と比べてみると、強勢の位置を決める基準と
なる音節が 1 つずれているだけでなく、基準となる音節の重さも異なっ
ていることがわかります。

3.　さまざまな動詞の強勢

　前節では動詞と名詞の強勢の中核の部分を見ましたが、触れられてい
ないタイプの語も多数あります。以下では動詞についてさらに詳しく見
てみましょう。

---

[7] 超重音節は主に語末に生じ、mountain [maʊn], pumpkin [pʌmp] のような複合的な
語源をもつものを除くと、語末以外には chamber [tʃeɪm], countenance [kaʊn] など比
較的少数の語にしか生じません。

3.1　2音節の動詞

(2) のⅠの欄の動詞のうち édit, prómise, cáncel は 2 音節で、ⅡとⅢの欄の動詞はすべて 2 音節です。Ⅰは重音節で終わるもの、ⅡとⅢは超重音節で終わるものでしたが、軽音節で終わる動詞の主強勢はどうなるのでしょうか。

軽音節とは C_0V 型の音節、つまり短母音で終わる音節のことでしたが、英語では動詞に限らず強勢をもつ短母音で終わる語は存在しません。[8] 短母音で終わる音節は必ず無強勢で、(11) の 4 つの弱母音（weak vowel）のどれかで終わることになります。(a–c) はそれぞれ長母音・二重母音の [iː, oʊ, juː] と似ていますが、短母音の扱いになります。したがって、これらの動詞は語頭に主強勢が与えられます。(6b) の規則で「重音節（2 モーラ）以下」となっていることに注意してください。なお、Hammond（1999: §6.1.2, §7.1.1）によると [ə] で終わる動詞はありません。

(11)　軽音節で終わる 2 音節の動詞

  a. [i] cárry, húrry, márry, wórry

  b. [o] bórrow, fóllow, swállow

  c. [ju] árgue

  d. [ə] —

さて、もう一度 (2) の動詞を見てみましょう。Ⅲの欄には語末音節が C_0VV 型の重音節であるものは含まれていませんが、実際には次のような例が見つかります。

(12)　C_0VV 型の重音節で終わる 2 音節の動詞

  agrée, avów, obéy

---

[8]　日本語の「京都」、「神戸」が英語ではそれぞれ [kiˈoʊˌtoʊ], [ˈkoʊˌbeɪ] と発音されるのはそのためです。

26 | 第 2 章　動詞の語強勢と形態構造

　(6) は音節を用いた規則でしたが、Chomsky and Halle（1968: 70）は
(2) の動詞の主強勢の位置を次のように説明しています。なお、弛緩母
音（lax vowel）とは短母音、緊張母音（tense vowel）とは長母音・二重母
音のことです。モーラの概念を使えば、弛緩母音は 1 モーラの母音、緊
張母音は 2 モーラの母音ということになります。

　(13)　動詞の主強勢（Chomsky and Halle（1968: 70））

　　　　a.　当該音列の最後の母音が非緊張母音であり、かつ後続する子
　　　　　　音が最大 1 つであれば、後ろから 2 番目の母音に主強勢を
　　　　　　与える。

　　　　b.　当該音列の最後の母音が緊張母音であるか、もしくは後続す
　　　　　　る子音が 2 つ以上であれば、最後の母音に主強勢を与える。

この規則によると、(6b) では同じ扱いになる語末音節が C_0VC 型の重音
節である astónish などと C_0VV 型の重音節である agrée などとは違った
振る舞いを示し、それぞれ (14a, b) によって後ろから 2 番目と語末の
音節に主強勢が置かれることになります。つまり、同じ重音節でも
C_0VV 型のほうが C_0VC 型よりも主強勢を引きつける力が強いことにな
ります。[9]

　(14)　C_0VV 型の重音節で終わる 2 音節の動詞
　　　　agrée
　　　　［gɹiː]
　　　　CCVV

　動詞の強勢を考えるとき、音節構造以外に考えなければならないこと
があります。次の例を見てみましょう。

---

[9]　以下で見るように接頭辞をもつ 2 音節の動詞は音節構造にかかわらず語末に強勢が
置かれますが、(12) の動詞には明確な接頭辞がありません。

3. さまざまな動詞の強勢 | **27**

（15）　C_0VC 型の重音節で終わる 2 音節の動詞

(Chomsky and Halle (1968: 94)) [10]

permít, concúr, compél, detér, transfér

これらの動詞の語末音節は C_0VC 型の重音節なので、(2) の I の欄の édit などのように後ろから 2 番目の音節、つまりこれらの例では語頭に主強勢が置かれるはずですが、実際は語末に主強勢が置かれます。Chomsky and Halle (1968: 94) は、これらの動詞の強勢を接頭辞 (prefix) と語幹 (stem) [11] の間の境界 (boundary) に言及することによって説明しています。つまり、2 音節の動詞の主強勢は接頭辞には置かれないということです。以下では、接頭辞と語幹の間の境界を「=」("equals") で表します。

（16）　C_0VC 型の語幹をもつ 2 音節の動詞

(Chomsky and Halle (1968: 94))

per=mít, con=cúr, com=pél, de=tér, trans=fér

接頭辞をもつ 2 音節の動詞で語幹が C_0VV 型のものも (16) と同様に語幹に主強勢が置かれます。これは、音節構造が同じで明確な接頭辞がない (12) の動詞と同じです。

（17）　C_0VV 型の語幹をもつ 2 音節の動詞

al=lów, ap=plý, be=stów, de=ný, en=dów

C_0VVC_1 型や C_0VC_2 型の語幹をもつ 2 音節の動詞は、(2) の II と III の欄の e=ráse, col=lápse, ex=háust などから語幹に主強勢をもつことが明ら

---

[10]　concúr, detér, transfér の語末の母音 [ɚː 〜 ɚ] については注 5 を参照してください。

[11]　Bauer et al. (2003: 19) はこの stem という用語が "obligatorily bound root" と "inflectional base" の少なくとも 2 つの意味で使われるとしています。本章では Chomsky and Halle (1968) の用法に従って前者の意味で使うことにします。

28 | 第 2 章　動詞の語強勢と形態構造

かです。つまり、＝境界の存在に注意しなければならないのは édit と per=mít のように語末音節が C_0VC になっている場合だけです。1 音節語が音節構造にかかわらず常に主強勢を受けるのと同じく、1 音節の語幹は主強勢を引きつけます。1 つの軽音節だけから成る語がないのと同様、1 つの軽音節だけから成る語幹はありません。

　では同じ 2 音節の動詞でも語幹と接尾辞から成るものはどうなるのでしょうか。以下では、語幹と接尾辞の間の境界を「＋」("plus") で表します。

（18）　接尾辞をもつ 2 音節の動詞

　　　a.　fín+ish, pós+it, ván+ish

　　　b.　equ+áte, ign+íte, neg+áte, sed+áte, un+íte

　　　c.　bapt+ize, cre+ate, dict+ate, don+ate, loc+ate, narr+ate, rot+ate, vac+ate

　　　　　díct+àte 〜 dict+áte

　(a) の fin+ish のように C_0VC 型の接尾辞をもつ場合は語幹に主強勢が置かれます。[12] これは (2) の I の欄の動詞と同じですから、特に接尾辞の存在を考えなくてもよいことになります。しかし、接尾辞が -ate のような C_0VVC 型の場合は、(b) の equ+áte のように主強勢が接尾辞に置かれるものと、(c) の dict+ate のように主強勢が語幹に置かれて接尾辞には副強勢 (subsidiary stress) [13] が置かれる形 (díct+àte) と主強勢が接尾辞に置かれる形 (dict+áte) の両方が見られるものとがあります。(b) の場合は (2) の II の欄と同じですから、特に接尾辞の存在を考えなくてもよいことになりますが、(c) の díct+àte などの強勢型はどう考えるべきでしょ

───────────────

[12]　本章の冒頭で触れた omít と vómit は、それぞれ o(b)=mít と vóm+it の構造を持ちます。また、この -it や (20b, c) の -ine などは接尾辞と見なされないこともあります。

[13]　本章で使用している主強勢、副強勢とは別に第 1 強勢 (primary stress)、第 2 強勢 (secondary stress)、…という用語もありますが、英語の強勢に何段階の区別が必要かという議論を避けるため、主強勢以外の強勢はすべて副強勢とします。

うか。

（16）の per=mít などにおいて語幹に主強勢を置こうとする力が働くことを見ましたが、この力と C_0VVC 型の重い音節に主強勢を置こうとする力は拮抗していて、díct+àte などの強勢型は前者が勝った結果であると考えることができます。語末の音節が C_0VVC 型でも、cajóle, re=dúce のように語幹に属する場合は語頭に主強勢を置く型は見られないからです。[14]

最後に、2 音節の動詞の語末音節の重さと主強勢の関係をまとめておきましょう。語末音節に主強勢を引きつける力がない場合には、主強勢は 1 つ左の音節、つまり語頭音節に置かれることになります。

（19）　2 音節の動詞における語末音節と主強勢の関係[15]

語末音節	軽い ←			→ 重い
	C_0V cárry	C_0VC édit per=mít	C_0VC_2 tormént	C_0VVC_0 agrée, cajóle
主強勢	×	△	○	

△は 1 音節語幹のときのみ主強勢を引きつけることを示します。

3.2　3 音節以上の動詞

まず、C_0V または C_0VC で終わる 3 音節の動詞を見てみましょう。

（20）　C_0V または C_0VC で終わる 3 音節の動詞

a.　con=síder, con=tínue, de=líver, en=vélop

b.　exám+ine, imág+ine

c.　de=térm+ine, e=líc+it, ex=híb+it, in=hér+it, in=tú+it

d.　ìnter=mít, rètro=gréss

---

[14] -fy は C_0VV 型の接尾辞ですが、1 音節語幹に付くときは líqu-e+fỳ, réct-i+fỳ のように語幹が母音で延長されて 2 音節になるので強勢型に揺れは生じません。

[15] Hayes（1982）は語末の 1 子音が韻律外（extrametrical）であって強勢の規則から見えないとして英語の強勢を説明していますが、本論ではこの考え方を用いません。

（a, c）の動詞は接頭辞、（b, c）の動詞は接尾辞を持ちますが、すべて（13a）の規則で主強勢の位置が説明できます。（d）は 1 音節の語幹に 2 音節の接頭辞が付いていますが、（16）の per=mít などと同様に語幹である語末音節に主強勢が置かれます。

次に、C_0VC_2 または C_0VVC_0 で終わる 3 音節の動詞を見てみましょう。Chomsky and Halle（1968）は接尾辞には言及していませんが、後の議論のために＋境界も加えておきます。

(21)　C_0VC_2 または C_0VVC_0 で終わる 3 音節の動詞

（Chomsky and Halle（1968: 95–96）より）

a.　cóm=pens+àte, cóm=plic+àte, cón=stit+ùte, cón=templ+àte,
dé=sign+àte, dé=ton+àte, ím=plic+àte, ré=nov+àte, ré=plic+àte

b.　còntra=díct, ìnter=séct

c.　còm=pre=hénd

d.　pèr=sevére

これらの動詞は（13b）によれば語末音節に主強勢が置かれるはずで、（21b–d）は実際そうなっています。[16] しかし、（a）は語頭音節に主強勢、語末音節に副強勢が置かれています。

規則を順に適用していくタイプの理論である Chomsky and Halle（1968）は、（21）の動詞は（13b）の規則で語末の音節に主強勢が与えられたあと、（21a）のタイプのみ（22）のように表される交替強勢規則（Alternating Stress Rule）によって 2 音節前に主強勢が移動するものとしています。この規則の適用の際、元の主強勢は自動的に副強勢に弱められます。「/」の左側は母音に主強勢（1 stress）が与えられることを表し、「/」の右側はこれが語末に主強勢をもつ語の後ろから 3 番目の母音に適用されることを示しています。[17] また、式の最後が「$_{NAV}$」となっているのはこの

---

[16]　pèr=sevére の語末の母音 [ɪ̯ ～ ɪ̯] については注 5 を参照してください。

[17]　2.1 節で述べたように、Chomsky and Halle（1968）の理論は音節を組み入れていないので、強勢は母音に与えられるとしています。

3. さまざまな動詞の強勢　│ 31

規則が名詞、形容詞、動詞に適用されることを表しています。

(22)　交替強勢規則 (Chomsky and Halle (1968: 96))
　　　V　→　[1 stress]　/　―C$_0$(=)C$_0$VC$_0$ [1 stress] C$_0$]$_{NAV}$
　　　　　　　　　　　　　　　　3番目　　2番目　　1番目

　(22) の式の中には「(=)」が含まれていますが、これは＝境界を含む語にも含まない語にもこの規則が同じく適用されることを示しています。しかし、その位置が重要になります。

　(21a) の cóm=pens+àte のように＝境界が後ろから3番目の母音と後ろから2番目の母音の間にある場合はこの境界がない場合と同じく交替強勢規則によって主強勢が後ろから3番目の音節に移りますが、(21b) の còntra=díct のように＝境界が後ろから2番目の母音と最後の母音の間にある場合は (22) の「/」の右側の条件に合わないためこの規則の適用が阻止され、主強勢は最後の音節から移動しないということです。(21c) の còm=pre=hénd のように＝境界が2つある動詞は後の＝境界によって交替強勢規則の適用が阻止されます。また、(21d) の pèr=sevére は例外であるとしています。

　それではこの＝境界の位置の違いによる強勢交替規則の適用・不適用は一体何を意味するのでしょうか。これまで (16), (18c), (20d) の例を通じて動詞は語幹に主強勢が置かれる傾向があることを見ましたが、(b–d) はこの傾向に合致し、(a) が例外になります。語幹に主強勢が置かれるのなら、*com=péns+àte という形が予想されるからです。[18]

　(21b–d) に挙げられている動詞はすべて＝境界に言及していない (13) の規則で説明できますから、＝境界に言及している交替強勢規則が問題なのかもしれません。しかし、(16) の per=mít など、C$_0$VC 型の語幹に接頭辞が付いた2音節の動詞の主強勢を正しく説明するためには

---

[18]　「*」はその形が実際にはないことを示します。

32 | 第 2 章　動詞の語強勢と形態構造

=境界が必要になります。また、(21b) のように 1 音節の語幹に 2 音節の接頭辞が付いた動詞でも、inter=mít のように語幹が C_0VC 型である場合の説明にはやはり =境界が必要になります。

　(22) で =境界が ( ) に囲まれていたことからも明らかなように、(21a) の cóm=pens+àte は次に挙げる 2 音節の語幹に -ate が付いた動詞と同じ強勢型をもちます。つまり、(21a) は接頭辞と語幹が一体となって接尾辞の基体 (base) になっており、その基体部分に主強勢が与えられていると考えられます。このような場合、以下では cóm(=)pens+àte のように表すことにしましょう。また、cóm(=)pens- の部分を便宜上、語幹と呼ぶことにします。

(23)　2 音節の語幹をもつ 3 音節の動詞

　　a.　célebr+àte, návig+àte, víol+àte

　　b.　cóm(=)pens+àte

次の 2 つの動詞を見てください。

(24)　2 つの recreate

　　a.　récreàte　　　「楽しませる」　　[ˈɹɛkɹi̩ˌeɪt]

　　b.　règreáte　　　「再現する」　　　[ˌɹiːkɹiˈeɪt]

(a) は (21a) の cóm(=)pens+àte などと同じ強勢型を持ちますが、(b) は交替強勢規則が適用されていません。また、re- の母音の違いにも注意してください。(21a) の ré(=)nov+àte, ré(=)plic+àte も (24a) と同じく [ɪɛ] となっています。同様に、接頭辞 de- は dècompóse のように強勢をもつときに [diː] と発音されますが、(21a) の dé(=)sign+àte, dé(=)ton+àte のような語では [dɛ] と発音されています。

　また、(24b) は re-「再び」と create「作る」を合成した意味を持ちますが、(24a) は create とはすぐには結びつきません。(24b) は接頭辞とそのあとの部分が独立性を保っていますが、(24a) の接頭辞はそのあと

3.　さまざまな動詞の強勢　| **33**

の部分と一体化していると考えていいでしょう。なお、接頭辞が一体化していない（24b）はハイフンを入れて re-create と書かれることもあります。

　２つの recreate の形態構造と強勢の位置を次に示しておきましょう。「#」（"double cross"）は接頭辞の基体が語であり、接頭辞が主強勢に影響を与えないことを示しています。この場合、語幹と接尾辞の間の＋境界は表示していません。[19]

　（25）　２つの recreate の形態構造
　　　a.　ré(=)cre+àte　　「楽しませる」　　[ˈɹɛkɹiˌeɪt]
　　　b.　rè#creáte　　　「再現する」　　　[ˌɹiːkɹiˈeɪt][20]　*Cf.* cre+áte

Chomsky and Halle（1968: 96）が例外としている（21d）の pèr=sevére は（25b）と同じ強勢型を持っていますが、これは接頭辞 re- の語基が拘束形態素（bound morpheme）ではなく語の sevére であるため、その主強勢がそのまま保存されたと考えられます。したがってその構造は次のように表すことができます。

　（26）　persevere の形態構造
　　　　pèr#sevére　　*Cf.* sevére

　一般的に１つの語の中では最終的な語強勢を決める際に見える形態素境界は１つだけで、（25b）の rè#creáte のように＃境界を含む場合はそれ以外の境界、つまりこの場合は cre+áte の＋境界は無視されると考えられます。同様に、拘束形態素の語幹に複数の接辞（affix）が付いた場合

---

[19]　前段落で言及した dècompóse の形態構造は（25b）と同じように dè#compóse と表すことができます。

[20]　cre+ate 自体には（18c）で見たように cré+àte の型もありますが、（25b）の場合には接頭辞と強勢衝突（stress clash）が起こるので *rè#créàte の型は見られないようです。

34 | 第 2 章　動詞の語強勢と形態構造

は、最も語末に近いものだけが機能すると考えられます。したがって、(20c) の de=térm+ine、(21c) の còm=pre=hénd なども (21a) の cóm(=)pens+àte と同様に de(=)térm+ine, còm(=)pre=hénd などと表すことができます。(21b) の còntra=díct や (16) の per=mít などで = 境界が無視できないのは、これが語内で唯一の境界であるからです。

　(21a) の cóm(=)pens+àte などに話を戻しましょう。これらの動詞や (23a) の célebr+àte のような例を見ると、語幹の最初の音節に主強勢が置かれているように見えます。しかし、次のようなより長い動詞を見ると、語幹の後ろから 2 音節目に主強勢が置かれることがわかります。

(27)　3 音節以上の語幹をもつ動詞

　　　a.　idénti+fy, itíner+àte, solídi+fy

　　　b.　con(=)támin+àte, e(=)rádic+àte, in(=)véstig+àte

　　　c.　antí(=)cip+àte, hypér(=)bol+ize, intér(=)pol+àte

3.3　フットを用いた分析

　これまで見てきた動詞の強勢型は、フット（foot）の概念を導入するとわかりやすく説明できます。2.1 節で触れたように音節とは母音を中心とした音のまとまりですが、その音節がさらにまとまって強勢が置かれる単位となったものがフットで、フットの左端の音節に強勢が置かれます。また、複数のフットが存在する場合にはそのうちの 1 つに主強勢が置かれます。以下では、音節境界を「.」、フットを「( )」で表し、主強勢が置かれるフットは「□」で囲みます。

(28)　circum#návigàte のフット構造

　　　(cìr.cum).(ná.vi).(gàte)

　フットは 2 音節のまとまりを基本としますが、1 音節でも C_0VC_2 以上の重さをもつものや語幹の場合は単独でフットを構成します。単独でフットを構成できない音節は先行する音節と組み合わさって 2 音節フッ

トを構成します。フットには重さがあり、2音節フットは1音節フットよりも重く、1音節フットの中では重い音節ほど重いフットになります。3.1節の（19）の表を基に音節の重さとフット構成の可否を示すと次のようになります。

（29）　音節の重さの序列とフット

2音節動詞の語末音節	軽い ←			→ 重い
	C_0V cárry	C_0VC édit per=mít	C_0VC_2 tormént	C_0VVC_0 agrée, cajóle
主強勢	×	△		○
フット	×	△		○

△は1音節語幹のときのみ主強勢を引きつけたり、単独でフットを構成したりすることを示します。

　動詞のフットはおおよそ次のように形成されると考えられます。

（30）　フットの形成

　　a.　語末から音節数が最小になるようにフット F_1 を作り、F_1 の左端の音節に主強勢を与える。

　　b.　F_1 の左にフット F_2 を作る。F_2 が F_1 よりも重ければ F_2 に主強勢を与え、F_1 の主強勢を副強勢に格下げする。

　　c.　語の左端に至るまでフットを作っていき、それぞれのフットの左端の音節に副強勢を与える。

主強勢が F_1 か F_2、つまり語末の2フットのどちらかに与えられることに注意してください。（22）の交替強勢規則は、語末の1音節フットよりもその前の2音節フットのほうが重く、そこに主強勢が置かれることを捉えたものであるといえます。また、（18b）の sed+áte と（18c）の vác+àte 〜 vac+áte のように同じような音節構造を持っていても語によって強勢型が異なったり揺れがあったりするものは、3.4節の（38）–（40）

36 | 第2章　動詞の語強勢と形態構造

で例示する動詞のように形態素の種類の判断が分かれて（30b）の重さの判断の際に揺れが生じるものと思われます。

　語末からフットを形成していって最後に1音節が余る場合、その音節は C_0VC または C_0VV の形で単独でフットを構成することもありますが、多くの場合はフットを作らず無強勢になります。

(31)　語頭音節

　　　a.　(dè).(créase)　　［ˌdiːˈkɹiːs］

　　　b.　de.(créase)　　　［dɪˈkɹiːs］

　それでは、それぞれ構造が異なる次の3つの3音節の動詞を例に、実際にフットがどのように形成されて強勢が決まるのかを見ましょう。

(32)　3音節の動詞のフット形成

形態構造	(20d) inter=mit	(20c) e(=)lic+it	(21a) com(=)pens+ate
音節構造	in.ter.mit	e.li.cit	com.pen.sate
最後の音節	-. (mít)	-.cit	-. (sáte)
後ろから2番目の音節	-.ter.(mít)	-. (lí.cit)	-.pen.(sáte)
後ろから3番目の音節	(in.ter). (mít)	e. (lí.cit)	(cóm.pen).(sàte)

　inter=mit の語末音節は1音節語幹なので、C_0VC 型でも単独でフットを形成します。その前には2音節フットが形成されますが、接頭辞であるため語幹のほうに主強勢が与えられます。

　接尾辞をもつ動詞の場合、-ine, -ish, -it のような C_0VC 型の接尾辞は e. (lí.cit) のように語幹の最後の音節とともに2音節フットを形成し、後ろから2番目の音節に主強勢が与えられます。-ate, -fy, -ite, -ute のような C_0VVC_0 型の接尾辞の場合は、語幹から音節を借りずに接尾辞が1音節フットを形成します。残った2音節はフットを形成しますが、接尾辞の1音節フットより重いため、(cómpen)(sàte) のようにそのフットに主強勢が与えられます。

3.4 さらなる説明が必要な動詞

最後に、これまでの分析では説明できない強勢型をもつ動詞を見てみましょう。

次に挙げる動詞は複数の強勢型を示します。(c) は本章の副題に取り上げた語です。

(33) 複数の強勢型をもつ 3 音節の動詞

    a.   attribute, contribute, distribute

           contríbute 〜 cóntribùte

    b.   equilibrate

           equílibràte 〜 èquilíbràte

    c.   acclimate

           acclímate 〜 acclímàte 〜 ácclimàte

まず (a) から考えましょう。-tribute で終わる動詞はイギリス英語では cóntribùte の型も見られますが、アメリカ英語では contríbute と発音されます。これらの動詞は pér(=)sec+ùte, pró(=)sec+ùte のような動詞と同じ構造をもつので、cóntribùte の型は (21a) の cóm(=)pens+àte などと同じです。

それでは contríbute の型はどう説明すればいいのでしょうか。この型は名詞 tribute との関連性が意識されている強勢型だといえます。この関連性が感じられない場合、(21a) の動詞と同じように扱われると考えられます。

(34) contribute の 2 つの強勢型

    a.   cón(=)trib+ùte

    b.   con#tríbute   *Cf.* tríbute

contribute の 2 つの強勢型は (25) の 2 つの recreate に対応し、(34b) と (25b) の強勢型の違いは語基になっている名詞の tríbute と動詞の creáte

38 | 第 2 章　動詞の語強勢と形態構造

の違いによります。

　動詞の主強勢は（6）や（30）の規則からわかるように通常後ろから 3 音節以内に与えられ、後ろから 3 番目の音節に主強勢が与えられるのは語末音節に副強勢がある場合、つまり語末音節がフットを形成する場合だけです。しかし、語を接頭辞や接尾辞の語基とする動詞は語基部分の主強勢を引き継ぐので、次の（a）のように最後の音節がフットを形成しないにもかかわらず後ろから 3 番目の音節に主強勢が来る場合もあります。（26）の pèr#sevére が sevére の主強勢を引き継いでいたことを思い出してください。また、（b）の例は 3 音節の語に接尾辞が付いた例ですが、同様の理由で後ろから 4 番目の音節に主強勢が来ています。さらに、（c）は主強勢が接尾辞の語基である語の主強勢を引き継ぐか、動詞全体で主強勢を決め直すかにより 2 つの強勢型が見られます。

（35）　語を含む動詞

> a.　ac#cómpany　　*Cf.* cómpany
> 　　ad#mínister　　*Cf.* mínister
> b.　cháracter#ìze　*Cf.* cháracter
> 　　régular#ìze　　*Cf.* régular
> c.　hýdrogen#àte ～ hydrógen+àte　　*Cf.* hýdrogen
> 　　óxygen#àte　 ～ oxýgen+àte　　*Cf.* óxygen

　（33b, c）の equilibrate, acclimate も基本的に（33a）の contribute などと同様の説明ができます。（37c）の型は（37a）と（37b）の中間のような形で、語境界が意識されつつ動詞の接尾辞も意識されている形であると思われます。[21]

---

[21]　南出（2014）の "acclimate" の項には「《米》では元の /-́-̀-/ を容認しない人が増えている」との記述があります。

3. さまざまな動詞の強勢 | **39**

(36) equilibrate の 2 つの強勢型

    a.   equí(=)libr+àte　　[ɪˈkwɪlə ˌbɹeɪt]

    b.   èqui#líbràte　　　[ˌiːkwəˈlaɪ ˌbɹeɪt]　*Cf.* líbr+àte [ˈlaɪ ˌbɹeɪt]

(37) acclimate の 3 つの強勢型

    a.   ác(=)clim+àte　　[ˈæklə ˌmeɪt]

    b.   ac#clímate　　　[əˈklaɪmət]　*Cf.* clímate [ˈklaɪmət]

    c.   ac#clím+àte　　[əˈklaɪ ˌmeɪt]

さて、ここからは今までの分析ではうまく説明できない動詞を取り上げます。まず、次の語を見てください。

(38) これまでの分析では説明できない動詞①

    a.   expérience, ínfluence

    b.   pró=mise, púr=chase　*Cf.* per=mít

    c.   ínter=est 〜 ínter=èst, ínter=vìew　*Cf.* inter=mít

　(a) は語末音節に副強勢がないにもかかわらず後ろから 3 番目の音節に主強勢が置かれていますが、これは (10) に従った名詞の強勢です。また、(b, c) は語源的には接頭辞と語幹から成りますが、語幹部分には主強勢は与えられず、さらに pró=mise, púr=chase, ínter=est のように母音が弱母音になっているものもあります。したがって、(b, c) も名詞型の強勢を持っているとみなすことができます。

　(38) の強勢は、これらの語の動詞用法が名詞からの転換 (conversion) [22] によるもので、強勢も名詞のものをそのまま引き継いだと説明することができます。また、con=tact, con=trast, de=crease, in=crease, pro=test, re=search, sur=mise など、本来は動詞では語末に主強勢、名詞では語頭に主強勢

---

[22]　ゼロ派生 (zero derivation, zero-derivation) とも呼ばれます。

40 | 第2章　動詞の語強勢と形態構造

が置かれる語でも、動詞のときに名詞型の強勢を持つことも少なくあり
ません。

次の語はもう少し事情が複雑です。

(39)　これまでの分析では説明できない動詞②

　　a.　intér=pret　　　*Cf.* ìnter=mít

　　b.　súper=vìse　　　*Cf.* sùper=séde, ad=víse

　　　　cór#relàte　　　*Cf.* còr#respónd, re=láte

　　c.　às#certáin　　　*Cf.* cértain

　(a) の intér=pret は本来なら ìnter=mít と同じく *ìnter=prét となるはず
ですが、-pret は com=mít, per=mít, re=mít, trans=mít のようにいろいろな
動詞に使われる -mit とは違って語幹とは感じられないのでしょう。ま
た、結果として無強勢になった語幹部分は in(=)hér+it などの接尾辞 -it
と同音の [ɪt] で終わっています。

　(b) の súper=vìse の -vise は「見る」という意味の語幹ですから、本
来は (21b) のように語末に主強勢が置かれるはずです。また、語を含
む cór#relàte は (26) の pèr#sevére と同じように relàte の主強勢を引き継
ぐはずです。しかし、súper=vìse の語末は接尾辞 -ize, -ise と、cór#relàte の
語末は接尾辞 -ate とそれぞれ同音のため、このような強勢型になった
と考えられます。同様のことは ím(=)pro=vìse[23] や名詞 television から逆
成 (back-formation) によって作られた動詞 téle=vìse、「切る」という意
味の語幹を持つ círcum=cìse にもいえます。また、trans=láte が tráns=làte と
発音されることがあるのも接尾辞 -ate の影響でしょう。

　(c) の às#certáin は、Simpson and Weiner (1989) の同語の項によると
1650 年まで cértain と同じく -cer- に主強勢を置いて発音されていまし
た。これが現在の発音に変わったのは、con=táin, ènter=táin, re=táin など
の -tain を語幹に持つ動詞の影響があるかもしれません。[24] (39) は類推

---

[23]　アメリカ英語では語幹に主強勢を持つ im(=)pro=víse も見られます。

[24]　(21d) の pèrsevére は (26) に挙げた構造ではなく pèr(=)se=vére と感じられている

（analogy）が強勢に影響を与えている例であると考えることができます。

　最後に、（1）で取り上げた動詞を見てみましょう。

（40）　語幹 -fer を持つ動詞
　　　a.　de=fér, in=fér, pre=fér, re=fér
　　　b.　díf=fer, óf=fer, súf=fer

これらはすべて「運ぶ」という意味の -fer を語幹に持つ動詞ですが、（b）のように語頭音節に主強勢が置かれるものもあります。これらの接頭辞はそれぞれ dis-, ob-, sub- が同化（assimilation）によって変わったものであり、接頭辞と語幹から成るという意識がなくなっていると思われます。重要なことは、これらの強勢型の揺れは形態素の認定に起因するものであり、強勢規則そのものは同じであるということです。

4.　おわりに

　この章では動詞の強勢についてフットと形態構造を考慮に入れた分析を行いましたが、それでもなお説明がつかない動詞もあります。たとえば、桑原他（1985: 158）には語末音節が C_0VC_2 型で、かつ動詞としてのみ使われるにもかかわらず語頭に主強勢を持つ 2 音節の動詞 góvern, scávenge が挙げられています。後者は Simpson and Weiner（1989）の同語の項によると名詞である scávenger からの逆成ですが、動作主（agent）を表す接尾辞 -er は一般に基体の動詞の強勢を引き継ぐため、音節構造を考慮することなくこの強勢型になったのかもしれません。また、góvern については同じ C_0VCC 型の音節であっても音節末尾子音の種類によって重さが異なることを示唆しているのかもしれません。さらなる研究の発展が期待されます。

とすると、（21c）の còm(=)pre=hénd と同じ型になります。

本研究は JSPS KAKENHI Grant Number 25370567 の援助を受けています。

参照文献

Bauer, Laurie, Rochelle Lieber, and Ingo Plag (2003) *The Oxford Reference Guide to English Morphology,* Oxford University Press, Oxford.

Chomsky, Noam and Morris Halle (1968) *The Sound Pattern of English,* MIT Press, Cambridge, MA.

Hammond, Michael (1999) *The Phonology of English: A Prosodic Optimality-Theoretic Approach,* Oxford University Press, Oxford.

Hayes, Bruce (1982) "Extrametricality and English Stress," *Linguistic Inquiry* 13, 227–276.

窪薗晴夫 (1998)『音声学・音韻論』[日英語対照による英語学演習シリーズ 1], くろしお出版, 東京.

窪薗晴夫・太田聡 (1998)『音韻構造とアクセント』[日英語比較選書 10], 研究社, 東京.

桑原輝男・高橋幸雄・小野塚裕視・溝越彰・大石強 (1985)『音韻論』[現代の英文法第 3 巻], 研究社, 東京.

Merriam-Webster (2003) *Merriam-Webster's Collegiate Dictionary,* 11th ed., Merriam-Webster, Springfield, MA.

南出康世 (編集主幹) (2014)『ジーニアス英和辞典』第 5 版, 大修館書店, 東京.

Simpson, J. A. and E. S. C. Weiner, eds. (1989) *The Oxford English Dictionary*, 2nd ed., Oxford University Press, Oxford.

Wells, J. C. (2008) *Longman Pronunciation Dictionary,* 3rd ed., Pearson Education, Harlow.

3 ice cream は語か句か?
―古英語と中英語における複合語―

米倉　綽

1.　はじめに

　ここでいう語とは複合語（compound）のことであり、句とは統語句（syntactic phrase）のことです。現代英語（Present-day English）における複合語と句はどのように区別されているのでしょうか。たとえば、black board は「黒板」を意味する「形容詞＋名詞」からなる複合名詞（compound noun）なのか、「黒い板」を意味する名詞句（noun phrase）なのかは形のうえでは区別できません。「黒板」の意味であれば black と board を離して書かず、普通は blackboard と 1 語で書かれています。「黒い板」の意味であれば black board と離します。同じことは「暗室」や「クロウタドリ」にもいえます。「暗室」を意味する英語は darkroom であり、「暗い部屋」の意味であれば dark room です。「クロウタドリ」という椋鳥の一種は blackbird であり、単に「黒い鳥」を意味する black bird とは異なります。しかし、1 語で表されていようと 2 語で表されていようと、形態上の違いはまったくありません。したがって、これは複合語であるか句であるかの基準にはなりません。

　日本語の場合は、複合語であれば「黒板」、「暗室」、「クロウタドリ」となり、名詞句であれば「黒い板」、「暗い部屋」、「黒い鳥」となります。つまり、日本語の名詞句の場合は第 1 要素が「黒い」、「暗い」という連体形の形容詞となり、形態上の区別が見られるので、語と句の区別は比較的容易です。また、複合名詞には life span「寿命」や ice cream「アイスクリーム」のように「名詞＋名詞」形からなる場合があります

44 | 第3章 ice cream は語か句か？

が、「名詞＋名詞」形はすべて複合名詞だと主張している研究者もいます。このような主張は成立するのでしょうか。

以上で明らかなように、英語の場合は「形容詞＋名詞」形であろうと「名詞＋名詞」形であろうと、それらが複合語であるか名詞句であるかは、日本語の場合とは違って、形態上の区別は不可能です。この問題を解決するために現代英語では語彙化、強勢パターン、統語操作などの基準が提案されています。

では、古英語（Old English）、中英語（Middle English）、（初期）近代英語（(Early) Modern English）については、語と句の区別は何に基づいてなされるのでしょうか。筆者の知る限りでは、初期の英語における語と句の区別についてはほとんど何も提案されておらず、さまざまな文献を見ても、複合語と句の区別は難しいと書かれているだけです。ただ、古英語においては語尾屈折が豊富であり、「形容詞＋名詞」形の複合語の場合は、第1要素の形容詞は無屈折が普通であるといわれています。しかし、中英語になると語尾屈折は消滅するために、古英語のように形態上の違いから語と句を区別するのは難しくなります。したがって、古英語や中英語では、現代英語でいわれているような語と句を区別する基準は存在するのであろうかという疑問が生じます。

この章では、まず現代英語でいわれている基準を概観し、そのうえで古英語や中英語では語と句の区別はどの程度可能であるかを考察いたします。なお、複合語にはさまざまな種類がありますが、ここでは古英語から現代英語に至るまで最も頻繁に使われている「形容詞＋名詞」形と「名詞＋名詞」形からなる構造に限定して検討します。

2. 現代英語における複合語と句を区別する基準とは？

2.1 語彙化

複合語と断定できる特徴として語彙化（lexicalization）があげられます。語彙化とは、2つ（以上）の語から成っている言語単位の意味がそれぞれの構成要素から直接導かれえないことをいいます。たとえば、

rainbow「虹」は第 1 要素の rain「雨」と第 2 要素の bow「弓」が結びついた言語単位ですが、「虹」の意味は rain からも bow からもえられません。なぜえられないかといえば、rainbow の意味が特殊化しているからです。この意味の特殊化が語彙化と呼ばれる現象です。

2.2 強勢の型

強勢型（stress pattern）の違いに基づいて複合語と句を区別する方法です。複合語は第 1 要素が第 2 要素の意味を限定する構造になっています。このためには第 1 要素を音韻的に目立たせる必要があり、その結果第 1 要素に強強勢（strong stress）がおかれます。たとえば、dark room が単なる「暗い室」なら dàrk róom となり（つまり、句）、「暗室」の意味であれば dárkròom となります（つまり、複合語）。

2.3 統語操作

統語操作の観点から見た場合、明らかに統語上の違いがみられることから、複合語と句を区別するものです。これについて Adams（1973: 57）は small talk「世間話」と wet day「雨の日」をとりあげて次のように説明します。第 1 要素の small も wet もそれ自体は形容詞であるから副詞の very での修飾が可能です。しかし、very wet day とはいえますが very small talk とはいえません。また、wet を比較級にして wetter day とすることはできますが、small を比較級にして smaller talk とすることは不可能です。この統語操作が複合語の内部構造におよばないのは、複合語の第 1 要素と第 2 要素の結びつきが強固であるためであり、Anderson（1992: 84）らは、これを「形態的緊密性」（Lexical Integrity）の原理とよんでいます。

2.4 形態操作

形態操作の基準とは、複合語であれば接辞を付加することができるということです。接辞はクラス I 接辞とクラス II 接辞に分類できますが、クラス II 接辞には複合語にしか付加できないという特徴があります。こ

の特徴を複合語か句かという区別に利用します。たとえば、headstrong-ness「強情なこと」、un-top-heavy「頭でっかちでない」にみられる -ness および un- はすべてクラス II の接辞なので、ここにあげた語はすべて複合語であると断定されます。[1]

　これまで多くの研究者が述べている複合語と句を区別する基準の主なものは以上ですが、最近、Spencer（2011: 504）が、たとえば複合語 blackbird の場合 bird は音韻・統語・意味の情報を有するが black は音韻の情報 /blæk/ をもつだけだと主張しています。つまり、black は、「黒い」という意味機能をほとんど失っており、鳥の下位類であるクロウタドリを他の種類の鳥と区別して分類する機能しかもっていないとなります。要するに、島村（2015: 21）が指摘しているように、ある形容詞が名詞の指示対象のもつ属性を意味するような種類のものであっても、複合語内部に生起する場合は、本来の意味を失い、第 2 要素の名詞によって示される類をさらに細かく分類する機能しかもたなくなるのです。

3.　古英語と中英語における複合語

　ここまで、現代英語における複合語と句を区別する基準は何かを述べてきましたが、上記のような基準を一つだけ適用しても複合語か句を判断することはできません。また、いくつかの基準を用いても複合語と句を確実に区別できるわけではありません。このように、現代英語でも複合語と句の区別は難しいのですが、古英語や中英語では何らかの基準があるのでしょうか。

3.1　古英語の複合語

　古英語では、屈折語尾が豊富なのですが、複合語の第 1 要素は無屈折が普通であるといわれています。以下では、「形容詞＋名詞」形と「名詞＋名詞」形の結合において、いくつかの例をあげて、第 1 要素が実際

---

[1]　Selkirk（1982: 106–111）を参照。

3. 古英語と中英語における複合語 | **47**

に無屈折かどうかを検証します。

3.1.1 「形容詞＋名詞」形の場合

第 1 要素の形容詞が無変化である場合と屈折している場合がありま
す。まず、無変化と考えられる例を見ていきましょう。

第 1 要素が無変化

以下の例では第 1 要素の形容詞が無変化であるといえます。

（1）　ond　for　dolgilpe

　　　　and　for　foolish-pride　　　　　　　　　（*Beo* 509a）[2]

　　　　「そして愚かしい自慢のために」

この例での第 2 要素の gilpe（=pride）は、男性名詞 / 中性名詞 gilp の単
数・与格になっています。したがって、もし dolgilpe が名詞句ならば、
第 1 要素の形容詞 dol（=foolish）は第 2 要素の gilpe に呼応して強変化
の dol-um になるはずです。[3] しかし、dol は無変化なので、dol-gilpe は
複合語ということになります。次の例はどうでしょう。

（2）　God　eaþe　mæg

　　　　God　easily　can

　　　　þone　dolscaðan　dæda　getwæfan

　　　　this　mad-ravager　of deed　restrain　　　　（*Beo* 479a）

---

[2]　数字（該当箇所のみ表示）は行数を指しています。アルファベットの a は前半行を、
b は後半行を意味しています。

[3]　形容詞 dol の強変化

		男性	中性
単数	主格	dol	dol
	属格	dol-es	dol-es
	与格	dol-um	dol-um
	対格	dol-ne	dol

48 | 第 3 章　ice cream は語か句か？

「神なら容易にこの狂った略奪者の行いを止められよう」

もし、dolscaðan が句であれば、第 1 要素の形容詞 dol（=mad）は、前に限定詞 þone があるために弱変化します。[4] 修飾する第 2 要素の男性名詞 scaðan（=ravager）は単数・対格ですから、形容詞 dol も男性・単数・対格の dol-an になるはずです。ところが、第 1 要素の dol は無変化なので dolscaðan は複合語と考えられます。

(3)　　wæs his　ealdfæder　Ecgþeo　haten

　　　　was　his　late father　Egetheo　named　　　　　　*(Beo* 373)

　　　　「彼の亡き父はエッジセーオウという名であった」

ealdfæder が「形容詞＋名詞」からなる句であれば、形容詞 eald は、his が前置されているため、弱変化します。さらに、eald は、名詞 fæder に呼応して、男性・単数・主格 eald-a となるはずですが [5] 無変化です。これは ealdfæder が句ではなく複合語であることを意味しています。

(4)　　þæt wæs an　　foran　　*ealdgestreona*

　　　　it　　was　one of　the best　of ancient treasures　　*(Beo* 1458)

　　　　「それはかって古き宝物の一つであった」

形容詞 eald（=ancient）が名詞 gestreona（=treasures）を修飾している構造なら、gestreona は中性・複数・属格・強変化なので、eald も中性・複

---

[4]　形容詞 dol の弱変化

		男性
単数	主格	dol-a
	属格	dol-an
	与格	dol-an
	対格	dol-an

[5]　形容詞 eald の弱変化

		男性
単数	主格	eald-a
	属格	eald-an
	与格	eald-an
	対格	eald-an

3. 古英語と中英語における複合語 | **49**

数・強変化の属格形 eald-ra となるはずです。[6] しかし、eald は無変化なので ealdgestreona は句ではなく複合語と同定されます。

(5) þæt wæs hildesetl <u>heahcyninges</u>
 that was battle-seat of high-king （*Beo* 1039）
 「それは大王の戦士の座であった」

この例での heah（=high）+ cyninges（=king）が単なる「形容詞 + 名詞」形の句ならば、形容詞 heah は名詞 cyninges と呼応して、強変化の男性・単数・属格 heah-es となるはずです。[7] しかし、実際は heah は無変化なので heahcyninges は句ではなく複合語といえましょう。

第 1 要素が屈折形か？

ところが、以下の例は上記のような説明が適用できないようです。

(6) Swa þes <u>middangeard</u>
 so this middle-yard
 ealra dogra gehwam dreoseð ond fealleþ
 of all days each one declines and falls
 （*The Wanderer* 62b）
 「このようにこの世は日ごとはかなく消えていく」

形容詞 mid(d)（=middle）が、単に名詞 geard（=yard）を修飾している構造なら、mid は男性・主格・弱変化（形容詞の前に限定詞があるから）

---

[6] 形容詞 eald の強変化

		中性
複数	主格	eald-u / -e
	属格	eald-ra
	与格	eald-um
	対格	eald-u

[7] 形容詞 heah の強変化

		男性
単数	主格	heah
	属格	heah-es
	与格	heah-um
	対格	heah-um

50 | 第 3 章　ice cream は語か句か？

の mid-a となるはずです。[8]　しかし、mid(d)-an になっているのはなぜで
しょうか。同じことは次の例にもいえます。

(7)　swa　nu　monna　gehwylc　geond　　<u>middangeard</u>
　　　as　　now　man　　every　　throughout　the middle-yard
　　　　　　　　　　　　　　　　　　　　　　　　(*The Seafarer* 90)
　　「今や地上のすべての人がそうであるように」

この例での middangeard の第 2 要素 geard は男性・単数・対格なので、
形容詞 middan は本来は geard に呼応して男性・単数・対格・強変化の
mid-ne[9] になるはずですが、middan (男性・単数・対格・弱変化) になっ
ています。さらに次の例を見てみましょう。

(8)　þæt　he　ne　mette　<u>middangeardes</u>
　　　that　he　not　met　　the middle-yard　　　　(*Beo* 751)
　　「彼はこの地上の世界に出会ったことはなかった」

この middangeardes が単なる「形容詞＋名詞」からなる句であれば、形容
詞 middan は、単数・属格の geardes に呼応して強変化の mid-es となるは
ずです。なぜいつも middan が使われているかですが、この middangeard
は 'the world'「この世」という意味に語彙化していると考えられます。[10]

---

[8]　形容詞 mid(d) の弱変化　　　　　[9]　形容詞 mid(d) の強変化

		男性				男性
単数	主格	mid-a		単数	主格	mid
	属格	mid-an			属格	mid-es
	与格	mid-an			与格	mid-um
	対格	mid-an			対格	mid-ne

[10]　Fulk et al. (2008: 413) に次の説明がみられます。
　　[*middangeard* was] considered as the center of the universe, the region between heaven
　　and hell, or the inhabited land surrounded by the sea「middangeard は宇宙の中心であ
　　り、天と地獄の間にある領域あるいは海に囲まれた居住地と考えられていた」

3. 古英語と中英語における複合語 | 51

したがって、第 2 要素の変化形に関係なく常に middan が用いられた複合語といえます。

3.1.2 「名詞＋名詞」形の場合

「名詞＋名詞」形の場合も、もし複合語であれば、「形容詞＋名詞」形と同じように、第 1 要素の名詞は第 2 要素の名詞を規定する統語体（syntagma）になっているはずです。したがって、第 1 要素の名詞は第 2 要素の格・数などに呼応するようにみえるのですが、実際はどうなっているのでしょうか。

第 1 要素が無変化

まず、第 1 要素の名詞が無変化と考えられる例を見てみましょう。

(9)　blodge　beadufolme　onberan　wolde

　　bloody　*battle-hand*　*hurt*　*would*　　　　(*Beo* 990)

　　「(鉄剣は)血まみれの手を傷つけるだろうか」

この例の beadufolme は、「強変化女性名詞 beadu (=battle) ＋強変化女性名詞・単数・対格の folme (=hand)」の構造です。もし、beadu-folme が単なる句であれば、この第 1 要素の beadu[11] は、第 2 要素の folme に呼応して単数・対格の beado-e になるはずですが、無変化の beadu になっています。

(10)　guðbeorna　　sum

　　of battle-men　*one*

---

[11]　強変化女性名詞 beadu の変化

　　単数　主格　bead-u
　　　　　属格　beado-e
　　　　　与格　beado-e
　　　　　対格　beado-e

52 | 第3章　ice cream は語か句か？

wicg　gewende, word　æfter　　　cwæð

horse turned　　word　afterwards said　　　　　(*Beo* 314b)

「武士のひとりは馬の向きを変えてその後次のように言った」

guðbeorna は強変化女性名詞 guð（=battle）と強変化男性名詞 beorna（=men）からなっています。第2要素の beorna は複数・属格形ですが、第1要素の guð[12] はこの変化形とは呼応せず無変化です。

(11)　wisse　he　gearwe

knew　he　well

þæt　he　dæghwila　　　gedrogen　　　hæfde

that　he　span of days　experienced　had　　　(*Beo* 2726)

「彼は日々を味わい尽くしたことをよく知っていた」

この例での dæghwila の第2要素 hwila（=span）は強変化女性名詞・複数・対格ですが、第1要素の dæg（=day）[13] は無変化です。

第1要素が屈折形か？

以下の例では、swanrade の第1要素が無変化ではなく、屈折しているようにみえます。これはどのように解釈したらよいのでしょうか。

(12)　cwæð, he　guðcyning

said　he　walking

ofer　swanrade　secean　wolde

over　swan-road　visit　would　　　　　　　(*Beo* 200)

---

[12]　強変化女性名詞 guð の変化

	単数	複数
主格	guð-u	guð-a / -e
属格	guð-e	guð-a / -ena
与格	guð-e	guð-um
対格	guð-e	guð-a / -e

[13]　強変化男性名詞 dæg の変化

	複数
主格	dag-as
属格	dag-a
与格	dag-um
対格	dag-as

3. 古英語と中英語における複合語 | **53**

「白鳥の道（＝海）を渡って戦いの王を訪ねたいと彼は言った」

swanrade[14] の第 2 要素 rade は強変化女性名詞・単数・対格になっています。もし、swanrade が複合語ではなく単なる句であれば、第 1 要素の swan（強変化男性名詞）は、第 2 要素の rade を修飾する形容詞のような振る舞いをして、単数・対格になるはずです。ただ、swan[15] の単数・対格は無変化形と同一ですから、屈折しているともいえます。次の場合にも同じことがいえます。

(13)　Ða　wæs　<u>morgenleoht</u>
　　　then　was　morning-light
　　　scofen　ond　scynded
　　　shoved　and　made haste　　　　　　　　　　　*(Beo* 917b)
　　　「その時朝の光（＝太陽）が押し出され急がされた」

第 1 要素の morgen は強変化男性名詞であり、第 2 要素の leoht は強変化中性名詞で単数・主格になっています。morgen[16] の主格も、無変化形の morgen と同じなので正確には無変化の例といえません。

　これまでの例から明らかなように、Bell（2011）が現代英語の「名詞＋名詞」形はすべて複合語であると述べていることを、古英語には適用

---

[14]　これは代称法（kenning）といわれる古英語でよくみられる詩的表現。
[15]　強変化男性名詞 swan の変化
　　　単数　主格　swan
　　　　　　属格　swan-es
　　　　　　与格　swan-e
　　　　　　対格　swan
[16]　強変化男性名詞 morgen の変化
　　　単数　主格　morgen
　　　　　　属格　morgen-es
　　　　　　与格　morgen-e
　　　　　　対格　morgen
　　ただし、Kastovsky（1992: 362）は、理由は述べていませんが、この morgenleoht を複合語とはしていません。

54 | 第 3 章　ice cream は語か句か？

できないでしょう。

第 1 要素が hild

　第 1 要素が hild の場合は無変化の場合もありますが、多くの例で屈折形の hilde がみられます。次の例を見てみましょう。

（14）　wutun　gongan　to,
　　　　let us　go　　　thereto
　　　　helpan　hildfruman
　　　　help　　war-chief　　　　　　　　　（*Beo* 2649）
　　　　（let us go thereto to help the war-chief）
　　　　「さあ向こうに行きあの武将を助けよう」

　第 2 要素の fruman は弱変化名詞で単数・属格 / 与格なので、hild-fruman が句であれば、これに呼応して第 1 要素も単数・属格 / 与格の hild-e となるはずですが、無変化形の hild[17] が使われています。しかし、*Beowulf* では（15）のように第 1 要素 hild が屈折変化している例が多くみられます。これはどのように解釈すべきでしょうか。

（15）　Þa　　þæt　sweord　ongan
　　　　then　the　sword　　began
　　　　æfter　　　　　heaþoswate　　hildegicelum
　　　　on account of　battle-blood　battle-icicle
　　　　wigbil　　　　wanian　　　　　　　　（*Beo* 1606）
　　　　battle-blade　to waste away

---

[17]　弱変化女性名詞 hild の変化
　　　単数　主格　hild
　　　　　　属格　hild-e
　　　　　　与格　hild-e
　　　　　　対格　hild-e

3. 古英語と中英語における複合語 | **55**

「やがてその剣は戦いの血によって戦いの氷柱のようになって戦いの刃
は溶けはじめた」

ここの hildegicelum は名詞 hilde（=battle）と名詞 gicelum（=icicle）の結
合からなる構造です。第 2 要素の gicelum は強変化男性名詞・複数・与
格なので第 1 要素の hilde[18] は強変化女性名詞・複数・主格 / 対格
hild-e/-a となっています。もし、hildegicelum が複合語ではなく句であ
れば hild-e は hild-um になります。この意味でいえば、hild-e は第 2 要
素の語がいかなる変化形であっても、それと関係なく固定的に使われる
形ですから、「無変化」とみなしてもよいといえます。*Beowulf* では、
第 1 要素が beadu（9 の例）、guð（10 の例）、hild からなる複合語が頻繁
にみられますが、hild のみが hild-e と屈折変化しています。つまり、
hild-e は屈折しているというよりは複合語を形成するとき hild-e という
固定化された形が使われていると解釈できます。

散文の例

　なお、これまで見てきたように、複合語がみられるのはほとんど韻文
ですが、次のように散文にもまれに用いられています。

(16)　On　mines　fæder　　huse　　synt　manega　eardungstowa
　　　　in　　my　　father's　house　　are　　many　　　rooms
　　　　　　　　　　　　　　　　　　　　　　　（*OE Gospels* John 14.2）
　　　　「私の父の家には多くの部屋がある」

---

[18]　強変化女性名詞 hild の変化
　　複数　主格　hild-a/-e
　　　　　属格　hild-a/-ena
　　　　　与格　hild-um
　　　　　対格　hild-a/-e

56 | 第 3 章　ice cream は語か句か？

第 2 要素の stowa（＝place）は強変化女性名詞・複数・主格ですが、第 1
要素 eardung[19]（＝dwelling）の強変化女性名詞は無変化の形です。

3.2　中英語の複合語

　中英語になると、語尾屈折は消滅しますので、古英語の場合のように
第 1 要素が無変化であるかどうかは、複合語と句を区別する基準になり
ません。まず、いくつかの例を見てみましょう。

3.2.1　「形容詞＋名詞」形の場合

　「形容詞＋名詞」形が語彙化している場合と、「形容詞＋名詞」形がラ
テン語の原典に基づいた形成になっている場合があります。

「形容詞＋名詞」が語彙化

（17）　ther shyneth the liknesse of the wit of hir fadir or of hir <u>eldefader</u>

（Chaucer *Bo* 2.pr4.45）
　　　「父親あるいは祖父ゆずりの知恵が輝いている」

この例での eldefader は、（3）にあげた古英語の例と同じであり、「祖父」
という意味になり語彙化しています。

（18）　I yaf ye x acres of <u>fre londe</u>　　　　　　　　　（*Paston* 4.178）
　　　「自由保有権の土地から 10 エーカーをあなたにあげた」

第 1 要素の fre は 'freehold'「自由保有権の」という意味の形容詞であ

---

[19]　強変化女性名詞 eardung の変化

複数	主格	eardung-a/-e
	属格	eardung-a/-ena
	与格	eardung-um
	対格	eardung-a/-e

り、fre-londe で「自由保有権の土地」という意味を表し、語彙化している複合語と考えられます。

ラテン語からの直訳

　次の例は、ラテン語からの直訳に基づいており、さらに語彙化しているといえます。

　　（19）　Ech seruaunt and fre man hidden hem　　　　（*WBible* Apoc.6.15）
　　　　　　「それぞれの奴隷と自由人が彼をかくまった」

fre man は『ウルガタ』（*The Vulgate*）のラテン語 liber を直訳したものです。意味は「（奴隷ではない）自由人」であり語彙化しています。ただし、次のような例がみられます。

　　（20）　Þe grete see of myddilerþe is yclepid see of þe middil erþe for he
　　　　　　passeþ by þe middle of þe erþe anone to þe este（*Trev.Barth.* 158a/b）
　　　　　　「内陸部の大海は内陸部の海と呼ばれる。彼が内陸経由で東に向かうからだ。」

「middil/myddil + erþe」もラテン語の mediterraneum「内陸部」を直訳したと考えられます。ところが、同じ意味で 2 行目に þe middle of þe erþe という名詞句が使われています。

3.2.2 「名詞＋名詞」形の場合

　「名詞＋名詞」形の場合も、複合語なのか名詞句なのか判断できない例が多くみられます。以下の例を見てみましょう。

　　（21）　Bi þat þe daylyȝt watȝ done　　　　　　　　（*Gawain* 1365）
　　　　　　「日がかげるころ」

dayly3t は、名詞 day と名詞 ly3t からなる「日光」を意味する複合語と考えられますが、MED では cpd. & phr.（compound & phrase）となっています。つまり、複合語か句か判断できないという意味でしょう。

(22)　Til ... the <u>day sterre</u> springe in 3oure hertis（*WBible*（*1*）2 Pet. 1.19）
　　　「太陽が汝の心に現れるまで」

day sterre（=day star）は、『ウルガタ』のラテン語 Lucifer「明けの明星」からの直訳ですが、現代英語での morning star「日の出直前に東に見える明るい惑星」にあたります。この意味ではある程度語彙化しているといえます。この dayly3t と day sterre を見る限り、Bell（2011）が主張する「名詞＋名詞」形はすべて複合語とはいえないでしょう。また、次の場合は原典を根拠にしただけでは複合語と判断できない例です。

(23) a.　Ther was eke wexyng many a spice,
　　　　　As <u>clowe-gelofre</u> and lycorice　　　（Chaucer *RomA* 1368）
　　　　　「また丁子や甘草のような多くの薬味植物が育っていた」

　　 b.　And summe destyllen <u>clowes of gylofre</u>　　　（*Mandev.*36/25）
　　　　　「何人かは丁子を蒸留している」

(24) a.　Thou seyst men may nat kepe a <u>castel wal</u>
　　　　　　　　　　　　　　　　　　　（Chaucer *CT* WBT 263）
　　　　　「誰も城壁を守れないとあなたは言う」

　　 b.　Which was from us but a lyte—
　　　　　A long <u>castel with walles</u> white　　　（Chaucer *BD* 1318）
　　　　　「それは我々からほんの少ししか離れていなかった—白壁の長い城」

(25) a.　The <u>waterpot</u> sche hente alofte　　　（Gower *CA* 3.673）
　　　　　「彼女は水瓶を頭上にかざした」

　　 b.　This wif was fro the welle come,
　　　　　Wher that a <u>pot with water</u> nome
　　　　　Sche hath, and broghte it into house　　　（Gower *CA* 3.656）

「この妻は水瓶を手に取った井戸から戻って、それを家に運んだ」

（23）の clowe-gelofre は、原典である古フランス語の *Le Romaunt de la Rose* にある clos de girofle を英訳したものと考えられます。ところが、やはり古フランス語を原典としていると言われている（23b）の *Mandeville's Travels* では clowes of gylofre と名詞句になっています。

しかし、（23b）の clowes of gylofre も（23a）の clowe-gelofre と同じように「丁子」の意味しかありません。つまり、（25b）の clowes of gylofre は、形態上は名詞句になっていますが、語彙化しているといえます。

（24b）では、形容詞 white が前行の lyte と押韻するために walles の後に置かれており、これにより名詞句になっていると考えられます。

（25a）の waterpot が（25b）では名詞句 pot with water になっています。これはどのように解釈すべきでしょうか。2行目を律読すると以下のようになります。

(25) b.　　Wher that a pot with water nome
(25) b'.　　Wher that a waterpot nome

（25b'）では waterpot にすると nome が弱強の強勢パターンとなり脚韻が成立しません。このような理由から名詞句 pot with water になったのでしょう。

4. おわりに

初期の英語では、語と句を区別するために、現代英語で適用されている基準が有効に機能するとはいえません。ならば、古英語や中英語ではどのような基準があるかということになります。古英語では語尾屈折が豊富なので、無屈折を基準にして複合語か句かを区別することがかなり可能であることを明らかにしました。一方、語尾屈折が消滅している中英語の場合は、語彙化や韻律あるいはラテン語や古フランス語の原典を

60 | 第 3 章　ice cream は語か句か？

根拠に複合語と句の区別ができる場合もありますが、決定的な基準を求めるのは極めて難しいといえます。

　本章では明確な基準を提示できたとはいえませんが、古英語の場合も中英語の場合も、2 語からなる構成要素の順序が固定しているか[20]、それらの構成要素に他の要素を挿入することは可能か、という観点からさらに他のテキストを精査することが今後の課題と考えられます。たとえば、(25a) にあげた waterpot は他のテキストにも固定した形で見られます。[21]

(26)　And she sette doun hir water pot anon .. in an oxes stalle.

(Chaucer *CT.* Cl. 290)

「彼女はすぐに水瓶を牛小屋の中に置いた」

(27)　Sche putte down þe waterpott vponn here arme

(*WBible (1)* (Bod 959) Gen. 24.18)

「彼女は腕に抱えていた水瓶をおろした」

(28)　Goe into the cittie .. and there a man meete .. with a water pott

(*Chester Pl.* 269/19)

「その町に行き、そこで水瓶を持った男に会え」

また、water と pot の間に、たとえば gret (=great, big) や smale (=small) が挿入されている例はありません[22]。つまり、waterpot は語彙化しているといえます。この意味では、現代英語の基準である語彙化と統語操作は、古英語および中英語でも有効であるともいえます。

---

[20]　(20) にあげた例では、myddilerþe と þe middle of þe erþe の両方の形がみられます。したがって、myddilerþe は複合語としては確立していないともいえます。

[21]　MED (s.v. water-pot (te n.) を参照。

[22]　gret や smale は性質形容詞 (qualitative adjective) と呼ばれ「名詞＋名詞」形の複合語の第 2 要素を修飾することはできません (島村 (2015: 22) を参照)。この water pot の第 2 要素名詞 pot の前に gret や smale が現れていないということは water pot が複合語だといえます。

参照文献

Adams, Valerie (1973) *An Introduction to Modern English Word-Formation*, Longman, London.

Anderson, Stephen R. (1992) *A-Morphous Morphology*, Cambridge University Press, Cambridge.

Baron, W. R. J. ed. (1994) *Sir Gawain and the Green Knight*, Manchester University Press, Manchester. [*GGK*]

Bell, Melanie (2011) "At the Boundary of Morphology and Syntax: Noun Noun Constructions in English," *Morphology and Its Interfaces*, ed. by Alexandra Galani, Glyn Hicks and George Tsoulas, 137–167, John Benjamins, Amsterdam.

Benson, Larry Dean ed. (1987) *The Riverside Chaucer*, 3rd ed., Houghton Mifflin, Boston; Oxford University Press, London, 1988.

Davis, Norman ed. (1971) *Paston Letters and Papers of the Fifteenth Century*, Part I, Clarendon Press, Oxford. [*Paston*]

Fulk, R. D., Robert E. Bjork, and D. Niles eds. (2008) *Klaeber's Beowulf*, 4th ed., University of Tronto & Others. [*Beo*]

Gordon, Ida ed. (1979) *The Seafarer*, Manchester University Press, Manchester.

Kastovsky, Dieter (1992) "Semantics and vocabulary," *The Cambridge History of the English Language*, Vol. I: The Beginning to 1066, ed. by Richard M. Hogg, 290–408, Cambridge University Press, Cambridge.

Kurath, Hans, Sherman McAlister Kuhn and Robert E. Lewis eds. (1952–2001) *Middle English Dictionary*, University of Michigan Press, Ann Arbor. [MED]

Leslie, R. F. ed. (1966) *The Wanderer*, Manchester University Press, Manchester.

Lindberg, C. ed. (1959–1973) *MS.Bodley 959: Genesis-Baruch 3.20 in the Earlier Version of the Wycliffite Bible*, 6 vols. Almqvist & Wiksell, Stockholm. [*WBible (1)*]

Liuzza, R. M. ed. (1994) *The Old English Version of the Gospels*, Vol.I, Oxford University Press, London & Others. [*OE Gospels*]

Macaulay, G. C. ed. (1900 & 1901) *The English Works of John Gower*, 2 vols. Oxford University Press, London & Others. [Gower *CA*]

Selkirk, E. O. (1982) *The Syntax of Words*, MIT Press, Cambridge.

Seymour, M. C. ed (1967) *Mandeville's Travels*, Clarendon Press, Oxford. [*Mandev.*]

Seymour, M. C. ed. (1975) *On the Properties of Things: John Trevisa's Translation of* Bartholomaeus Angicus De Proprietatibus Rerum, 2 vols., Clarendon Press, Oxford. [*Trev.Barth.*]

島村礼子（2015）「英語の「名詞＋名詞」形は句か語か」『現代の形態論と音声学・音韻論の視点と論点』西原哲雄・田中真一（編），21–41，開拓社，東京.

Spencer, Andrew（2011）"What's in a Compound?" *Journal of Linguistics* 47, 481–507.

Weber, Robertus OSB ed.（1983）*Biblia Sacra Iuxta Vulgatam Versionem*, 2 vols., Deutsche Bibelgesellschaft.

4 なぜ ice は動詞としても使えるのか？
―現代英語における転換―

長野明子

1. はじめに

　第3章では、ice cream が句であるか、複合語であるかを考えました。現代英語では、ice も cream も、名詞としてだけでなく動詞としても使えます。動詞としての ice について考えてみましょう。*The Oxford Dictionary of English*（Second edition, 2005）では、to ice は次のように定義されています[1]。

(1) a.　"decorate (a cake or biscuit) with icing"
　　　　She poured three glasses of milk, and then went to help her mother ice the cake.
　　　　「彼女は牛乳をコップに3杯つぎ、それから母親がケーキに糖衣がけするのを手伝いにいった。」

　　b.　[*ice over/up*] "become covered or blocked with ice"
　　　　With the exception of a few duck-inhabited zones, it was all iced over.
　　　　「いくつかのカモ居住区を除いて、あらゆるところが氷で覆われていた。」

---

[1]　以下では品詞を明示する目的で動詞用法に接続詞 to を付けることがあります。to 不定詞の to は、*The Cambridge Grammar of the English Language*（2002: 1183–1187）では動詞句従属接続詞（VP subordinator）とされています。

64 | 第 4 章　なぜ ice は動詞としても使えるのか？

    c.   \<North American\> \<informal\> "clinch（something such as a victory or deal）"

        Her three-point play with 1: 31 left <u>iced</u> the Huskies' victory over Oklahoma in San Antonio.

        「残り 1 分31秒で彼女が決めたスリーポイントプレイが、サンアントニオでのハスキーズチームのオクラホマチームに対する<u>勝利を確実なものにした</u>。」

    d.   \<North American\> \<informal\> "kill"

        Another man <u>had been iced</u> by the police.

        「また別の男も警察に<u>殺されていた</u>。」

　まず、（1a–d）の二重引用符部分を見ると、to ice は多義（polysemous）であるとわかります。（1a）「糖衣がけする」、（1b）「氷で覆う、凍らす」、（1c）「勝利を確実なものにする、〜に決着をつける」、（1d）「殺す」という 4 つの意味の関係はどうなっているのでしょうか。名詞 ice「氷」とのつながりが明らかなのは（1b）の意味です。そして（1c）と（1d）は（1b）からのメタファー的意味拡張（metaphorical semantic extension）と考えられるでしょう。異質なのは（1a）です。（1a）の to ice は名詞 icing「ケーキにかける糖衣（砂糖・卵白に香料などを混ぜ合わせたもの）」に依存した意味を表し、名詞 ice に依存する（1b, c, d）の意味とは区別する必要があります。

　次に、（1b）の角かっこ部分を見ると、to ice は、to ice over や to ice up のように、「動詞 + 不変化詞（particle）」という句動詞構文（phrasal verb construction）で使われることがわかります。また、to ice がとる別の構文として、次のように、指示対象が明確でない it を目的語位置に伴う用法もあります。

（2）a.   It was Scherer who <u>iced it</u> for the Germans, this time with a decisive win over Cantagalli.

        「ドイツ側に<u>勝利をもたらした</u>のはシェーラーであり、カンタガッ

リに勝ったことが決め手となった。」

b. You've been complaining all day, so ice it.
「まる一日愚痴ってばかりいる、いい加減やめろ。」

　この用法は *The Oxford Dictionary of English* には記載がありませんが、他の辞書を見ると見つかります。(2a) は *The Oxford English Dictionary Online*（以下 OED と略記）にある 1971 年の例で、(1c)「勝利を確実なものにする」の to ice が指示性の薄い it をとっています。(2b) は『ランダムハウス英和大辞典』（第 2 版）の成句欄にある to ice it「もういい、十分だ、やめろ」の例です。『ランダムハウス』には、to ice の自動詞用法として「黙る、黙っている」という意味が記載されており、(2b) の to ice it は、意味的にはこの自動詞用法と同一です。[2]

　最後に、(1c) と (1d) の山かっこ (＜　　＞) の部分を見ると、「勝利を確実なものにする」や「殺す」の意味での to ice が地域的・スタイル的に限定されたものであることがわかります。

　このように、辞書を丹念に読めば、to ice という 1 つの単語について多くの情報を得ることができます。しかし、辞書に書かれていないの

---

[2]　Nagano (2008: Sec.5.4) は、to boss it「ボスとなる、親分風を吹かす」、to cab it「タクシーで行く」のように、転換で派生された自動詞がとる指示性のない it を虚辞用法の it（特定の指示対象をもたず文中の場所埋めのために挿入される it）と分析しています（Jespersen 1942: 108, Zandvoort 1969: 136–137, 長谷川 2014: 16 も参照）。虚辞の it は主語位置に生じるのが典型的ですが、転換動詞は目的語位置にそれをとるという面白い性質をもつのです。接尾辞で派生される動詞はこの種の it をとりません。(2a, b) の it も虚辞であるとすれば Nagano (ibid.) の分類では Miscellaneous（雑）のグループに入ります。この種の it は短音節の動詞に口語・俗語で多く見つかります。たとえば、to dog it「手を抜く、なまける」、to piss it「楽にやりとげる」、to trip it「踊る」、to hack it「（否定で）うまくやり抜く」、to train it「列車で行く」など。
　「転換動詞＋虚辞目的語の it」の理論的研究はこれからですが、動詞が同形名詞をもつこと、目的語が指示性をもたないこと、この 2 点から想起される類似構文に同族目的語構文があります。たとえば、to dance a beautiful dance を "to dance beautifully" と解釈するとき、同族目的語の dance には指示性はありません。両構文は動詞の非能格性（unergativity）においても似ています。同族目的語構文については研究の蓄積がありますので「転換動詞＋虚辞の it」の研究を進めるうえでひとつの手掛かりになるでしょう。

66 | 第4章　なぜiceは動詞としても使えるのか？

は、この語がどのようにして作られたかという点です。OEDのような
大きな辞書なら、語源（etymology）の欄に［< ice n.］のような形で名
詞iceに由来することが書かれています。それであっても、名詞のice
からどのようにして動詞が作られたのでしょうか。

　この疑問は、to iceだけを見ていたのでは答えることができません。
英語で許される名詞と動詞の対応の全体像を見渡して、その中で答える
べき問題だからです。語彙論（lexicology）と呼ばれる分野が、to iceな
らto iceについての紙の辞書（dictionaries）の情報を追求するのに対し、
形態論（morphology）と呼ばれる分野は、to iceの背後にある抽象的な
文法の仕組みを追求します。大人の英語母語話者の頭の中には、to ice
を含む大量の単語の知識が記憶されており—これを、紙の辞書と区別し
て、心的辞書・レキシコン（lexicon）と呼びますが—、そこには何らか
の一般化なり規則なりが働いていると考えるのです。[3]　心的辞書の規則
という抽象的実在について知るには、紙の辞書や電子コーパスを参照す
ることが不可欠ですが、形態論の対象は個々の単語だけではありませ
ん。個々の単語をつなぐ仕組みこそ重要です。この章では、名詞iceと
動詞iceを関係づける転換（conversion）という仕組みについて考えてい
きます。[4]

---

[3]　心的辞書の規則が実際に「ある」といえることの証拠として、まず、新語形成の現
象があります（島村（1990），伊藤・杉岡（2002: 4章），伊藤・杉岡（2016））。また、
成人の母語話者なら、記憶された実在の語（actual words）を認定できるだけでなく、
記憶にはなくとも可能な語（possible words）と不可能な語（impossible words）を区別
できるという事実も証拠になるでしょう。たとえば「2000年問題」という複合語が一
時よく聞かれました。これは実在の語です。一方、「2083年問題」は聞かれませんが
日本語としては可能な語で、「2083年に関連する何らかの問題」を指す複合語として
解釈されます。他方、そのような問題の名前として「問題2083年」とか「年2083問
題」とかいった複合語を作ったとしても容認されません。現在の日本語の文法からす
ると不可能な語だからです。ポイントは、「2083年問題」と「問題2083年」のいずれ
も記憶にはない語ですが、母語話者ならばそれぞれの可能性を判断できるという点で
す。

[4]　現代英語の転換を扱います。古英語からの転換の通史を知るにはBiese（1941）と
Kastovsky（2006）が有益です。史的観点からの転換については、Kastovsky（1968,
1992）や米倉（2015）も参考になります。

2. 屈折と語形成

　語と語の関係を考える形態論という文法領域は、屈折（inflection）と語形成（word-formation）に分かれます。屈折とは、1 つの語が句や文の中で示す語形変化をいいます。たとえば、to move と moves と moved の間の関係を考えるとともに、{to move, moves, moved} という語形変化を、{to hit, hits, hit} や {to bring, brings, brought} や {to go, goes, went, gone} という語形変化と比較します。英語動詞の過去形と過去分詞形は規則活用で作られるときと不規則活用で作られるときがあります。

　これに対し、語形成とは、既存の語から新しい語を作り出す現象です。2 つの既存語からの語形成には、本書第 3 章で見た複合（compounding）（例：ice + cream > ice cream）や、混成（blending）（例：Oxford + Cambridge > Oxbridge）があります。

　この章で見るのは、1 つの既存語からの語形成であり、総称として派生（derivation）といいます。もとになる既存語を基体もしくは語基（base）といい、そこからできる新しい語を派生語（derivative）といいます。現代英語の品詞を変える派生には、基体に接辞を付加する接辞付加（affixation）（例：hospital + ize > hospitalize）、基体を短くする逆形成（back-formation）（例：editor > edit）、そして、名詞 ice と動詞 ice のように基体の音形（sound form）を変えずに品詞だけを変える転換があります。使える派生操作のカタログのなかに転換という操作があること、これは現代英語の形態論の大きな特徴です（Valera (2014)）。

　以上で見た現代英語の形態論の全体像を図示すると、次のようになります。[5]

---

[5]　先行研究には転換を接辞付加の一種とする見方もあります。たとえば to ice を to hospitalize などと平行的に $[[ice]_N \emptyset]_V$ と分析する見方です。$\emptyset$ は、ゼロ接辞（zero affix）と呼ばれる音形のない動詞化接辞を表します。本章では、Nagano (2008) での包括的な検証をもとに、現代英語の転換をゼロ接辞の付加とするのではなく、それとは独立した心的辞書における操作とみなします。また、現代英語では、短縮（clipping）（例：laboratory > lab）や頭字語（acronym）（例：as soon as possible > ASAP）も盛んですが、図 1 には掲載していません。

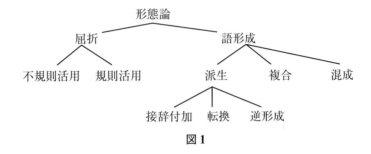
図1

　形態論全体のなかでの転換の位置づけを確認しました。それでは、転換のなかにはどのようなタイプがあるでしょうか。転換とは、「基体の品詞を変える操作」で「基体の音形を変えない操作」ですので、この2点をもとに分類できるはずです。[6] 以下、3節では品詞の組み合わせによって転換を分類します。4節で生産性の問題を見たのち、5節で音形の同一性に基づく転換の分類を考えます。

3. 可能な品詞の組み合わせ

3.1　主要3品詞

　まず、名詞・動詞・形容詞という主要3品詞（Baker (2003)）の間で転換が可能です。Quirk et al. (1985) 以後の最大の英文法書である Huddleston and Pullum (eds.) (2002) *The Cambridge Grammar of the English Language*（以下 CGEL と略）には、次のような形で例が挙げられています。

(3)　名詞と動詞の間の転換
　　a.　動詞から名詞への転換の例
　　　　arrest, attempt, bore, cheat, coach, control, cough,
　　　　desire, flirt, go, hoist, laugh, read, smile, sneak, spy

---

[6]　Valera (2014) では、さらに、基体の大きさ（基体が語か語幹か）という分類基準も検討されています。

3. 可能な品詞の組み合わせ | **69**

 b. 名詞から動詞への転換の例

  butcher, butter, can, cash, duel, enamel, eye, finger, fish,

  foal, gesture, knife, knot, lamb, motion, panic, parody

（4） 形容詞と名詞の間の転換

 a. 形容詞から名詞への転換の例

  comic, dear, drunk, empty, female, heavy, human,

  intellectual, local, medical, natural, original, positive

 b. 名詞から形容詞への転換の例

  a very <u>fun</u> people「とても<u>楽しい</u>人々」

  His accent is very <u>Oxbridge</u>.

  「彼の発音は非常に<u>オックスフォード・ケンブリッジ大学的</u>だ。」

  That remark was very <u>sexist/Thatcherite</u>.

  「あの発言はとても<u>性差別的</u>であった。」

  「あの発言はとても<u>サッチャー主義的</u>であった。」

（5） 形容詞と動詞の間の転換

 a. 形容詞から動詞への転換の例

  bare, blind, blunt, brave, calm, clear, dim, dry, empty,

  free, humble, muddy, narrow, slow, smooth, tame, tense

 b. 動詞から形容詞への転換の例

  i. amusing, boring, entertaining, stunning, tiring

  ii. amused, bored, spoilt, stunned, tired

    （CGEL pp. 1641–1644; 引用例はリストの一部）

（3）–（5）のそれぞれのタイプについて、CGEL（pp. 1640–1644, p. 1706,
pp. 1713–1715）の記述を要約します。説明の中で使う「名詞＞動詞」と
いう表記は、名詞を基体とし動詞を派生するタイプという意味です。

名詞⇔動詞

 （3）について。名詞と動詞の間には相当な同形性が認められる。例によっ
てはどちらが基体でどちらが派生語か—これを派生の方向性（directionality）

70 | 第 4 章　なぜ ice は動詞としても使えるのか？

というーを判別しがたいこともある。が、多くの場合は意味が判定基準
となる。たとえば、名詞 bottle と動詞 bottle の場合、名詞を基本にして
動詞の意味を定義するべき（"to put into a bottle"）であり、動詞を基本に
して名詞を定義するべき（"a container into which something is put when it
is bottled"）ではない。よって、名詞が基体で動詞が派生語である。逆に、
名詞 arrest と動詞 arrest の場合は、動詞を基本にして名詞を定義するの
がよい（"the event wherein someone is arrested"）ので、動詞が基体で名詞
が派生語である[7]。

　意味的には、転換動詞・転換名詞ともにさまざまな意味類が関与する。
名詞が「物質・材料」の時、動詞はその添加「～を加える」（例：to
enamel, to grease, to sugar）と除去「～を取り除く」（例：to hull, to shell,
to skin）の両方を表せる。To enamel は "to apply enamel to" なので添加
の例、to hull は "to remove the hull from" なので除去の例である。「道具」
の例については名詞＞動詞「～を使う」が普通だが（例：to knife, to
hammer, to mop）、動詞＞名詞「～するためのもの」の例もある（例：
hoist, whistle）。「特定の属性をもつ人」が関与する例も、名詞＞動詞
「～としてふるまう」（例：to butcher, to doctor, to shepherd）と動詞＞名
詞「～する人」（例：bore, cheat, flirt, spy）の両方にある。

名詞⇔形容詞

　（4）について。形容詞から名詞への転換は、多くの場合、「基体形容
詞＋暗黙に想定される名詞」という名詞修飾表現に対応する。想定される
主要部名詞は 1 種類ではない。たとえば、名詞 comic とは "comic person"
または "comic periodical" に相当する。名詞 positive は "positive photo-
graph/feature/quantity" のいずれにも相当する。色彩形容詞からの転換名
詞は、a dark shade of brown のように色そのものを表すだけでなく、名

---

[7]　派生の方向性はいくつかの基準をもとに決定されます。たとえば Iacobini（2000）
は、派生の方向性の基準として（i）形態的基準、（ii）意味的基準、（iii）量的・分布的基
準、（iv）さらなる派生の可能性、（v）屈折形に対する制限、（vi）相対的頻度を挙げてい
ます。長野（2006: 4 節），Nagano（2008: 87–95, 160–167）を参照してください。

詞 white なら「(卵の) 白身」「(目の) 白目」「白人」のように、その色を代表的特徴とするさまざまなモノを表せる。接尾辞 -ly による周期を表す形容詞も、その周期で特徴づけられるモノ、たとえば daily なら「日刊新聞」や「日決めで洗濯・家事をしにくるお手伝い」を表す。また、この種の転換名詞は複数形を基本とすることがある。たとえば、basics, greens ("green vegetables"), marrieds, smalls ("underwear"), woollies など。ここでいう転換名詞は、Is it the new version or the old? や The tax will disadvantage the poor. のような、形容詞が主要部名詞と融合した形とは異なることに注意。

　形容詞＞名詞という方向とは対照的に、名詞＞形容詞という方向の転換例は (4b) のように稀である。注意点として、the Clinton policy における Clinton のような修飾語は CGEL では転換の例とみなさない。[8]

形容詞⇔動詞

　(5) について。形容詞＞動詞という転換は数百年にわたって生産性を維持しているが、ただ、転換動詞の数は、名詞＞動詞の例に比べると少ない。新しい動詞の例が見つかるのも名詞＞動詞のほう（例：to bus, to leverage, to handbag）で、形容詞＞動詞では難しい。形容詞＞動詞の基体は単純形容詞が普通だが、-y 形（例：to dirty, to muddy）、-proof 形（例：to soundproof）、屈折形（例：to better, to best, to lower）も使われる。意味的には、to clear, to cool のように状態変化「〜になる・〜にする」（"become〜," "make〜"）を表すだけでなく、to brave, to gentle, to savage のように様態「〜なふるまいをする」（"act in a 〜 manner"）も表せる。

　他方、動詞＞形容詞という方向には、基体が屈折形（動詞の現在分詞

---

[8]　Quirk et al.（1985: 1562）も同じ方針ですが、名詞前位修飾の名詞が次のように関係形容詞（relational adjectives）と等位（coordination）できることを注意深く付記しています。

   (i) a.　She likes both cotton and woolen dresses.
      「彼女は綿の服とウールの服のどちらも好んでいる」
     b.　They detest both suburban and city life.
      「かれらは郊外の暮らしと都会の暮らしのどちらも嫌っている」

形もしくは過去分詞形）であるという特殊性がある。

　以上が、主要 3 品詞の間の転換に関する CGEL の記述です。現代英語の転換では、**名詞⇔動詞、形容詞⇒名詞・動詞**のタイプは、無標（普通）であるのに対し、**名詞・動詞⇒形容詞**のタイプは、例の少なさ、または、屈折形由来という点で有標（特殊）であるとわかります。

3.2 主要 3 品詞以外の品詞

　主要 3 品詞以外の品詞が関与する転換もあります。まず、CGEL（pp. 604–605, p. 610）は、以下の下線部を前置詞への転換としています。

(6) 　前置詞への転換

　　a. 　形容詞から前置詞への転換の例

　　　Opposite the church there is a path leading down to the lake.

　　　「教会の向かいには湖へと下っていく小道がある。」

　　　Contrary to popular belief, Eskimos don't have huge numbers of 'snow' words.

　　　「一般に信じられているのとは異なり、エスキモー人は『雪』を表す語を大量にもつわけではない。」

　　b. 　分詞形から前置詞への転換の例

　　　Barring accidents, they should be back today.

　　　「事故でもない限り、彼らは今日戻るはずです。」

　　　There are five of them counting/including the driver.

　　　「運転手を含め 5 人います。」

　　　Given his age, a shorter prison sentence is appropriate.

　　　「彼の年齢を考慮すると、服役期間を短くしたほうがよい。」

　また、Nagano（2008: 8–9）は、動詞への転換は、基体が名詞・形容詞に限られないことを観察しています。以下のデータを（3b）および（5a）と合わせると、動詞以外の要素は動詞に転換できるといってもよいほど

です。[9]

(7)　名詞・形容詞以外からの動詞への転換

　　a.　副詞から動詞への転換の例

　　　　Send photograph if available; if not, take some and <u>forward</u> them as soon as possible.

　　　　「写真があったら送ってください。なければ、できるだけ早く撮って<u>送って</u>ください。」

　　b.　間投詞から動詞への転換

　　　　It was worth while at times to <u>shoo</u> him away.

　　　　「彼を<u>追い払う</u>ことは時に有益であった。」

　　c.　擬音語・擬態語から動詞への転換

　　　　They <u>oinked</u> at him, in concert, just about every time he opened his mouth.

　　　　「彼が口を開くたび、彼らは異口同音に彼に向って<u>ぶーぶー言った</u>。」

　　d.　（語彙化した）句から動詞への転換

　　　　He's <u>hands-upping</u> Hugh O'Brian..with an empty gun.

　　　　「彼は空砲でヒュー・オブライアンを<u>脅し</u>ている。」

　　e.　発話表現から動詞への転換

　　　　Nell: "Ling!"

　　　　「リン！」

　　　　Ling: "Don't <u>Ling</u> me. I'm tired of being <u>Linged</u> around here.

　　　　「『<u>リン！</u>』って言わないで。ここで<u>そう言われ続けて</u>うんざりしてきたから。」

---

[9]　(7d) の例文は OED から引用しました。1958 年の他動詞用法の例です。最初は I threw my pistol in his face and told him to 'hands up' 「手を<u>上げろ</u>と言った」のように、自動詞として作られています。（7f）の数詞＞動詞の例としては、to five it 「米国（憲法修正第 5 条を盾に）黙秘権を使う」、接辞＞動詞の例としては to dis「みくびる；無視する；けなす」があります。いずれも『ランダムハウス英和大辞典』より。To five it の it は 1 節で見た指示性の薄い it です。

74 | 第 4 章　なぜ ice は動詞としても使えるのか？

f.　代名詞、数詞、接辞から動詞への転換

No Man will <u>you</u> God, but use the Pronoun Thou to him.

「人は神を <u>you</u> と呼ばず、代名詞 Thou を使う。」

名詞・形容詞への転換での類例としては、次のようなものがあります。

(8)　発話表現を名詞として使う用法

No more <u>thank yous</u>.

「<u>thank you</u> はもう結構だ。」

Don't give me any of your '<u>I can't do it</u>'s.

「いつもの『<u>私にはできません</u>』はやめてくれよ。」

(Bauer et al.（2013: 551））

(9)　句を形容詞として使う用法

a.　This is too <u>last year</u> to wear.

「これはあまりに<u>昨年風</u>でもう着られない。」

b.　That music is so <u>early eighties</u>.

「あの音楽は非常に<u>80年代前半的</u>だ。」

(Ackema and Neeleman（2004: 176, fn.25））

4.　生産性を支えるもの

　語形成の操作の生産性（productivity）には 2 つの意味があります。1
つは either-or の生産性で、「新語を作る能力があるかないか」の問題で
す。2 つめは degree としての生産性で、その操作で作られた語の数によ
る測定法とどの程度新語を作るかによる測定法があります。[10]

---

[10]　専門的議論が必要なトピックです。島村（1990）, Bauer（2001）, Plag（2003: Ch.3）,
Férnandez-Domínguez（2013）を参照してください。either-or の生産性を availability、
degree としての生産性を profitability と呼びます。定訳はありません。日本語の「生産
性」もこの両方の意味で使われていますが、用語上の混乱を防ぐためには、「生産性」
を availability の意味に限定し、profitability については「生産力」や「生産量」と呼ぶ
といった工夫が今後必要になるでしょう。

4. 生産性を支えるもの | 75

　転換の生産性についてもこの 2 つの意味を区別するのが重要です。現代英語において転換で新語を作れるということ、これは either-or の生産性の問題です。この意味での生産性があるということは、語形成規則（Word Formation Rule）が存在するということです。一方、その規則でどのくらいの数の語が作られたか（作られているか）ということは、degree としての生産性の問題です。

　まず、転換の degree としての生産性については、接辞付加との競合（competition）を考えることになります。たとえば、名詞＞動詞の転換がどのくらいの動詞を作り出せるかは、やはり名詞から動詞を派生できる -ify, -ize といった派生接辞（例：yuppify, computerize）との競合に依存します。[11]　名詞＞動詞の転換は degree としての生産性が高い（Clark and Clark 1979）ですが、これは、名詞から動詞を派生できる接辞の数が少なく、また、それらの接辞を使える基体の範囲も限られていることと裏表の関係にあるのです（Nagano 2008: Ch.1）。

　一方、転換が either-or の生産性をもつということはどのように説明されるでしょうか。たとえば、Aronoff（1980: 747）は、英語には次のような転換の語形成規則があるとしています。

（10）　$[X]_N \rightarrow [X]_V$

矢印の左側の X が派生の入力語（基体）を表し、右側の X が出力語（派生語）を表します。下付き記号は品詞（N: Noun, V: Verb）を指定します。X という名詞が X という動詞になると述べたものです。X の音形は変化していません。（10）を、接辞による名詞から動詞への派生の語形成規則である $[X]_N \rightarrow [[X] \text{ize}]_V$ と比較してみましょう。すると、（10）

---

[11]　ただし、屈折と異なり派生では 1 つの派生関係に対してあてられる操作は 1 つとは限らないことに注意が必要です。たとえば、名詞から動詞への派生の場合、基体 fantasy に対して転換動詞 to fantasy と接辞動詞 fantasize があるというように、二重語（doublets）が少なくありません。つまり、派生の競合は出力語（to fantasy と to fantasize）の意味や統語的分布まで考慮に入れる必要があるのです。

76 | 第4章　なぜ ice は動詞としても使えるのか？

の規則には→で表される派生が確かに起こったことを標示する音形上の反映がないことが明らかです。音形標示のない抽象的関係を英語はなぜ維持できるのでしょうか。

これについて、Nagano（2008: Ch.5）は、英語が転換操作を維持できるのは統語的環境が音形標示の代替として機能するためであると論じています。ここではそれとは別の要因として、転換の双方向性（bidirectionality）に着目してみたいと思います。3節で見たように、名詞＞動詞の転換に対しては動詞＞名詞の転換があります。名詞＞形容詞の転換に対しては形容詞＞名詞の転換があります。とすると、転換の語形成規則は（10）のような形ではなく、次のように逆方向の規則と一体になっているという可能性が考えられるでしょう。

(11) a.　$X_N \leftrightarrow X_V$　【名詞＞動詞転換と動詞＞名詞転換】
　　 b.　$X_N \leftrightarrow X_A$　【名詞＞形容詞転換と形容詞＞名詞転換】

このような双方向性は接辞付加の語形成規則にはない特徴です。

語形成規則は、入力（input）と出力（output）の文法的特性を指定します（Aronoff 1976）。転換の規則が本当に（11）のようになっているのならば、名詞＞動詞転換の出力指定（転換で作られた動詞がもつとされる特徴）は、動詞＞名詞転換の入力指定（転換を受ける動詞がもつとされる特徴）と同一であるはずです。同様に、動詞＞名詞転換の出力指定（転換で作られた名詞がもつとされる特徴）は、名詞＞動詞転換の入力指定（転換を受ける名詞がもつとされる特徴）と同一であるはずです。

本格的な検証は今後の課題としますが、3.1節の記述が上の予測の正しさを示唆しています。[12]　たとえば、（11a）の語形成規則の双方向性について、**名詞⇔動詞**に関する記述を思い出してください。「道具」という意味類は名詞＞動詞転換と動詞＞名詞転換の両方に関わるとされていました。具体的には、（12a）のように道具を表す名詞から転換動詞が作

---

[12]　3.2節で見た転換についてもここでは検討しません。なお、双方向性の重要性については伊藤（2005）による動詞＞名詞転換の分析にヒントを得ました。

られる一方で、（12b）のように動詞から道具を表す転換名詞が作られる
こともある、ということです。

（12）a.　a knife　＞　to knife　【名詞＞動詞転換】
　　　b.　a hoist　＜　to hoist　　【動詞＞名詞転換】

（12a）と（12b）を上下に比較すると、名詞＞動詞転換の入力の意味特性
と、動詞＞名詞転換の出力の意味特性が同一であるとわかります。
　同じことが、「特定の属性をもつ人」という意味類についても成り立
ちます。次のように、この意味類の名詞からの転換で動詞が派生される
一方、動詞からの転換でこの意味類の名詞が派生されるのです。

（13）　a.　a doctor　＞　to doctor　　　　【名詞＞動詞転換】
　　　　b.　a spy　　＜　to spy　　　　　【動詞＞名詞転換】

（13a）と（13b）も、上下方向で見れば、名詞＞動詞転換の入力特性は動
詞＞名詞転換の出力特性であることを示しています。
　（11b）の双方向的語形成規則についてはどうでしょうか。3.1 節の**名
詞⇔形容詞**において、形容詞＞名詞転換の出力は「基体形容詞＋暗黙に
想定される名詞」という名詞修飾表現に対応することを見ました。これ
は、言いかえると、形容詞からの転換名詞は特定の属性で代表されるよ
うなモノ、「属性すなわち名前」であるようなモノを表すということで
す。[13]　たとえば、下に挙げる（14a）の場合、comic という属性で代表さ
れるモノが a comic です。そして、（11b）が正しければ、このような特
徴が名詞＞形容詞転換の入力にもみられるはずです。具体的には、名詞
＞形容詞転換の入力名詞は、特定の属性を代表するようなモノ、「名前
すなわち属性」であるようなモノでなければなりませんが、この予測は
正しいと思われます。（14b）のように、Oxbridge という名詞が名詞＞形

---

[13]　このような意味解釈をメトニミー（metonymy）といいます。

容詞転換を受けられるのは、この名詞が特定の属性を代表するモノの名前であるからです。[14]

(14) a.　comic　　　＞　　a comic　　　　【形容詞＞名詞転換】
　　　b.　Oxbridge　＜　　Oxbridge（名詞）　【名詞＞形容詞転換】

　つまり、転換が双方向的であるということは、名詞＞動詞転換と動詞＞名詞転換が結果として同じような名詞と動詞の同形ペアを作り出すということなのです。名詞＞動詞転換の degree としての生産性は名詞＞動詞の派生接辞との競合に依存するのに対し、either-or としての生産性は、英語の文構造が出力動詞の品詞を標示する働きをすることに加え、動詞＞名詞転換が似たような名詞・動詞ペアを作り出していることによっても維持されているのではないかと思われます。

　以上、転換の生産性について、degree としての生産性と either-or の可能性としての生産性を区別すべきこと、そして、後者については語形成規則の双方向性が重要な役割を果たしている可能性を指摘しました。

5.　同一性の条件

　転換は、基体の音形を変えないで品詞を変える操作です。名詞 ice と動詞 ice のペアや 3.1 節でみたペアは、基体と派生語の音形が同一でした。CGEL や Bauer et al. (2013) はこのことを転換の条件としています。以下、転換の同一性条件（identity condition）と呼ぶことにしましょう。

5.1　スペイン語やフランス語の場合

　同一性条件のもとで注意を要するのは、次のような例です。

(15) a.　スペイン語　camino（道・行程）　　＞　caminar（歩く）

---

[14]　2 節で見たように、Oxbridge は Oxford + Cambridge という混成で作られた名詞です。(14b) ではその混成語がさらに形容詞に転換しているのです。

b. フランス語　nappe（テーブルクロス）> napper（覆う）

Valera（2014: 160）は、(15) を名詞から動詞への転換としますが、名詞 ice > 動詞 ice の場合と違い、単純に音形が同一とはいえません。

しかし、(15) を転換とする Valera の分類は妥当なものです。caminar の -ar や napper の -er は派生接辞ではなく、動詞として屈折するのに必要な屈折接辞です。このことは、派生によるのではない単純語の動詞にも -ar や -er は付くことからわかります。たとえば「通る」を意味する単純形動詞はスペイン語では pasar、フランス語では passer です。それぞれ -ar と -er で終わっていることがわかります。そして、屈折接辞であるとすると、(15) での -ar や -er は名詞から動詞への転換とは独立しており、名詞から動詞が派生されたあとに付加されているはずです。具体的には、(15) の例は、次のように 2 ステップに分ける（もしくは 2 つの現象に分解する）ことができるでしょう。

（16）　名詞　　>　　動詞　　>　-ar/-er の付加
　　　　　　ステップ1　　ステップ2

(16) は、ステップ 1：基体の名詞が形を変えることなく転換によって動詞になる、ステップ 2：転換で派生された動詞が動詞としての形式的な調整（formal adjustment）を受ける、という 2 つのステップを表しています。筆者は、(15) の名詞と動詞のペアは、これら 2 つのステップの結果であると考えます。

5.2　英語の場合

似た問題は、現代英語にもあります。たとえば、次のように強勢の型（stress pattern）だけが異なる動詞と名詞のペアについて、転換とするか否かについては意見が分かれています。この場合、強勢の位置だけですがやはり動詞と名詞で音形は異なります。

80 | 第 4 章 なぜ ice は動詞としても使えるのか？

(17) 動詞なら弱強型の強勢、名詞なら強弱型の強勢
addict, combine, decrease, escort, essay, ferment, finance, indent,
insert, mandate, object, permit, protest, record, research, segment,
subject, torment, transfer, update

(Bauer et al.（2013: 204–205），引用例は一部)

(17) は、combíne（動詞）と cómbine（名詞）、protést（動詞）と prótest（名詞）のように、動詞なら弱強型（iambic pattern）の強勢を、名詞なら強弱型（trochaic pattern）の強勢を示す 2 音節語です。大多数がロマンス語系の語です。「名詞は前方が強く、動詞は後方が強い」、略して「名前動後」と呼ばれます。

ただ、派生関係としては、「動詞が先で名詞が後」つまり、「動先名後」であることに注意しましょう。[15] 動詞用法が基体で名詞用法が派生形です。その派生をどうやって行うかが争点ですが、Bauer et al.（2013: 204–206, 554–555）は、強勢移動（stress shift）自体が派生の力をもつとし転換とはみなしません。一方、Quirk et al.（1985: 1566–1567）や Iwai and Namiki（2002）は動詞＞名詞転換の一種であるとします。[16] 2 つの考え方の違いが明確になるよう図示すれば、それぞれ次のようになるでしょう。

(18) 動詞 ＞ 強勢移動 ＞ 名詞 【強勢移動による派生】
(19) 動詞 ＞ 名詞 ＞ 強勢移動 【転換による派生】

筆者は、(15) について (16) の分析をとるのと同様、(17) について (19) の転換分析をとります。転換は「基体の形を変えずに品詞を変える」操作です。よって、(19) では、まず、動詞の形を変えずに名詞にします。そして、名詞が転換で派生されたあとに強勢移動が行われる。この強勢移動は、「名詞のほうが動詞より強勢を前のほうにもつ」とい

---

[15] 本章の注 7 および Bauer et al.（2013: 205）を参照。

[16] Iwai and Namiki は approximate conversion と呼んでいます。

う英語の傾向を反映したものです（CGEL, p. 1639）。[17]

　（19）のように品詞の変化と強勢型の変化を分離すれば、転換の同一性条件を維持しつつ、（17）の動詞と名詞のペアを転換とすることができます。これらのペアも、（3a）と同じ動詞＞名詞転換の例とすることができるということです。[18]

　ここで、（16）と（19）を一般化し、「転換の出力には、出力品詞の音韻形態的条件の要請によって形式的調整（formal adjustment）が適用されることがある」と考えることにしましょう。Xは基体語を表し、α と β は2つの異なる品詞を表すとすると、転換の語形成規則は次のようになります（ここでは双方向性は割愛）。

---

[17]　（17）のようなペアの史的発達を論じた堀田（2016: 31–36）にも、次のような指摘があります。

> 「しかし、非常に限られた語においてではあるが、すでに古英語の時点で、2音節語において、名詞では第1音節に、動詞では第2音節に強勢が落ちるパターンの原型は存在していたのである。」(p. 33)
> 「英語において、一般に名詞は語頭により近いところに、動詞は語尾により近いところに第1強勢が落ちるという傾向のあることは、韻律論においてもある程度支持されるところであり、英語では名前動後化の圧力は弱いながらも常時ジワジワと作用していたと考えることができる。」(p. 35)

なお、（17）類の史的発達についての近年の専門論文としては、Hotta（2013）, Chen（2014, 2017）があります。

[18]　(i)、(ii) の動詞・名詞ペアも、（17）のペアと平行的な分析が可能です。

(i)　動詞なら語末に第2強勢があるが名詞・形容詞ならない語
　　　advocate (N, V), aggregate (A, N, V), appropriate (A, V),
　　　complement (N, V), ornament (N, V), prophesy (N, V)

(ii)　句動詞の名詞化は強弱型の強勢
　　　to put down : pút down
　　　to blow up : blów up
　　　to burn out : búrn out

(Bauer et al.(2013: 205–206), 引用例は一部)

(i) の動詞と名詞は、主強勢の位置は同じですが、動詞なら語末にある第2強勢が名詞・形容詞では消えます。(ii) は句動詞の名詞化です。句動詞の強勢は、動詞と不変化詞が隣接しているか否かで変動しますが、名詞化形の強勢は一貫して強弱型となります。

82 | 第 4 章　なぜ ice は動詞としても使えるのか？

(20)　$[X]_α$　→　$[X]_β$　>　品詞 $β$ のための形式的調整

(20) は、英語には転換の語形成規則があり、かつ、転換で作られた語にはその品詞の語たるべき音韻的もしくは形態的な調整が行われることがあるということを述べています。形式的調整のなかには、(16) のように義務的な形態的調整もあれば、(19) のように義務的とはいえない音韻的調整もあると考えておきます。[19]

最後に、(20) の転換分析法は、逆形成とされる派生ペアにも有効です。たとえば、次の各文の最初の名詞と 2 番目の動詞は、長い形 (prize-fighter, Belcher) から短い形 (prize-fight, belch) が派生されるという関係にあります。

(21) a.　SHE: You will be killed; he is a prize-fighter.

　　　　HER HUSBAND: I'll prize-fight him.

　　　　「あなた殺されるわよ、あの人プロボクサーなんだから。」

　　　　「彼と一戦交えるよ。」

　　b.　CLOWN: Belcher? And Belcher come here, I'll belch him; I am not afraid of a devil.[20]

　　　　「ベルチャーだと？ベルチャーがここに来たら、その名にふさわしい扱いをしてやる。悪魔など怖くはない。」

(Jespersen 1942: 106)

---

[19]　たとえば、動詞>名詞転換の例である (3a) のうち、arrest, attempt, control, desire は、(19) の強勢移動操作の入力となってしかるべきですが、今のところ強勢移動は起こっていません（堀田 (2016: 36) も参照）。

[20]　この例文は近代英語からのもので、劇作家クリストファー・マーローの『フォースタス博士の悲劇』からの引用です。熊崎 (2003) による訳は「ベルチャーだって？ベルチャー、来るなら来い、俺が息を吹きかけて吹っとばしてやる。」となっています。私訳はここでの to belch が Belcher という固有名詞からの派生であることを明示したものです。

(20) を使えば、(21) のようにこれまで逆形成とされてきたペアを転換の一種と見ることができるようになります。(21) の場合、名詞＞動詞転換でできる転換動詞（具体的には to belcher, to prize-fighter）に、「動詞たるべき形式的調整」が適用されると考えるのです。具体的には er の削除がこの場合の形式的調整です。ここでも、品詞を変えるのは転換（ステップ 1）で、形を短くする操作は出力品詞の音韻的形態的要請に駆動されるもの（ステップ 2）ということになります。逆形成の従来の分析よりこのような転換分析のほうが望ましい理由の 1 つとしては、逆形成で削除される要素は接辞に限られない（例：liaison > to liaise）ことが挙げられます。詳細は Nagano（2006, 2008: Ch.6）を参照してください。

　ここで再度、動詞 ice の辞書情報に戻ってみましょう。(1) の to ice の多義性のうち、(1a)「糖衣がけする」の意味だけが異質でした。これは (1a) の to ice の基体が名詞 ice ではなく名詞 icing だからです。つまり、(1a) の to ice は (21a, b) の類例であり、上で述べた分析をとれば、icing > to icing > 形式的調整としての ing 削除という (20) に沿ったプロセスで作られているのです。

6.　まとめ

　本章では、現代英語で ice を動詞としても使うことを可能にする転換という仕組みについて概観しました。要点は 3 つです。第一に、この仕組みは語形成規則として心的辞書に存在していること、第二に、その規則は双方向性を示し、それが生産性を支える役割をしていることを見ました。そして、第三のポイントとして、転換の語形成規則の出力には転換先の品詞の語たるべき形式的調整が課されることがあり、それが一見すると同一性条件に反する例をうみだすことを見ました。

原稿を精読し多数の有益なコメントやご指摘を下さった西牧和也さんと納谷亮平さんに感謝します。また、島田雅晴先生には執筆を通じてさまざま

なご教示をいただきました。内容に関する責任はすべて筆者にあります。
本研究は JSPS 科研費 16K02754 の助成を受けたものです。

参照文献

Ackema, Peter and Ad Neeleman (2004) *Beyond Morphology: Interface Conditions on Word Formation*, Oxford University Press, Oxford.

Aronoff, Mark (1976) *Word Formation in Generative Grammar*, MIT Press, Cambridge, MA.

Aronoff, Mark (1980) "Contextuals," *Language* 56, 744–758.

Baker, Mark C. (2003) *Lexical Categories: Verbs, Nouns and Adjectives*, Cambridge University Press, Cambridge.

Bauer, Laurie (2001) *Morphological Productivity*, Cambridge University Press, Cambridge.

Bauer, Laurie, Rochelle Lieber, and Ingo Plag (2013) *The Oxford Reference Guide to English Morphology*, Oxford University Press, Oxford.

Biese, Y. M. (1941) *Origin and Development of Conversions in English*, Annales Academiae Scientiarum Fenicae, B XLV, Helsinki.

Chen, Chung-Yu (2014) "Direction of Stress Shifts in Noun-Verb Pairs and Progressions in American and British English," *English Linguistics* 31, 401–438.

Chen, Chung-Yu (2017) "Word Frequency, Entry Date and Entry Status in Relation to Stress," *English Linguistics* 33, 231–271.

Clark, Eve V. and Herbert H. Clark (1979) "When Nouns Surface as Verbs," *Language* 55, 767–811.

Fernández-Domínguez, Jesús. (2013) "Morphological Productivity Measurement: Exploring Qualitative versus Quantitative Approaches," *English Studies* 94, 422–447.

長谷川欣佑 (2014)『言語理論の経験的基盤』開拓社，東京.

Hotta, Ryuichi (2013) "The Diatonic Stress Shift in Modern English,"『近代英語研究』29, 1–20.

堀田隆一 (2016)『英語の「なぜ？」に答えるはじめての英語史』研究社，東京.

Huddleston, Rodney and Geoffrey K. Pullum (eds.) (2002) *The Cambridge Grammar of the English Language*, Cambridge University Press, Cambridge.

Iacobini, Claudio (2000) "Base and Direction of Derivation," *Morphology: An International Handbook on Inflection and Word-Formation*, ed. by Geert Booij, Christian Lehmann, and Joachim Mugdan, 865–876, Walter de

Gruyter, Berlin.

伊藤たかね（2005）「英語のモノ名詞形成」『現代形態論の潮流』大石強・西原哲雄・豊島庸二（編），95–114，くろしお出版，東京．

伊藤たかね・杉岡洋子（2002）『語の仕組みと語形成』研究社，東京．

伊藤たかね・杉岡洋子（2016）「語の処理の心内・脳内メカニズム」『形態論』漆原朗子（編），113–140，朝倉書店，東京．

Iwai, Yuko and Takayasu Namiki（2002）"Approximate Conversion and Stress Shift," *Bulletin of the Faculty of Education, Ibaraki University*（*Humanities and Social Sciences*）51, 83–93.

Jespersen, Otto（1942）*A Modern English Grammar on Historical Principles*, Part Ⅵ : *Morphology*, Ejnar Munksgaard, Copenhagen.

Kastovsky, Dieter（1968）*Old English Deverbal Substantives Derived by Means of a Zero Morpheme*, Bruno Langer Verlag, Esslingen.

Kastovsky, Dieter（1992）"Semantics and Vocabulary," *The Cambridge History of the English Language: Vol.1*, ed. by Richard M. Hogg, 290–408, Cambridge University Press, Cambridge.

Kastovsky, Dieter（2006）"Vocabulary," *A History of the English Language*, ed. by Richard Hogg and David Denison, 199–270, Cambridge University Press, Cambridge.

熊崎久子（2003）「フォースタス博士の悲劇（I）」，http://repo.komazawa-u. ac.jp/opac/repository/all/13060/jel032-04.pdf（2017 年 1 月閲覧）．

長野明子（2006）「英語の逆形成の通時性と共時性について」『英語の語形成 ―通時的・共時的研究の現状と課題―』米倉綽（編），451–491，英潮社，東京．

Nagano, Akiko（2006）"The Status of Back-Formation and Morpheme-Basedness of English Morphology," *English Linguistics* 23:1, 247–278.

Nagano, Akiko（2008）*Conversion and Back-Formation in English*, Kaitakusha, Tokyo.

Plag, Ingo（2003）*Word-Formation in English*, Cambridge University Press, Cambridge.

Quirk, Randolph, Sidney Greenbaum, Geoffrey Leech, and Jan Svartvik（1985）*A Comprehensive Grammar of the English Language*, Longman, London and New York.

島村礼子（1990）『英語の語形成とその生産性』リーベル出版，東京．

Valera, Salvador（2014）"Conversion," *The Oxford Handbook of Derivational Morphology*, ed. by Rochelle Lieber and Pavol Štekauer, 154–168, Oxford University Press, Oxford.

米倉綽（2015）「初期近代英語における名詞転換動詞」『現代の形態論と音声学・音韻論の視点と論点』西原哲雄・田中真一（編），96–114，開拓

社，東京.

Zandvoort, Reinard Willem（1969）*A Handbook of English Grammar*, Fifth edition, Longmans, Green and Co., London.

5 He don't care の慎ましやかな訴え
―否定辞縮約形don't とdoesn't の競合の歴史―

中村不二夫

1. はじめに

　アメリカ合衆国に The Carpernters（1969–1983）という歌手がおりました。今なお筆者が最も魅了される歌手で、兄 Richard が楽器を、3 歳半下の妹 Karen がヴォーカルを担当する兄妹歌手でした。彼らの名曲の一つに "Ticket to Ride"（1969）という歌があり、He's got a ticket to ride / He's got a ticket to ride / He's got a ticket to ride / And he don't care.（あの人、もう切符を買ってるわ／あの人、もう切符を買ってるわ／あの人、もう切符を買ってるわ／私のことなんか考えてくれてもいないわ）という一節が出てきます。なぜ he doesn't care ではないのでしょうか。歌を聴いただけでは全然違和感はありませんでしたが、歌詞を覚えようと譜面を目にしたとき、学校で習った文法と違うので、つまりテストで点がもらえない語法だったので、疑問に感じた記憶があります。

　インターネットで「カーペンターズ、He don't care」を検索にかけただけでも、元歌の The Beatles の曲がそうなっているのでそれを踏襲したのではないかとか、黒人英語（Black English Vernacular）にみられる三人称単数現在語尾の欠如をまねようとしたとか、*doesn't* より *don't* のほうが音符に合ったからなどと、取り沙汰されています。しかし、いずれも歴史的観点が欠如しています。

　そこで、本章では、英語史の一学徒として筆者が 40 数年来抱き続けたこの謎を、自ら解き明かしたいと思います。*don't* と *doesn't* の歴史を知れば、特段驚くに値しないことがわかってきます。

2. *don't, doesn't* の初出と確立期

いったい助動詞の縮約形はいつ頃登場し、いつ頃一般化したのでしょうか。各種助動詞についての詳細は中村（2012a: 2）、Nakamura（2016: 27）に譲り、ここでは、*don't, doesn't* とそれらの歴史的異綴りのみ扱います。

1980 年代の終わり頃までは、否定辞縮約形に関するまとまった研究はなく、今日なら *he doesn't care* というべきところで *he don't care* が許されていたという趣旨の断片的な言及がみられた程度でした。しかも、*don't* についてのみの言及です。たとえば、Jespersen（1940 [1970]: 429–430）、Partridge（1948 [1953a]: 9, 13）、Barber（1976: 254）。記録に残る *don't* の初出は 17 世紀中頃であるという点で意見が一致しています。*OED*[2] では、CD-ROM 検索をしたところ、*a*1643 Cartwright(Q), *a*1652 Brome(D), *c*1652 H. More(D), 1668 Shadwell(D, Imp), 1671 Crowne(D), 1672 Wycherley(Q, Imp), ... という結果が得られました（'Q' は疑問文を、'D' は平叙文を、'Imp' は命令文を表します）。初出がほぼ 17 世紀中頃である点にかわりありません。

このような中、Brainerd（1989 [1993]）の研究が登場しました。彼は 17 世紀初頭から 19 世紀初頭にかけて書かれた劇に焦点を当て、定説を覆す数々の用例を発見しました。ただ、Brainerd は、*don't* の初出を 1625 Pepys' *Ballads*, Nos. 38 and 51 としていますが、これは誤解を生みます。Pepys はこの 8 年後の 1633 年に生まれた日記家で、この ballads の書き手ではなく、単に収集家にすぎません。正確には、筆者が探索した限り、*c*1625 / *c*1632 H. G[osson], "The Countrey mans chat", *c*1625 / *c*1615 E. W[right], "No body loues mee" を出典とすべきです。また、前者は、助動詞でなく本動詞としての *don't*、後者は手書き原稿の問題の部分が黒く汚れています（中村 2012a: 2–3）。

このような問題を抱えてはいますが、*don't* と *doesn't* の初出は表 1 のようになります。ともに Brainerd の発掘した例が最古です。

2. don't, doesn't の初出と確立期 | 89

表1 縮約形 *don't* と *doesn't* の初出—Nakamura（2012b: 1）からの抜粋

	Brainerd（1989［1993］）	*OED*^{2}（2002）	Nakamura（2011）
don't	?c1625 / ?c1615	a1643（Q）	1654（D, Imp）
doesn't	1674	1774（D）	1730（Q）

　表1において *don't* と *doesn't* の初出の差は50年程度なので、両者は、1700年頃から、今日の英語のように、主語に応じて使い分けられていたかのような印象を与えます。しかし、これはまったく事実に反します。主として1600年〜1900年に書かれた私的な日記・書簡130冊の *don't* と *doesn't* の出現の様子は表2のとおりですが、17世紀後半に多用され始めた *don't* とは異なり、*doesn't* が使われることは19世紀半ばまでほとんどありませんでした。同様に、*OED*^{2} の全引証における *don't* と *doesn't* の出現頻度をまとめた表3においても、さらに、使われている文の種類に区別をつけるのを怠りましたが、表4においても、1674年に書かれた劇を初出とする *doesn't* が急増するのは19世紀半ばであることが明らかです。[1] 表4は、欧米の大学・機関のウェブサイトから任意に選びダウンロードしたイギリス英語の電子テキストで、1601〜1950年に書かれた伝記、劇、随筆、雑誌、手紙、小説、演説、旅行記、論文など、異質なジャンルの書き物260点における出現頻度をまとめた表です（表2−4において、'O' は本動詞を伴う通常用法を、'V' は代用法を、'T' は付加疑問文の付加部に現われた用例を、空欄は用例が出現しなかったことを表します）。

---

[1] *don't, can't, won't, shan't* のように、語末が2子音連続 /nt/ を有する否定辞縮約形は、17世紀のうちに確立しました。しかし、*doesn't* のように語末が3子音連続 /-dnt, -rnt, -snt, -tnt, -vnt, -znt/ を有する縮約形（didn't, isn't, wasn't, aren't, weren't, haven't, hasn't, hadn't, mustn't, needn't, oughtn't）は、19世紀半ばまで使われることはほとんどありませんでした（中村 2012a: 5, 11, 16–18）。さらに、*couldn't, wouldn't, shouldn't* は18世紀半ば頃までは4子音連続（/ldnt/）を有していましたが（中村 2012a: 14–15）、これらの縮約形が確立したのも19世紀中頃でした。不快な子音連続の数が関係しているようです。17世紀−18世紀規範文法にこれらの縮約形が禁じられていたという言及は見当たりません。ただ単に、気にも止まらない程度に使用頻度が低かったと推測されます。

90 | 第 5 章　He don't care の慎ましやかな訴え

表 2　日記・書簡史料における *don't* と *doesn't* の出現頻度
—Nakamura（2013: 6; 2016: 36）

			1601-1625	1626-1650	1651-1675	1676-1700	1701-1725	1726-1750	1751-1775	1776-1800	1801-1825	1826-1850	1851-1875	1876-1900	1901-1925	1926-1950	1951-	Total
don(')t do n't do'nt dostn't	D	O			11	50	265	394	213	145	133	323	668	302	47	48	69	2,696
		V			1	1			3	1	2	7	7	1	5			
	Q	O				1	30	11	19	14	7	30	40	17	3	2	3	185
		T					2				1		2	1				
		V											1					
	Imp	O			3	5	62	78	61	24	37	53	139	54	17	4	5	547
		V										1	2	2				
doesn't dosnt	D	O						2	4		1	5	34	30	10	4	17	111
		V											2	1		1		
	Q	O						2				1	3	2				11
		T								1			2					

表 3　*OED²* における *don't* と *doesn't* の出現頻度
—Nakamura（2013: 11; 2016: 45）

			1576-1600	1601-1625	1626-1650	1651-1675	1676-1700	1701-1725	1726-1750	1751-1775	1776-1800	1801-1825	1826-1850	1851-1875	1876-1900	1901-1925	1926-1950	1951-1975	1976-	Total
don(')t doon't dunt	D	O				5	36	67	60	70	35	64	219	328	422	374	498	902	311	3,446
		V						1	2	1	3	6	8	9	8	12	4			
	Q	O		1		1	5	10	12	6	10	8	31	49	46	35	69	79	31	468
		T											3	7	9	4	13	29	5	
		V												2	1		2			
	Imp	O				4	12	23	36	25	17	27	140	146	197	178	257	351	95	1,523
		V							2				1	4	4	3	1			
doesn(')t dosn't	D	O							1		1	6	21	49	58	140	274	109	669
		V													1	3	4	2		
	Q	O									1	1	2	7	13	12	6		63
		T											2	4	5	7	4			
		V												1						

表 4　欧米の大学・機関のウェブサイトから任意に選びダウンロードした
イギリス英語の電子テキスト260点における *don't* と *doesn't* の出現頻度
—Nakamura（中村 2012a: 12; Nakamura 2012b: 6）

	1500-1550 1.20MB	1551-1600 1.95MB	1601-1650 1.42MB	1651-1700 12.7MB	1701-1750 12.8MB	1751-1800 13.4MB	1801-1850 27.0MB	1851-1900 18.6MB	1901-1950 8.02MB	LOB 6.67MB	FLOB 7.06MB	
do not	0	46	68	1,082	776	1,080	2,152	1,300	439	279	206	
don't	0	0	1	62	487	674	2,117	3,538	1,738	496	598	
does not	0	3	2	206	292	543	762	485	299	260	235	
doesn't	0	0	0	0	0	0	28	229	226	107	132	1838 →

3. *He don't care* 語法の歴史

3.1　頻度の推移

　　ここで、大きな疑問が生じます。19 世紀半ばまで *doesn't* が使われる
ことがほとんどなかった以上、当時の人々はどのような否定形式を使っ

ていたのでしょうか。いつも非縮約形の *does not* を使わざるを得なかっ
たのでしょうか。

　それは事実ではありません。確かに *does not* も使われましたが、主語
の人称や数に関わりなく、主語が三人称単数であっても *don't* が使われて
いたのです。まるで、*I can't, you can't, he/she/it can't* のように。このよう
な、現代標準英語ならば *doesn't* が使われるであろう場所で *don't* が使わ
れている用例の頻度を、*doesn't* との競合の中で示すと、表5のようにな
ります。表5は、1651年〜1700年は *don't* のみが、1701年〜1750年は
don't が6例 *doesn't* が4例、1751年〜1800年は *don't* が15例 *doesn't* が
5例で、*don't* のほうが *doesn't* よりも多く使われていたことを物語ってい
ます。1801年〜1850年は両者がほぼ半々に出現し、*don't*（= *doesn't*）か
ら *doesn't* への移行期であると推定されます。*doesn't* が一般的な否定形
式として定着した1851年以降になると、*don't* は俗語的な非標準の語法
としてみなされるようになりました。

表5　日記・書簡史料における *don't*（= *doesn't*）と *doesn't* の出現頻度
—Nakamura（2013: 6; 2016: 36）

			1651-1700	1701-1750	1751-1800	1801-1850	1851-1900	1901-xxxx	Total
don't (= doesn't)	D	O		5	9	4	6	7	
		V	1		1			1	44
dont (= doesn't)	D	O		1	5	4			
doesn't	D	O		2	4	5	64	31	
		V					3	1	
dosn't	D	O				1			122
doesn't	Q	O		2		1	5		
		T			1		2		

　表6は、*OED*[2] における *don't*（= *doesn't*）と *doesn't* の競い合いをまと
めたものです。この表では、1851年〜1900年が移行期で、1900年を過
ぎると *doesn't* に偏っていることが顕著です。1851年〜1950年におい
ても *he don't care* 型が相当数出現し、表5に比べて移行期と確立期が
50年遅くなっているのは、遅くまで *don't* が使われ続けたアメリカ英語
からの用例が多数含まれているため（表7）、また、イギリス英語史料

にあっても、たとえば小説の登場人物の言葉遣いによる特徴付けのような、意図的用法の用例が反映されているためです。

表 6　*OED²*における *don't* (= *doesn't*) と *doesn't* の出現頻度
—Nakamura（2013: 11; 2016: 45）

			1651-1675	1676-1700	1701-1725	1726-1750	1751-1775	1776-1800	1801-1825	1826-1850	1851-1875	1876-1900	1901-1925	1926-1950	1951-1975	1976-	Total
don't (= doesn't)	D	O		2	7	4	7	6	9	20	36	48	26	33	29	4	236
		V		1	1								1	2			
	Q	O								1			2	2			
		T								3		1		1	1	1	13
		V											1				
dont (= doesn't)	D	O	1				2					1			1		7
		V											1				
	Q	O												1			
doon't (= doesn't)	D	O										1					1
doesn't	D	O						1	1	5	21	48	55	139	274	109	663
		V											1	3	4	2	
	Q	O								1		2	7	13	12	6	
		T										2	4	5	7	2	62
		V												1			
doesnt	D	O											1	3	1		5
dosn't	D	O							1								1
	Q	O								1							1

3.2　用例提示

3.2.1　日記・書簡史料における用例

　まず、紙媒体により出版された日記・書簡史料の、つまり表5の、*don't* の1800年までの用例のみを示します（表5, 6の *don't* (= *doesn't*) の全例は、Nakamura（2016: 37–40, 47–71）に例証されています）。用例の中には *if* 節内で使われている例がみられますが、これは仮定法ではなく開放条件の *if* として使われています。また、太線を付した語句は「改まった」（formal）または「気品のある」（elevated）語句であることを、波線を付した語句は「くだけた」（informal）または「俗語レベルの」（vulgar）語句であることを表します。この区別は、*OED²* と、*OALD⁸* や *LDCE⁵* のような現代英英辞書の記述に基づいています。19世紀中頃より前の時期の、語彙の語法レベルまで記した辞書は出版されていないため、このような方法をとりました。用例から、改まった語でさえ *he don't care* の語法と共起していたことが一目瞭然です。1800年までの日記・書簡史料の中で明らかに俗語レベルの表現とともに使われていたの

は、1796 A. Hughes からの 2 例だけでした。

（1） a.　1651–1700

1672 C. Lyttelton, in *Correspondence of the Family of Hatton, Being Chiefly Letters Addressed to Christopher First Viscount Hatton, A.D. 1601-1704*, I 89, Mr Wrenne being so ill he is not able, and some think scarce ever will; and, if he don't, I beleeve Savville will keepe it [= the place of secretary].

（レン氏は重病なので役に立たない。この先もずっとだめなんじゃないかと考えている人までいる。もしレン氏がだめなら、サヴィルが秘書の職を守り続けるんじゃないかと私は思う。）

b.　1701–1750

1739 T. Gray, *Correspondence of Thomas Gray*, I 115, we are not vastly curious about his Name, first because it don't signify, 2dly because we know it already:

（私たちは彼の名に強い好奇心はない。一つには重要でないし、二つにはすでに知っているから。）

1742 T. Gray, ibid., 206, as to the Facts it don't signify two pence, who's in the right;

（事実の点で、だれが正しいのかちっとも重要じゃない。）

1745 J. Holles, Duke of Newcastle, *The Correspondence of the Dukes of Richmond and Newcastle, 1724-1750*, 163, our insipid political Situation, don't require your presence, till something more particular or material happens,

（現在の味気ない政治状況では、あなたはいてくれなくてもよい。何かもっと特別な、ないしは重要なことが起きるまでは。）

1746 T. Gray, *Correspondence of Thomas Gray*, I 258, Frattanto I send you a scene in a tragedy: if it don't make you cry, it will make you laugh;

（その間に書きかけの悲劇 *Agrippina* の一場を君に送るよ。もし君

を泣かすことができなかったら、笑わすことになるけどね。）

1747 L. Pitt, in *The Correspondence of Robert Dodsley, 1733-1764*, 114, for he [= Pitt's brother] dont love to expect so great a pleasure:

（というのも、彼は、そんなに大きな喜びを期待したいと思っていないから。）

1748 T. Gray, *Correspondence of Thomas Gray*, I 299, The town is an owl, if it don't like Lady Mary,

（その町の人たちはものが正しく見えていない、もし Lady Mary (Wortley-Montagu) のことが気に入らないとしたら。）

c. 1751–1800

1751 T. Gray, *Correspondence of Thomas Gray*, I 342, If Dodsley don't do this immediately, he may as well let it alone.

（もしドズレイが直ちにこれを行わないなら、そのままにしておいたほうがよい。）

1756 T. Gray, ibid., II 473, D^r L:, if he is not dead, will recover. mind, if he don't.

（もし Pembroke Hall 学寮長の Long 博士が亡くなっていなければ、回復するだろう。気にするのは、回復しないときにしてくれ。）

1759 T. Gray, ibid., 619, whether he has [中村 written a rattling epistle to you] or not, don't much signify:

（彼が（君に急いで手紙を）出していようといまいと、そんなに重要ではない。）

1760 T. Gray, ibid., 680, I have seen a Discourse in Mss. about them [= Welch Poets] (by one Mr Evans, a Clergyman) with specimens of their writings. this is in Latin, &, tho' it don't approach the other, there are fine scraps aming it.

（私は、（聖職者のエヴァンスさんとかいう人が）ウェールズ人詩人たちについて手書きで書いたやりとりを、詩人たちが書き記したものの見本とともに見たことがあるよ。そのやりとりはラテン語で書

かれていて、他のものほど優れてはいないが、中には素晴らしい詩の断片があるよ。)

1768 T. Gray, ibid., III 1009, It <u>don't</u> appear that he [= Francesco Algarotti] knew any thing of your book:

（君 [= Horace Walpole] が出した本のことは、著述家のアルガロッティは何も知らなかったようだ。)

1784 J. Woodforde, *The Diary of a Country Parson: the Reverend James Woodforde*, II 122, If at the beginning of taking the Bark it should happen to purge, put ten Dropps of Laudanum into the Bark you take next, if that <u>dont</u> stop it put 10. drops more of Do. in the next Bark you take——

（もし薬用樹皮を服用し始めたときにたまたま下痢になったなら、次に服用する樹皮にアヘンチンキ（鎮痛剤）を10滴かけ、それでも下痢が止まられなければ、次に服用する樹皮にさらに10滴の同液をかけるとよい。)

1784 B. Sheridan, *Betsy Sheridan's Journal: Letters from Sheridan's Sister, 1784–1786 and 1788–1790*, 33, as my Father <u>don't</u> *like* speaking French I forced D. [= D'Ivernois] to speak English in which by the bye he is no way improved.

（父はフランス語をしゃべるのが好きではないので、私はディヴェルノアに無理やり英語をしゃべらせたの。ちなみに彼は英語がまったく上達していないんだけど。)

1785 B. Sheridan, ibid., 43, at these times he [= Betsy's father] <u>dont</u> like going out and I dont like leaving him so we have spent the day at home.

（近頃父は外出を好まないの。私は父をほったらかしにしたくないので、その日二人で家で過ごしたわ。)

1785 B. Sheridan, ibid., 52, She ... talks of books which probably she <u>don't</u> understand, and that in vulgar language.

（彼女は、たぶん理解できてない本について語ろうとするの。しか

96 | 第 5 章　He don't care の慎ましやかな訴え

も俗語で。）

1786 B. Sheridan, ibid., 82, I have promised to dance this Evening as my Father says he <u>don't</u> understand my turning Old Woman; and our young Oxonian Mr Drake is to have the honor of my hand.

（私が家に居てばかりでこのままおばばになるのは受け入れられないと父が言うので、今日の夕方ダンスをする約束をしたの。若いオックスフォード大出のドレイクさんが私をリードするはずだわ。）

1788 B. Sheridan, ibid., 141, The same set will probably be here tonight and this is the life always when Mrs S— <u>don't</u> go out.

（たぶん同じ連中が今宵もここに来るわ。S さんが出かけないといつもこうだもの。）

| 1796 A. Hughes, *The Diary of a Farmer's Wife, 1796–1797*, 83, At this Carters wiffe <u>do say</u> never her boy <u>do</u> so, but he sayeing if she <u>dont</u> believe, to go quiet to the out hous, and she will see her ladd.

（これを聞いてカーターさんの奥さんは、わが子は決してそんなこと（家に押し入って金品を盗むこと）はしませんと言った。しかし、その男は、俺の言うことを信じないんだったら、こっそり忍び足で外の納屋に行ってみるといい、あんたの倅が悪さをしているのを目にするだろうよと言った。）

1796 A. Hughes, ibid., 84, Then we to the kitchen where she <u>do</u> start to cry, sayeing she <u>dont</u> know why her ladd <u>do</u> such things and <u>be</u> so wicked, and she verrie troubled.

（それから、カーターさんの奥さんと私は台所へ行った。そこで奥さんは、なぜ倅がそんなことをしたのか、あんなにたちが悪いのかわからないわ、私とても困っているの、と言いながら泣きだした。）

1798 J. Woodforde, *The Diary of a Country Parson: the Reverend James Woodforde*, V 123, Nancy <u>dont</u> like to go, as for my going it is quite out of the Question.

（ナンシーは食事会に行きたがっていないし、私が行くなどまった
く論外だ。）

1800 J. Woodforde, ibid., 242, Vegetation <u>don't</u> seem to be ad-
vancing as yet but very slowly, very much so indeed.

（植物の生育はまだ良くなく、とてもゆっくりしているようだ。ほ
んとにそのとおりだ。）

3.2.2 *OED²* における用例

次に、*OED²* からの当初の用例には、俗語あるいは非標準であると断
定できる用例はほんのわずかしかありません。それどころか、改まった
語が *don't* (= *doesn't*) と共起していました。俗語レベルの語彙と急激に
共起し始めたのは 1850 年頃、つまり、*doesn't* が確立した時期と一致し
ます。表7が示すように、19 世紀半ばまでは俗語・非標準には限られ
ていませんでした。

**表7　*OED²* において *don't* (= *doesn't*) が出現した用例のスピーチレベル
──（Nakamura 2013: 23–24; 2016: 73）**

		1651-1675	1676-1700	1701-1725	1726-1750	1751-1775	1776-1800	1801-1825	1826-1850	1851-1875	1876-1900	1901-1925	1926-1950	1951-1975	1976-
俗語／くだけた語彙と共起していない例	BrE		3	5	3	4	2	3	6	8	12	1	3	3	
	?BrE			2		1					1				
	Austral. / NZ										1			2	
	Nova Scotia								4						
	AmE				1		1		3	6	9	5	5	1	
	?AmE										1				
	Unidentified					2	2		1		1				
俗語／くだけた語彙と共起している可能性の高い例	BrE							1	2	4					
	Nova Scotia								1						
	AmE									1					
	Unidentified						1								
俗語／くだけた語彙と共起している例	BrE			1	1	2		1	1	7	17	6	7	5	3
	?BrE	1												3	
	Austral. / NZ											3		1	
	?Austral.												1		
	Nova Scotia								1						
	Trinidad													1	
	Guyana											1		1	
	?Jamaican														1
	AmE				1		1	4	8	11	13	22	13	1	
	?AmE										1				
	Unidentified						1		2				1	1	

98 | 第 5 章　He don't care の慎ましやかな訴え

　紙幅の都合により詳細は省きますが、*don't*（= *doesn't*）が使われている書き物の性質が、俗語レベルの使用例でないことを伝えています。たとえば、国王行幸記、*The London Gazette*（イギリス政府による公式な官報）、Isaac Barrow の幾何学書の後年版、百科事典の定義などに使われていました。19 世紀半ばを過ぎてさえも、*he don't care* の語法が改まった語彙とともに共起していることは決して珍しくはありません。

　紙面の制約上、*he don't care* の語法が改まった語彙であることが確証されている語とともに共起している、19 世紀中頃以前のイギリス英語の用例のみ、いくつか挙げておきます。

(2)　　1747 *Gentl. Mag.* XVII. 383 Parties may be abolish'd, but the late dissolution of the parliament don't look much like it.（*OED*[2] s.v. look, *v.*, 10b）

　　（政党は廃止されるかもしれないが、議会の延長解散はなさそうだ。）

　　［dissolution "*formal*"（*OALD*[8]）］

　　1753 *Scots Mag.* Mar. 127/2 The eviction or destruction of a thing mortgaged, don't extinguish the debt.（*OED*[2] s.v. eviction, 1）

　　（抵当に入れた物件から立ち退いたり、それを破壊したりしたとしても、借金が消えることはない。）［extinguish "*formal*"（*OALD*[8]）］

　　1780 Mrs. Thrale *Let. to Johnson* 10 June, Mr. Thrale seems thunderstricken, he don't mind anything.（*OED*[2] s.v. thunderstricken, *a.*, 2）

　　（突然のことで夫はひどく驚いているようです。何も考えられない状態です。）（cf. thunderstruck "*formal*"（*OALD*[8]））

　　1863 Reade *Hard Cash* II. 246 That don't dovetail nohow.（*OED*[2] s.v. nohow, *adv.*（and *a.*）, 1b）

　　（それは全然かみ合わないです。）［dovetail, "*formal*"（*OALD*[8]）］

　　1865 Dickens *Mut. Fr.* ii. vii, The yard gate-lock should be looked to, if you please; it don't catch.（*OED*[2] s.v. look, *v.*, 21c）

　　（できましたら、庭の入口の錠をなおす方法を検討したほうがいいで

す。掛け金がかかりませんので。）［look to sth, *"formal"*（*OALD*[8]）］

3.3 統語的・文体的特徴

　Nakamura（2013: 9, 23–24; 2016: 41, 71–72）によれば、*don't*（= *doesn't*）はどちらかというと名詞実詞よりも人称代名詞主語を好みました。条件をあらわす従属節に用いられた例が目立ちますが、そのほかの従属節や主節の例も多く、特定の統語的環境に偏ってはいませんでした。特定の意味範疇の動詞への偏りや、自動詞か他動詞かなどの特定の構造への偏りもありませんでした。否定平叙文に多く出現しました。

3.4 使用者

　人は、たとえ教育を受けていても、文体感覚を欠いた非文や非標準の文を書く人がいます。逆に、教育を受けていなくても洗練された文を書く人がいます。決して比例するものではありません。したがって、教育のあるなしは、厳密には良い語法を使えるか使えないかの基準にはなりません。しかし、参考にはなります。そこで、日記・書簡史料で *he don't care* の語法を使った書き手の出生地、教育歴、主たる職業を調べてみます。なお、*OED*[2] において、用例が重々しく堅い性質を帯びている出典に使用されていたり、教育を受けた書き手がごく自然に使っている点については、紙幅の都合により省略します。

　表5の *don't*（= *doesn't*）の使用者のうち、4例については書き手に関する情報が得られませんでした。*DNB, DNBM, ODNB,* テキストの序論・注・索引・ブックカバーの内側、インターネットの信頼できるウェブサイトのどれをもってしても入手できませんでした。しかし、ほかの40例については調べがつきました。下の一覧のとおりです。< > 内は情報源です。Ann Hughes, John Clare, George Meredith, James Hawker を除き、歴史の途中では、教育を受けていると推測される人々でさえ *he don't care* の語法を使うことを気にしなかったことがわかります。なお、Partridge（1953b: 258）は、*don't* は18世紀まで良い話し言葉でも一般に使われていたと述べています。「18世紀」は「19世紀」に改める必要がありますが。

C. Lyttelton (1629–1716)	正式名 Lyttelton / Lit-, Sir Charles。Worcestershire 生まれ。第 3 代准男爵、植民地時代の Jamaica, Harwich, Landguard Fort, Sheerness の長官、政治家。 < *(O)DNB* ＋テキストの注 >
J. Holles (1693–1768)	正式名 Holles, Thomas Pelham-。Sussex 生まれ。Newcastle upon Tyne 公爵、初代 Newcastle under Lyme 公爵、Clare 伯爵など。< *(O)DNB* ＋テキストの序論 > *DNB* には、Cambridge 大学 Clare Hall 卒、法学博士、ケンブリッジ大学総長と書かれているが、*ODNB* には、Cambridge 大学に入学を許可されたが、学位未修得で退学と書かれている。
L. Pitt (?-?)	Lucy Baskett。ウェルギリウス（Virgil）作叙事詩アイネーイス（Aeneid）の C. Pitt による英語訳の版権を、兄弟である L. Pitt を通じて Dodsley が 1751 年に購入したことで有名。規範文法家 Robert Lowth の大叔父。 < テキストの注 >
T. Gray (1716–1771)	詩人、文学者、Cambridge 大学近代史教授。Eton 校、Cambridge 大学、Inner Temple 法曹学院に学ぶ。法学士。 < *(O)DNB* >
J. Woodforde (1740–1803)	Somerset 生まれ。日記家、イングランド教会聖職者。Oxford 大学卒。文学士、文学修士、神学士。 < *DNBM ＋ ODNB* >
B. Sheridan (1758–1837)	本名 Elizabeth Sheridan。劇作家 R. B. Sheridan の妹。< テキスト表紙カバーの内側 >
A. Hughes (?-?)	一農夫の妻。Monmouthshire の Chepstow 近くの人里離れた農家で生涯を過ごした。 < テキスト表紙カバーの内側 >
J. Clare (1793–1864)	Northamptonshire 生まれ。詩人、農場労働者、自然主義者 < *(O)DNB* >
H. Arbuthnot (1793–1834)	Lincolnshire 生まれ。第 8 代 Westmorland 伯爵の次男 Henry Fane の娘。Wellington 公爵や Castlereagh 卿の親友。 < *(O)DNB* ＋テキストの序論 >

S. Palmer （1805–1881）	ロンドン生まれ。風景画家、食刻工。Palmer 家は中・上流家庭。< *(O)DNB* >
J. Ruskin （1819–1900）	ロンドン生まれ。Oxford 大学卒。文学修士。芸術批評家、社会批評家。< *(O)DNB* >
G. Meredith （1828–1909）	Hampshire 生まれ。ビクトリア朝時代の小説家・詩人。< *(O)DNB* >
C. L. Dodgson （1832–1898）	筆名 Lewis Carroll。Cheshire 生まれ。作家、数学者、写真家。Oxford 大学卒。文学士、修士。< *(O)DNB* >
J. Hawker （?-?）	Northamptonshire 生まれ。密猟者、自伝作家。<テキストの序論>

3.5 *He don't care* 語法の歴史についてのまとめ

　2種類の史料、すなわち、主として 1600 年 – 1900 年に書かれた 130 冊の私的な日記・書簡史料と OED^2 の、don't（= doesn't）と doesn't の全用例調査に基づき、次の事実を引き出すことができます。

(3) a.　イギリス英語では、he don't care の語法は、19世紀後半の間に he doesn't care に凌駕されました。19世紀終わり頃までは、決して粗野で俗語レベルの英語に限られてはいませんでした。前述のように、Partridge は、don't（= doesn't）は良い話し言葉でも一般に使われていたと述べています。妥当な指摘です。このように、doesn't は1674年の初出から19世紀半ばの確立まで150年以上の歳月を要したわけですから、その間、教育を受けた人々でさえ he don't care の語法に頼ったのはごく自然なことでした。

　　 b.　*He don't care* の語法には、主に人称代名詞主語 he/she/it をもち平叙文で使われたという以外に、特徴的な統語環境はありませんでした。

c. イギリス英語では、19世紀半ば頃、*doesn't* が一般的になるにつれて、*he don't care* は俗語の語法であるとして烙印を押され始め、20世紀初期に至りました。この頃、この語法は最終的に、「俗語の」(*OED²* on CD-ROM, s.v. do. *v.*, 2c)、「非標準の」(Denison (1998: 195))、「会話の文法」(Biber, et al. (1999: 1123)) に変貌を遂げました。

d. アメリカ英語では、17世紀に移民によってもたらされたであろう *he don't care* の語法が、通常の語法として根付きました。たとえば、Mencken (1919 [1977]: 542) は、20世紀初頭に出版した著書において、*do* の否定辞縮約形は通例 *don't* であり *doesn't* はめったに耳にしない、南部の人々の間では、この語法は洗練された上品な言葉遣いのレベルにまで高められていると述べています。Trask (2004: 199) もまた、ニューヨーク西部の土地言葉では、*doesn't* はほとんど存在しないと書いています。こういうわけで、南部諸方言とニューヨーク州西部を除き (Mencken (1919 [1977]): 542; Trask (2004: 199))、アメリカ英語で *doesn't* が確立したのは、イギリス英語での確立に遅れること1世紀、20世紀後半の間でした (Bloomfield and Newmark (1963: 26))。アメリカ人が徐々に *don't* の組成を意識し始めたのだと推測されます。

e. *Doesn't* は19世紀中頃までイギリス英語ではめったに使われなかったため、その頃までにアメリカ合衆国に移住した人々にとって、*doesn't* は馴染みのない不自然な語法だったと考えられます。このことが、アメリカ人が通常語法として *he don't care* に頼り続け、その結果 *doesn't* の定着が遅くなった第一の理由のように思われます。

4. 結論

以上、*don't* (= *doesn't*) と *doesn't* との間には約300年に亘る長い戦

いの歴史があったこと、*he don't care* の語法はかつては正用法だったことをお示ししました。最初の問いかけに戻ります。歌詞は、元歌の The Beatles では "The girl ... But she don't care"、The Carpenters では "The boy ... And he don't care" となっています。"The girl ... she" が "The boy ... he" に変えられたのは、ヴォーカルである妹 Karen が歌詞に入り込んで哀愁たっぷりに歌うのに適していたからだと考えられますが、なぜ *doesn't* にせず *don't* を保持しているのかは、それぞれ作詞・作曲者 J. Lennon/P. McCartney と、カバー曲としてリリースした The Carpenters に尋ねるしかないと考えます。芸術性の問題ですから。

ただ、筆者は、英語史研究を仕事としている身として、*(s)he don't care* の語法は、単に音符上の問題ではないと考えます。今日の英語では *don't, doesn't, didn't* の語末の /t/ は通例音に出さず（Quirk et al. 1985: 133）、*(s)he doesn't care* の *doesn't* の発音は /'dʌzᵊn/（*LPD³*）と発音される点を考慮すると、必ずしも音符と歌詞が融合しないとはいえません。また、イギリスでは、20 世紀に入って *he don't care* は標準ではなくなりましたが、The Beatles が生まれ育ったイギリス北西部 Liverpool では日常レベルでは使われていた可能性があります。さらに、アメリカでも、The Carpenters 兄／妹が 16 歳／ 13 歳まで過ごした、合衆国北東部ニューイングランド地方最南のコネチカット州でも、日常レベルでは遅くまで *he don't care* 語法が使い続けられていたのではないかと推測されます。元歌の、くだけた発音を表す綴り、gonna（= going to）や oughta（= ought to）も保持されているからといって、単に非標準あるいは俗語の風合いを出すためではないと考えられます。

5. 追記

アメリカの Maryland 州 Baltimore に生まれ育った Mencken（1919）の言説が正しいかを検証するために、筆者も電子テキストの用例調査を行ってみました。史料は、欧米の大学・機関が Web 上に公開している、1771 年〜 1920 年にアメリカ英語で書かれた 194 点からなる自伝、随

筆、手紙、小説演説、論文などです（表8）。その結果、Menckenの観
察とは異なり、*doesn't*とその異形は1850年より少し前の時期に使われ
始めたことがわかりました（表9）。

表8　欧米の大学・機関のウェブサイトから任意にダウンロードし分析した
アメリカ英語の電子テキスト—Nakamura 2013: 26; 2016: 75

時期	調査史料数	コーパスサイズ	主な書き手
1751-1800	11	5.59MB	B. Franklin, T. Jefferson, G. Washington
1801-1850	84	18.4MB	J. F. Cooper, N. Hawthorne, E. A. Poe, C. M. Sedgwick
1851-1900	46	384 KB	H. Alger, C. W. Chesnutt, A. Lincoln, F. R. Stockton
1901-1920	53	424 KB	B. T. Washington, E. Wharton

表9　表8の1910年までの史料に出現した *doesn't* の用例数
—Nakamura 2013: 26; 2016: 75

史料名	*doesn't* の機能			
	DO	DV	QO	QT
1823 J. F. Cooper, *Pioneers*			1	
1835 C. M. Sedgwick, *Home*	1			
1841 J. F. Cooper, *Deerslayer*	24		1	
1845 E. Sargent, *Fleetwood*	3	1	1	
1868 H. Alger, *Struggling Upward*	1			
1899 W. Chesnutt, *The Bouque*	1			
1900 E. Wharton, *April Showers*	2			
1902 E. Wharton, *The Mission of Jane*				1
1905 E. Wharton, *The Best Man*	1			
1906 E. Wharton, In *Trust*	2			
1910 E. Wharton, *The Legend*	1			

5. 追記　| 105

　使用者の情報は、次の一覧のとおりです。Massachusetts 州、New Jersey 州、New York 州を含む、合衆国北東部の大西洋に面する地域では、19 世紀中頃から少しずつ使われていた可能性を示唆しています。これらの地域は、祖国イギリスに極めて近い地域です。

Cooper, James F. (1789–1851)	New Jersey 州 Burlington 生まれ、New York 州 Cooperstown 育ち。『レザーストッキング物語』として知られる西部開拓冒険小説 5 部作作者として有名。 <http://global.britannica.com/EBchecked/topic/136268/James-Fenimore-Cooper>
J. Holles (1693–1768)	Massachusetts 州 Stockbridge 生まれ。連邦議会議員・最高裁判所判事 Theodore Sedgwick を父にもち、アメリカ文学の正当な血筋をひく小説を書いた女流小説家。 <http://global.britannica.com/EBchecked/topic/532171/Catharine-Maria-Sedgwick>
Sargent, Epes (1813–1880)	Massachusetts 州 Gloucester 生まれ。Boston ラテン語学校を卒業し、日刊新聞 *Boston Daily Advertiser* の編集部に入社。有名な作家・編集者・心霊研究者。 <http://www.answers.com/topic/epes-sargent-1>
Alger, Horatio (1832–1899)	Massachusetts 州 Chelsea 生まれ。Harvard 大学卒。19 世紀最後の 30 年間の最も人気ある作家の一人で、同世代の作家の中で最も社会的に影響力をもっていた。 <http://global.britannica.com/EBchecked/topic/14993/Horatio-Alger>
Chesnutt, Charles W. (1858–1932)	Ohio 州 Cleveland 生まれ。著名な黒人小説家。North Carolina 州立有色人種小学校教員養成学校（現 Fayetteville 州立大学）校長 <http://global.britannica.com/EBchecked/topic/109652/Charles-W-Chesnutt>
Wharton, Edith (1862–1937)	New York 生まれ。傑出した由緒ある家柄の出。住込み家庭教師から教育を受けた。自身が生まれた上流社会についての物語や小説で最も知られた作家。 <http://global.britannica.com/EBchecked/topic/641481/Edith-Wharton>

Mencken（1919）をもってしてもアメリカ合衆国の英語を正確に捉えることはできなかったのではないかと推察されます。Chesnutt を除く上の5人は、Mencken が生まれ育った Maryland 州 Baltimore のすぐ北東部で活躍した人たちだからです。Mencken（1919）、Bloomfield and Newmark（1963）、Trask（2004）と筆者のどちらの見解が 19 世紀から 20 世紀初期にかけてのアメリカ英語の実態を反映しているか解明するためには、*don't*（= *doesn't*）と *doesn't* の競合の歴史についてさらに調査することが必要です。

本章は、中村（2012a）、Nakamura（2012b）、中村（2012c）、Nakamura（2013; 2015; 2016）を、学生や一般の読者に理解していただけるよう、エッセンスを日本語でまとめた論考です。

参照文献

Biber, Douglas, Stig Johansson, Geoffrey Leech, Susan Conrad and Edward Finegan（1999）*Longman Grammar of Spoken and Written English*, Pearson Education, Harlow.

Bloomfield, Morton W. and Leonard Newmark（1963）*A Linguistic Introduction to the History of English*, Alfred A. Knopf, New York.

Brainerd, Barron（1989 [1993]）"The Contractions of *not*: a Historical Note," *Journal of English Linguistics* 22, 176–196.

Denison, David（1998）"Syntax," *The Cambridge History of the English Language*, vol. IV, *1776-1997*, ed. by Suzanne Romaine, 92-329, Cambridge University Press, Cambridge.

[*DNB*] Lee, Sidney, preface（1903[1979], 1961[1974]）*The Dictionary of National Biography: The Concise Dictionary*, Part I: From the Beginnings to 1900 and II: 1901-1950, Rpt., Oxford University Press, Oxford.

[*DNBM*] Nicholls, Christine S., ed.（1993）*The Dictionary of National Biography: Missing Person*, Oxford University Press, Oxford.

Jespersen, Otto（1940[1970]）*A Modern English grammar on Historical Principles*, part V, George Allen & Unwin, London.

[*LDCE*⁵] Mayor, Michael, et al., eds.（¹1978, ⁵2009）*Longman Dictionary of Contemporary English*, Pearson Education, Harlow.

[*LPD*³] Wells, John C.（2008）*Longman Pronunciation Dictionary*, 3rd ed.,

参照文献 | 107

Pearson Education, Harlow.

Mencken, Henry L. (^{1}1919 [^{4}1977]) *The American Language: An Inquiry into the Development of English in the United States*, One-Volume Abridged Edition, Alfred A. Knopf, New York.

Nakamura, Fujio (2011) "A History of Negative Contractions," data sheets distributed at the Historical English Word-Formation and Semantics Conference, Warsaw.

中村不二夫 (2012a)「否定辞縮約の歴史をめぐる問題点 (Unravelling Mysteries Surrounding a History of Negative Contractions)」近代英語協会第 29 回大会発表資料.

Nakamura, Fujio (2012b) "The Period of Establishment of Tag-questions," data sheets distributed at the 17th International Conference on English Historical Linguistics, Zurich.

中村不二夫 (2012c)「3 人称単数主語に呼応する don't の歴史—He don't care から He doesn't care へ (A History of the Third Person Singular Present *don't*: The Transition from *he don't care* to *He doesn't care*)」、*Mulberry* 61, 23–44.

Nakamura, Fujio (2013) "A History of the Third Person Singular Present *don't*: Transition from *he don't know* to *he doesn't know*," data sheets distributed at the 5th International Conference on Late Modern English, Bergamo, Italy.

Nakamura, Fujio (2015) "Diachrony of the Third Person Singular Present *don't*: Transition from *he don't know* to *he doesn't know* (2)," *Mulberry* 65, 1–23.

Nakamura, Fujio (2016) *Unveilling 'Rare' Usages in the History of English*, Eihōsha, Tokyo.

[*OALD*^{8}] Turnbull, Joanna, et al., eds. (^{1}1948, ^{8}2010) *Oxford Advanced Learner's Dictionary of Current English*, Oxford University Press, Oxford.

[*ODNB*] The On-line Version of the *Oxford Dictionary of National Biography* (http://www. oxforddnb.com/) .

[*OED*^{2}] Simpson, John A. and Edmund S. C. Weiner, eds. (2002) *Oxford English Dictionary, Second Edition, on CD-ROM Version 3.1*, Oxford University Press, Oxford.

Partridge, Astley C. (1948 [1953a]) "The Periphrastic Auxiliary Verb 'do' and Its Use in the Plays of Ben Jonson," *Modern Language Review* 43, 26–33. [Reproduced in *Studies in the Syntax of Ben Jonson's Plays*, Bowes & Bowes, Cambridge]

Partridge, Astley C. (1953b) *The Accidence of Ben Jonson's Plays*, Bowes & Bowes, Cambridge.

Quirk, Randolph, Sydney Greenbaum, Geoffrey Leech and Jan Svartvik (1985) *A Comprehensive Grammar of the English Language*, Longman, London.

Trask, Robert L.（1995［2004］）*Language: The Basics*, Routledge, London & New York.

6 なぜ Gold だけで「金メダル」?
―省略と意味変化―

前田　満

1.　はじめに

　省略と意味変化の関係は、すでに 19 世紀の研究者も注目するたいへ
ん興味深い現象です（Bréal (1900)）。しかし、20 世紀の後半に入ると、
この問題は研究者の関心から遠ざかり、現在ではほとんど忘れられた存
在となっています。かりにそうだとしても、省略に伴う意味変化は、言
語の本質に迫るうえで重要な示唆を数多く与えてくれます。そこで本章
では、省略に関わるいくつかの意味変化のパターンを見たうえで、なぜ
それが注目すべき現象なのかを説明していきます。

　まず、話を始める前に、少々「省略」(ellipsis) ということばの意味に
ついて考えておきたいと思います。過去の研究では、このことばをたい
へん広い意味で用いてきました。ふつう「省略」というと、わかりきっ
た部分の繰り返しを避けるための発話の短縮を指します。たとえば、(1)
では、B の発話の下線部の内容は、A の発話から容易に特定できます。

(1)　A:　You *miss*ed.
　　　B:　Yes, but you didn't _____.　(=you didn't miss.)
　　　　「君は失敗したね」――「うん、でも君は失敗しなかった」

このように、通常の省略では、省略される部分がコンテクストにてらし
て特定されねばなりません。これを専門的に「復元可能性の制約」
(recoverability condition, RC) といいます。これは談話 (discourse) に課

110 | 第6章　なぜGoldだけで「金メダル」？

せられる制約ですから、その違反は即会話の破綻に直結します。

　これに対して、本章でとりあげる「省略」は、先ほどの例と異なり、省略された部分の内容がコンテクストから特定可能とは思えないものを指します。混乱を避けるために、以後、通常の省略を「省略₁」、後者のタイプの省略を「省略₂」と呼んで区別します。省略された部分の解釈が先行する発話やコンテクストを参照してなされるかどうかが両者を区別する基準となります。省略₂では、省略部分の解釈の復元が自動的になされ、コンテクストによる支えを必要としません。

　本章の構成は次のとおりです。2節では、まず省略₂の事例を列挙します。3節では、省略₂という現象の理解には構文化という視点が不可欠となることを指摘し、続いて構文化のメカニズムについて説明します。4節では、3節で提案するメカニズムにてらして、なぜ省略₂が可能となるのかを考えます。5節は本章の簡単なまとめです。

2.　復元不可能な省略

　本節では、一見普通の省略のようでありながら、復元可能性の制約（RC）に従わない例外的な省略（省略₂）について考えます。これらの事例に共通する特性は、通常の省略（省略₁）と異なり、要素の省略が文解釈に目立った影響を与えないということです。

2.1　複合語主要部の省略₂ (N脱落)

　まずは複合語（compound）から省略₂によって生じた語をとりあげます。次に、Waldron（1967）の例をあげます。

(2)　　private「兵卒」< private soldier / gold「金メダル」< gold medal / periodical「定期刊行物」< periodical paper / uniform「制服」< uniform dress　　　　　　　　　（Waldron（1967: 121–122））

これらの例は、どれもかつては形容詞（A）と名詞（N）からなる複合語

であったものが、意味の損失なしに1語へと短縮されるケースです。省略₂されるのは必ず主要部名詞（head noun）のほうで、残されたAが単独で複合語全体の意味を担います。つまり、Nの省略₂に伴ってAの意味が'A＋N'へと変化したことになります。これを「N脱落」と呼びます。さて、(2)の例において、脱落したNはもはやRCには従いません。つまり、かつて存在したNが何を指すかがコンテストから明らかでない状況でも、これらの語を自由に用いることができます。たとえば、uniformはコンテストの支えがなくとも「制服」と理解されます。

2.2　前置詞の省略（P脱落）

　次は前置詞（P）の省略₂です。Pは文法語ながら文において不可欠の意味を担っているためか容易に省略できません。たとえば、He spoke to me.のtoをいきなり省略して、*He spoke me.とするわけにはいきません。しかし、一方で、Pが日常的に省略されるケースもみられます。これを「P脱落」と呼びますが、特に曜日や日にちに関わる前置詞句（PP）で頻繁にみられます。しかもN脱落同様、省略₂されたPの解釈はコンテストの支えを必要としません。

(3) a.　You are taking me to the movie (on) Friday?
　　　　「あなたは金曜日に私を映画に連れて行ってくれるの？」

　　b.　The public is very much into ecology (in) these days.
　　　　「社会はこのごろたいへん生態環境に夢中になっている。」

また、同様にPが頻繁に省略₂されるケースに、方向/手段/様式を表すwayを含むPPがあります。

(4) a.　You're supposed to go (in) this way.
　　　　「こっちに行ったほうがいいよ。」

　　b.　(In) either way, she ends up crying.
　　　　「どちらにしても彼女は最後に泣くことになる。」

112 | 第6章　なぜGoldだけで「金メダル」？

さらに、'N of one's age' や 'N of ... size' における of の省略₂ も、口語で
はよくみられます。

(5) a. I'm mentally older than most guys (of) my age.
「ぼくは同じ歳の大半の連中より精神年齢が上だ。」

b. I need a shelf (of) this size.
「このサイズの棚が必要だ。」

以上の例に加えて、動詞 / 形容詞の補部 (complement) に含まれる P の
省略₂ の例もいくつかみられます。たとえば、'V NP/A (in) V-ing' 構文
で、動名詞 (gerund) の前の in が省略₂ される現象はよく知られています。

(6) a. We'll have no trouble (in) tracking down the thieves.
「窃盗犯を追いつめるのはたやすいことだ。」

b. I'll be busy (in) studying for a test tonight.
「今晩はテスト勉強で忙しい。」

以上は現代英語の例ですが、より古い時代の P 脱落による発達が知
られています。たとえば、「〜を除いて」の意味の but がそれです。

(7) None but a fool would believe it.
「馬鹿でもなければそんなことを信じないだろう。」

この but の用法は、古英語 (Old English) の 'on + butan' ('in' + 'outside')
というコロケーションに遡ります (Brinton and Traugott (2006: 29))。「〜
を除いて」の意味は、「〜の外側に」＞「〜以外に」という意味変化の
道筋を経て生じたものと考えられます。そしてこのコロケーションが慣
習化し、on'in' が省略₂ されたのちも、本来の意味を保持したまま現在
に至っています。そのため、見た目は他の but と同じですが、on の意
味がつけ加わったぶん意味解釈が複雑になっています。

2.3 否定辞の省略₂（NEG 脱落）

よりなじみの薄い現象に否定辞 not の省略₂ があります。これを「NEG
脱落」と呼びます（前田（2016: 82–85））。NEG 脱落とは、否定辞を含
む特定の構文において、目立った意味の変化を伴わずに否定辞が省略₂
される現象をいいます。もちろん、脱落した否定辞の解釈はコンテクス
トによる支えを要しません。さて、この分野において花形といえるポ
ピュラーな存在がフランス語の否定辞 'ne ... pas' です。

(8) a. Je <u>ne</u> sais <u>pas</u>.
      I not know NEG (=I don't know)「私は知らない。」
    b. Je sais <u>pas</u>.「私は知らない。」

フランス語の 'ne ... pas' は複合否定辞（complex negation）といって、2 つ
の語の組み合わせによって否定を表します。これらのうち、本来の否定
辞は ne です。一方、pas の原義は「一歩」で、元々は移動を表す文で
ne を強調するための副詞的要素でした（たとえば、Je ne va pas.「<u>一歩も</u>
<u>進めない</u>」）。口語フランス語では、(8b) のように ne が頻繁に省略₂ され
ますが、その場合も、文の解釈は基本的に (8a) と同じです。なお、
Bréal（1900: 200–201）は、ne の否定の意味が pas との意味的相互関係
を通じて後者へと転移したと考えました。とすると、ne の省略₂ が生じ
ても文の論理的解釈に変化がみられないのは当然ともいえます。

やや異なる例に、「～にすぎない」の意味の but があります（Bréal
（1900: 202））。(9) では、but は副詞としての働きをもちます。

(9) He is <u>but</u> a child.
    「彼は子どもにすぎない。」

Bréal によると、この用法は、古英語の 'ne + butan NP'「～の外側には
ない」（＞「～でしかない」）という表現に由来します。

| 114 | 第 6 章　なぜ Gold だけで「金メダル」？

(10)　þær　næran　　butan twegen dælas
　　　There NEG+*was　but　　two　　portions*（*Orosius*, I, i）
　　　（=There were only two portions.）
　　　「取り分は 2 つしかなかった。」

発達の過程で ne 'not' は脱落しましたが、現在もなお「～しかない」と
いう解釈に否定の意味が保持されています。これはこれまで見てきたほ
かのケース同様、ne の脱落が省略$_2$ によるものであったことを雄弁に物
語っています。なお、Bréal はこのケースでも ne の否定の意味が butan
'outside' と意味的相関関係を通じて、ne から butan へと転移し、後者が
単独で 'ne + butan NP' 全体の意味を担うようになったと考えました。
(7) のケース同様、ほかの but と形は同じですが、否定の意味が加わっ
たぶん意味が複雑になっているわけです。
　次は口語英語の例です。(11) の構文は、一見したところ肯定文にみ
えますが、解釈的にはれっきとした否定文です。

(11) a.　Like I care about that.（=I don't care about that.）
　　　　　「そんなこと気にするわけはない。」
　　 b.　As if you didn't know.（=You know.）
　　　　　「知らないわけじゃあるまいし。」

たとえば、(11b) はおよそ「知らないわけじゃあるまいし」と解釈され、
否定の意味を含んでいます。では、なぜこの構文は not もないのに否定
を表すのでしょうか。種明かしをすると、理由は案外単純です。(11)
は not を含む (12) の短縮形だからです（鈴木・安井 (1994: 310–311)）。

(12) a.　It's not like I care about that.
　　 b.　It's not as if you didn't know.

元の構文 (12) にはちゃんと not があります。ここでご注目いただきた

いのは、not を含む主節 'it's not' を省略₂ しても文の論理的解釈が変化しない——つまり、肯定文にならない——ということです。ですが、ふつう not の有無が文の論理関係を大きく左右することを考えますと、これは驚くべき事態ともいえます。

しかも同様の例はほかにもあります。口語英語には (13a) のような常套句があり、「どうでもよい」と解釈されます。この常套句には (13b) のような not をもたない変種があり、以前から注目を集めています。

(13) a. I couldn't care less.「どうでもよい。」
　　 b. I could care less.（同上）

Spears (1997: 201) によると、(13b) の変種は口語で広く使われますが、文字どおりには意味をなしません。つまり、not があってはじめて「どうでもよい」（<「これ以上無関心になれない」）という解釈が生まれてくるわけです。したがって、この場合も、not の有無は文の解釈に目立った影響を与えていません。つまり、これも省略₂ の例だといえます。ちなみにこのような例は、最近の若い人が、「そんなわけない」の「ない」を省いて「なわけ」ということを思い起こさせます。次節では、省略₂ が言語研究に投げかける問題にふれたいと思います。

3. 構文的視点の重要性

省略₂ が提示する問題点は次の2点です。(i) なぜ省略₂ は特定の表現でしかみられないのか、そして (ii) なぜ RC に従わないのか。本節と次節ではこれらの問題を順に説明し、それらがなぜ容易に説明できないのかという問題に議論を進めます。

3.1 表現特異性としての省略₂

まず、本節では、上記の (i) の問題、つまり、なぜ省略₂ は特定の表現でしかみられないのか、という問題をとりあげます。そもそも前節で

見た省略現象を省略₂として一般的な省略（省略₁）と区別した理由は、それが省略₁の一般規則（RC）に従わない変わり種だったからです。しかし、だからといって、省略₂は単なる「例外」として無視できるほどまれな現象ではありません。それどころか、どの言語でも日常的にみられるありふれた現象とさえいえます（前田（2016: 85–91））。

　特に興味をひかれるのは、意味的に類似した表現の間でも、省略₂が可能なケースとそうでないケースがあるという点です。たとえば、(3a)に示したonを例にとると、onを省略₂できないケースはいくらでもあります。たとえば、(14)のような場所を表すonは省略₂できません。

(14)　Don't put it *(on) my desk.
　　　「それを私の机の上に置かないでくれ。」

また、同じ時間の表現であっても、'at + 時刻'では、atの省略₂は許されません。

(15)　I'm home to dinner *(at) 19:00.
　　　「19時に夕食のために帰宅する。」

(3a)のonが省略₂できて、(14)のonが省略₂できない理由が両者の意味の違いに起因する可能性もあります。たとえば、具体的な場所を表す後者に比べて時間に関わる前者の意味が「希薄」だから前者は省略₂が可能だという論も成り立つように思われます。しかし、同じ時間の表現でありながら、(15)では前置詞を省略₂できないことからしても、やはり省略₂の可否は単に意味的な問題ではないと思われます。

　ほかの例を見ても、省略₂が許されるケースとそうでないケースを意味によって区分する試みはうまくいきそうにありません。たとえば、(4a)のようなinの省略₂は、ほぼwayを含むPPに限られ、wayを類義語のdirectionに置き換えると、ふつうinは省略₂されません。

（16）　You're supposed to go *(in) this direction.
　　　「こっちの方向に行ったほうがいいよ。」

また、(5) に示した 'V NP/A (in) V-ing' ではふつう in が省略$_2$されます
が、'to make progress in V-ing' では通常 in の省略$_2$はみられません。

（17）　You're supposed to make progress *(in) learning English.
　　　「皆さんは英語の学習において進歩すべきだ。」

さらに（12a）の構文と解釈的に類似した（18a）の構文でも、やはり not
は省略$_2$できません。

（18）a.　It's not that I'm jealous of Ron.
　　　　　「ロンのことが羨ましいわけじゃない。」
　　　b. *(Not) that I'm jealous of Ron.（同上）

以上のように、省略$_2$の可否は、なかなか意味的な一般化を受け付けま
せん。それどころか、省略$_2$が可能なケースとそうでないケースを原理
的に区別することさえ困難です。結局、省略$_2$の可否は個々の表現の特
異性（idiosyncrasy）によるものと結論せざるをえません。

3.2　構文化と意味変化

　では、省略$_2$はなぜ可能となるのでしょうか。省略$_2$の可否が個々の
表現の特異性によるものならば、省略$_2$が可能となる理由は個別に説明
せねばなりません。つまり、省略$_2$が可能なケースを例外扱いし、それ
ぞれのケースを可能とするメカニズムを考える必要があります。です
が、もちろん、ケースごとに個別の説明を立てるよりも、少しでも一般
性の高い説明を提案するほうが好ましいはずです。筆者は、省略$_2$が省
略$_1$より例外的なのは当然としても、それを可能にするメカニズムそれ
自体はさほど例外的ではないと考えています。本節では、まず準備段階

118 | 第 6 章　なぜ Gold だけで「金メダル」？

として、このメカニズムとは何かを説明します。

3.2.1　構文

　まず、省略₂の例はどれも共起頻度の高い語の組み合わせとみられ、すでにかなり慣習化が進んでいます。[1] 構文文法（Construction Grammar）[2] では、このような慣習的な語の組み合わせを「構文」（construction）と呼びます。Goldberg（2006: 5）によりますと、構文とは、(i) 当該言語の文法規則に従わない特異な形式 / 解釈を示す構造、あるいは (ii) 十分なほど使用頻度の高い構造、と定義されます。

　この構文の定義の (i) は、構文がほかで見られないユニークな形式を示すこと、あるいは構文の形式と解釈の間にミスマッチがみられることを指します。後者の特性は、構文の解釈がその形式面から予測しにくいことを意味します。たとえば、これらの説明にふさわしい構文の例としては、(19a) の感嘆文があげられます（前田（2016: 第 2 章））。

(19) a.　How (very) nice he is!
  「彼は (本当に) なんていい人かしら！」

　　 b.　How (*very) nice is he?
  「彼はどれぐらいいい人なの？」

疑問文に特徴的な主語と助動詞の倒置を示さないことをのぞけば、(19a) と (19b) は瓜二つです。とはいえ、両者の間には顕著な解釈の違いに加えて、文法的な違いもみられます。(19a) と (19b) の括弧が示すように、感嘆文では how に続く形容詞を very によって修飾することができますが、疑問文ではできません。つまり、how に続く形容詞を very によって修飾するという可能性は感嘆文特有の現象といえます。このように特

---

[1] 「慣習化」とは、簡単にいって、語の組み合わせが共起頻度の高さのためにイディオム的な連関を獲得するプロセスのことです。
[2] 構文文法のあらましと構文の概念については、Goldberg（2006）および Hoffmann and Trousdale（2013）を参照してください。

定の構文にかぎって許される文法的特性は「外文法的」(extragrammatical) と呼ばれます (前田 (2016))。構文にはしばしば外文法的特性がみられ、それが構文のトレードマークとなります。

次に、定義の (ii) は、表現が何ら特異性を示さなくても、十分なほど使用頻度が高ければ構文として認定されることを規定しています。特定の構造が高頻度で使用されると、元々は単なるコロケーションであったものが、イディオムのような固定した表現に近くなります。なお使用頻度が構文に与える効果については次節で説明します。

3.2.2　構文化

現存する構文はどれもはじめから存在したわけではありません。構文はすべてさまざまな時代に作られた歴史的産物なのです。このように構文が新たに作られるプロセスを「構文化」(constructionalization) と呼びます。Bybee (2010) によると、構文発達の認知的基盤は「チャンク形成」(chunking) という認知操作です。チャンク形成とは、使用頻度の高い語の組み合わせをチャンク (chunk)、すなわちひと塊の認知的ユニットとして処理するプロセスをいいます。したがって、自由な語の組み合わせから固定化された表現が作られるのはチャンク形成のおかげといえます。また、チャンク形成によって固定化された語の組み合わせは、その後の反復使用によりさらに固定化が進むと、ついには独立した構文へと発達します。結局、このモデルでは、ターゲットの反復使用が発端であって、しかもその主な推進力となります。(20) は以上の構文化のモデルを簡略化して図示したものです。[3]

$$(20) \qquad (a) \qquad\qquad (c)$$
$$A+B+C \;\rightarrow\; A{=}B{=}C \;\rightarrow\; [A{=}B{=}C]$$
$$\downarrow (b)$$
$$\boxed{記憶}$$

---

[3]　(20) の '+' は自由な語の組み合わせを、'=' はチャンクによる固定化を、そして '[...]' は構文を表します。以後も同じ表記を用います。

まず、語 A, B, C からチャンク 'A=B=C' が形成され（(a)）、記憶に貯蓄されます（(b)）。さらに 'A=B=C' が反復使用により認知的に強化されると、新規の構文 '[A=B=C]' が誕生します（(c)）。これら (a) から (c) のプロセスをまとめて「構文化」と呼びます（前田 (2016: 5–7)）。

3.2.3 ゲシュタルト化と合成性の喪失

さて、今度の構文化の意味的側面に注目してみましょう。(20) の 'A=B=C' はチャンクとしての位置づけが確立すると、次第に合成性 (compositionality) を失っていきます（Bybee (2013: 55)）。[4] つまり、チャンク形成による固定化が進むと、次第に個々の語の意味が薄らぎ、語の組み合わせが全体的に解釈されるようになります。この意味変化の本質については、残念ながらこれまで十分に明らかにされていません。

そこで筆者が新たに提案するモデルは次のようなものです。この意味変化は、構文を構成する個々の語の意味を「全体的意味」(holistic meaning) へとまとめあげ、構文固有の意味構造を作り上げる働きがあります。筆者はこの意味変化を「ゲシュタルト化」と呼んでいますが、このプロセスは、それぞれの語の意味が構文に「吸収」され、次いでそれらが構文上で「混交」するという形でモデル化できると考えています（前田 (2016: 7–8)）。これは、構文に「吸収」されたそれぞれの語の意味が混じり合って、いわば「意味の塊」が作られるというイメージで理解すればいいでしょう。これにより、構文化に伴って語の組み合わせの合成性が失われていく理由が説明できます。

一方、構文を構成するそれぞれの語はどうなるのでしょうか。これらはいわば「意味の抜け殻」となり、正常な語の機能を失います。筆者はこれを「偽記号化」、また、機能を失った要素を「偽記号」と呼んでいます。日常的な「偽記号」の例としては、kick the bucket「死ぬ」における kick のようなイディオム切片（idiom chuck）や、Maybe I can fake my way through this. における way のような化石化した要素（fossilized element）な

---

[4] 「合成性」とは、語の組み合わせの意味がそれぞれの語本来の意味の組み合わせどおりに解釈されることです。

どがあります（前田 (2016: 87)）。偽記号化はいわば構文化の副産物といえますが、これもゲシュタルト化によって構成要素の意味が構文によって「吸収」されるというモデルで説明できます。

　以上の議論をまとめますと、構文はすべて構文化によって作られますが、その本質はチャンク形成だと考えられます。また、チャンク形成の副産物としてゲシュタルト化が生じ、それにより次第に構文の合成性が失われます。次節では、ゲシュタルト化によって、通常は許されない省略（省略$_2$）が可能となる理由を考えます。

4.　ゲシュタルト化と省略$_2$

　では、本節では、前節で見た構文化の特性を念頭におき、構文において省略$_2$が可能となるメカニズムについて考えたいと思います。

4.1　省略$_2$と構文の特異性

　まず、3.2.1 節の冒頭で指摘したように、省略$_2$を許す表現はどれも慣習化が顕著です。この事実は、これらの表現がすでに構文化を経ていることを示唆しています。つまり、省略$_2$の可能性は構文化と密接な関係にあると考えられるのです。これは省略$_2$の可否が個々の表現の特異性とみられることからもわかります（3.1 節）。なにしろ特異性といえば、構文のトレードマークですから（Goldberg (2013: 18)）。

　たとえば、(3a) の on が省略$_2$できるのに対して、(14) の on は決して省略$_2$できません。この対比だけは、(14) の on より (3a) の on のほうが意味的に「希薄」だから省略$_2$できるという説明も有効に思われます。実際、曜日の on の意味は場所の on より抽象的ですから、そのぶん意味が「希薄」だとする論にもそれなりの説得力があります。それでも、(3a) の on と同じぐらい抽象的なはずの (15) の at が省略$_2$できないことは大きな問題となります。上述のように、この対比は意味的な説明では十分に解決できません。

　一方、省略$_2$の鍵を握るのが構文化だとすれば、このような表現ごと

の振る舞いの違いはむしろ想定内といえます。というのも、構文化は同じ語を含むすべての表現に一様に生ずるわけではないからです。そのため、たとえば、曜日の on 句には構文化が生じるが、場所の on 句には起こらない、また同様に、意味的に曜日の on 句とより関連が深いと思われる時間の at 句にも起こらない、ということは十分ありうるわけです。なぜなら、3.2.2 節で述べたように、構文化の進展は、構文を構成する語どうしの共起頻度の高さに強く左右されるからです。

たとえば、曜日の on の場合、それと共起する相手は、Sunday から Saturday までのたった7つしかありません。そのため、曜日の on と決まった相手との共起頻度はたいへん高くなります。一方、時間の at の相手は、有限とはいえ、0:01、0:02、0:03 ... と、かなりのバリエーションがあります。また、場所の on については、相手の数はまさに無限大といってもいいでしょう。そのため、時間の at 句や場所の on 句では、at や on と特定の相手との共起頻度は、曜日の on 句と比べて格段に低くなり、その結果、構文化が生じにくくなります。

また、3.1 節で見たほかの例でも、共起頻度の高さと省略$_2$ の間の関連が容易に見てとれます。たとえば、go (in) this way では、in が頻繁に省略$_2$ されますが、go in this direction では、in は通常省略$_2$ されません。この場合も、go が direction より way との共起頻度が高いことは直観的にもわかります。同じ観察が、'V NP/A (in) V-ing' 構文についても当てはまります。たとえば、have trouble などでは、動名詞の前の in は省略$_2$ されるのが普通ですが、make progress などでは通常 in は省略$_2$ されません。この場合も、'in V-ing' と have trouble などとのコロケーションは、make progress などよりはるかに日常的なので、前者と 'in V-ing' との共起頻度が高くなるのは自然のなりゆきといえます。結果として、前者と 'in V-ing' との間で構文化が生じる可能性は後者のケースよりずっと高くなります。

以上のように、表現が省略$_2$ を許すかどうかと、当該表現が構文化を経ているかどうかの間には、たいへん密接な関係がありそうです。

4.2　省略₂と構文化

では次に、3.1 節の冒頭に示した（ii）の問題、つまり、なぜ省略₂は RC に従わないのかという問題に移ります。すでに見たように、省略₂には構文化が関与しているというのが基本的なアイディアです。問題解決の鍵となるのは「ゲシュタルト化」です。繰り返すと、ゲシュタルト化とは、チャンク形成と並行して生ずる意味変化で、それによって構文を構成する要素の意味が次第に個別性を失い、ひと塊の全体的意味へと統合されていくプロセスです（3.2.3 節）。3.2.3 節では、ゲシュタルト化を個々の要素の意味が構文に「吸収」され、それらが構文上で「混交」して全体的意味が形成される、という形でモデル化しました。

ここで重要な点は、ゲシュタルト化の結果、個々の語の意味が個別性を失うという点で、意味成分を「吸収」された要素は意味の大半を失います。イディオムなど固定表現では、非合成的な解釈が顕著で、しかも構成要素があらかた意味を失ってしまっているケースが数多くみられます。後者の要素は、しばしば「イディオム切片」（idiom chunk）と呼ばれます。英語の 'chunk' には、「ひと塊の物から切り取った 1 片」という意味がありますが、これはイディオムを構成する要素がもはや自律した語ではなく、全体的構造の「1 片」であるという直観の現れでしょう。構文文法では、イディオムも構文の一種とみなされますから⁵、同じ直観は構文一般にも当てはまります。

さて、記号としての働きを失った要素をかりに「偽記号」と名付けましたが、これは形があっても肝心の意味をもたない「意味の抜け殻」のような存在です（3.2.3 節）。とはいえ、言語構造の保守性のために保持されるので、このような要素はどの言語でも数多くみられます。しかし、偽記号には何の働きもありませんから、あってもなくても文の機能には関係ありません。つまり、偽記号が省略₂されても文の機能障害に

---

⁵　構文文法における「構文」は必ずしも「文」あるいは「節」を意味しません。意味と形式の対（記号）であれば、どのレベルの要素でも構文とみなされます。たとえば、文や節に加えて、形態素（morpheme）や語、複合語、イディオムなどがすべて構文の仲間となります。

陥らないわけです。

　もうおわかりと思いますが、これまで「省略₂」と呼んできた現象は、偽記号が何らかの理由で脱落したことを指すと考えられます。すでに見たように、意味機能をもつ「現役」の記号を省略₁するには、必ずコンテクストによる支えが必要です。これを復元可能性の制約（RC）と呼びました。さもなければ、省略₁された部分の解釈が復元できず、コミュニケーションの破綻につながりかねません。一方、偽記号にはそもそも復元すべき意味がありませんから、RC の適用範囲には含まれないと考えられます。要するに、偽記号の省略₂は原理上、RC に違反しないわけです。文の解釈に関しても、偽記号の省略₂は、すでに構文に「吸収」されて全体的意味の一部となった意味成分のおかげでまったく支障が生じません。これは「復元」すべき意味成分があらかじめ構文の意味に含まれているわけですから当然といえます。このように構文化の視点から考えれば、省略₂が可能となる理由が原理的に説明できます。[6]

　まず、private soldier のような 'A＋N' 複合語の N が省略₂されて private「兵卒」が生じる N 脱落のケースでは、まず構文化のプロセス（(20)）によって、語の組み合わせ 'private＋soldier' がチャンク形成を経て構文化され、[private=soldier] が誕生します。この過程で、ゲシュタルト化が生じて構成要素 'private' と 'soldier' が偽記号化され、その結果、[private=soldier] 全体が「兵卒」を表すようになります。その後、'soldier' が脱落し、'private' が生じますが、解釈は変化しません。

　同様に P 脱落や NEG 脱落もこの発達モデルによって説明できます。たとえば、(3a) の on が省略₂されるプロセスを考えてみましょう。まず、'on＋Friday' がチャンク 'on=Friday' へと発達し、さらに [on=Friday] へと発達します。これと並行して、'on' と 'Friday' が偽記号化し、合成的ではなく構文全体で「金曜日に」を表すようになります。この段階で、on は解釈上不要となり、省略₂が可能となります。

　次に、(13a) から (13b) が生ずるプロセスを考えてみましょう。まず、

---

[6]　ちなみに以上の説明は、語彙のレベルに加えて構文という単位を考える構文文法ならではの専売特許といえます。

‘I could not care less.’ が、常套句として頻繁に使われるうちにチャンク形成が働き、チャンク ‘I=could=not=care=less’ が生じます。その後、構文化が生じて、[I=could=not=care=less] 構文が誕生します。構文化に伴ってゲシュタルト化が進行し、それぞれの語の意味が構文に「吸収」されて混交し、全体的意味「どうでもよい」が作られます。それと同時にこれらの語が偽記号化します。この段階で、not は RC の適用範囲外となり、省略$_2$ が可能になります。

　以上のように、省略$_2$ という現象を構文化の副産物だと考えるならば、上記のような原理的な説明モデルが構想できます。結局のところ、本章で提案した説明モデルでは、省略$_2$ は構文化によって生ずる「外文法的特性」ということになります（3.2.1 節）。

　最後に、1 つ注意を喚起しておきたいと思います。これまで構文化の副産物として省略$_2$ が可能となるメカニズムを説明してきましたが、これはいわば省略$_2$ の必要条件にあたります。省略$_2$ の一般化はそれ自体が言語変化ですから、実際に起こるかどうかは事前に予測できません。つまり、省略$_2$ が可能であることと実際に省略$_2$ がなされて一般化するかどうかはまったく別問題なのです。したがって、構文において実際に省略$_2$ が生ずるためには、構文化に加えて、その十分条件となる何らかの動機が必要となります。おそらくその動機として最も可能性が高いと思われるのが発話労力の節約です。ですが、省略$_2$ の動機を事後的に説明することは、多くの場合、至難の業となります。たとえば、「そんなわけない」が「なわけ」と略される動機について考えれば、きっとその困難さがおわかりになるでしょう。

5.　まとめ

　本章では、これまで十分な説明がなされていなかった省略と意味変化の関係に、構文化のモデルを用いてアプローチしました。この現象の重要性は、言語の使用がたえず言語構造に与えている効果の重要性を垣間見せてくれるところにあります。つまり、本章で見たように、言語で

は、構文化により共起頻度の高い語の組み合わせからたえず新たな構文が作り出されています。したがって、構文化によって可能となる省略₂はまさに言語のダイナミズムの証といえます。

参照文献

Bréal, Michel（1900）*Semantics*, William Heinemann, London.

Brinton, Laurel J. and Elizabeth C. Traugott（2005）*Lexicalization and Language Change*, Cambridge University Press, Cambridge.

Bybee, Joan（2010）*Language, Usage and Cognition*, Cambridge University Press, Cambridge.

Bybee, Joan（2013）"Usage-based Theory and Exemplar Representations of Constructions," in Thomas Hoffmann and Graeme Trousdale（eds.）, 49–69.

Goldberg, Adele E.（2006）*Constructions at Work*, Oxford University Press, Oxford.

Goldberg, Adele E.（2013）"Constructionalist Approaches," in Thomas Hoffmann and Graeme Trousdale (eds.), 16–31.

Hoffmann, Thomas and Graeme Trousdale (eds.)（2013）*The Oxford Handbook of Construction Grammar*, Oxford University Press, Oxford.

前田満（2016）「史的構文研究」（Diachronic Studies on Constructions）学位論文（立正大学）.

Spears, Richard A.（1997）*Slang American Style*, NTC Publishing Group, Chicago.

鈴木英一・安井泉（1994）『動詞』研究社，東京.

Waldron, Ronald A.（1967）*Sense and Sense Development*, Andre Deutsch, London.

7 変幻自在な BE 動詞の謎
―文法化の視点から―

保坂道雄

1. はじめに

　BE 動詞は、英語を学び始めて程なく接する基本的な動詞です。そのため、かえってその意味や用法の詳細についてはあまり注目されないのですが、(1) に見られる BE を説明するのは、それほど簡単ではありません。

(1) a.　The capital of Japan is Tokyo.
　　b.　I think, therefore I am.
　　c.　He is watching a baseball game on TV now.
　　d.　He was awarded the Nobel Prize for literature last year.

(1a) は、典型的な SVC（名詞句 + BE + 名詞句）の文で、前者の名詞句と後者の名詞句を入れ替えて、Tokyo is the capital of Japan. とすることも可能です。しかしながら、(2) では、こうした入れ替えはできません。

(2) a.　Taro is a diligent student.
　　b. ?? A diligent student is Taro.

なぜこうした現象が見られるのでしょうか。また、This flower is beautiful. を和訳すると「この花は美しい」となり、この場合、日本語では BE を訳出しないほうが自然です。こうした BE 動詞はコピュラ（Copula）と呼ばれますが、一体どのような意味・機能を持っているのでしょうか。

128 | 第 7 章　変幻自在な BE 動詞の謎

　次に、(1b) の存在を表す本動詞の BE に関してですが、こうして単独で使用される場合はかなり限られていますが、(3a) のように、場所や時を表す副詞語句を伴う場合は頻繁に用いられます。また、(3b) のように、there を伴った存在構文にも出現します。

(3) a.　John will be here in five minutes.

　　 b.　There is a man at the door.

こうした本動詞の BE と (1a) のコピュラの BE とはどのような関係にあるのでしょうか。

　次に、(1c) と (1d) ですが、共に助動詞の BE を用いて、進行形と受動態が作られています。しかし、(4), (5) も共に、現在・過去分詞と共起する構文ですが、(4) の BE は本動詞と見なすことができ、(5) の BE はコピュラと考えられます。

(4) a.　There are three people working there.

　　 b.　There were a lot of people killed in the war.

(5) a.　The game was very exciting.

　　 b.　We were very surprised at the news.

本章では、こうした BE 動詞の変幻自在な振る舞いについて、文法化 (Grammaticalization) の視点から、その意味と構造に迫ってみたいと思います。

2.　コピュラ文と Predication

　まず、名詞句 +BE+ 名詞句の意味と構造について考えてみましょう。実は、この構文はアリストテレスの時代から話題に上り、現在の生成文法や認知言語学でも議論が絶えない、言語学上の大問題の 1 つです。またその研究の対象は、英語、ロシア語、日本語、中国語など、世界中の

2. コピュラ文と Predication　│129

言語に渡り、数多くの研究が現在も進行中です。本節では、英語に焦点を絞り、その意味と構造を生成文法の観点から再考したいと思います。

　さて、Moro（1997, 2000）、Heggie（1988）、Verheugd（1990）、den Dikken（2006）等によると、この構文は、Predicational Sentence（叙述文）と Specificational Sentence（指定文）に大別できるとしています。[1] すると、(2) は叙述文であるのに対して、(1a) は指定文として分類することができ、同構文が2つの異なる意味をもつと説明することができます。すなわち、叙述文では、後続する NP が先行する NP を説明する関係にあり、指定文では、後続する NP が先行する NP を特定する関係にあるというわけです。

　また、その構造についても諸説の議論があり、Moro（1997）では、(6) のように、Small Clause（SC）を起点とした派生を提案しています。

(6)　a.　叙述文：$[_S$ DP$_i$ $[_{VP}$ BE $[_{SC}$ t_i DP$]]]$
　　　　　$[_S$ Taro$_i$ $[_{VP}$ is $[_{SC}$ t_i a diligent student$]]]$
　　b.　指定文：$[_S$ DP$_i$ $[_{VP}$ BE $[_{SC}$ DP t_i $]]]$
　　　　　$[_S$ $[_{DP}$ the capital of Japan$]_i$ $[_{VP}$ is $[_{SC}$ Tokyo t_i $]]]$

すなわち、(6a) のように、SC 内で先行する名詞句が表層上の主語になったものが叙述文で、(6b) のように、後続する名詞句が表層上の主語になったものが指定文であるという主張です。しかし、(2) では、叙述文の派生しか許されないのに対して、(1a) では叙述文と指定文の2つの派生が可能である点については、この構造だけでは十分な説明を与えることはできません。

　den Dikken（2006）では、RP（Relator Phrase）を起点とした派生を想

---

[1]　コピュラ文の先駆的研究である Higgins（1979）では、Predicational（*Brian is a clever gay.*）、Specificational（*Brian is the culprit.*）、Identificational（*Brian is that man over there.*）、Equative（*Cicero is Tully.*）と4つに分類していますが、本研究では、Moro, den Dikken 等と同様、コピュラ文の基底構造は1つとし、派生的に2種類の構造が生まれると考えます。

130 | 第 7 章　変幻自在な BE 動詞の謎

定し、指定文における後者の名詞句を Pred と仮定し、(7) の派生を提案
しています。

(7) a.　叙述文：$[_{TP} DP_i [_{T'} R_j (BE) [_{RP} t_i [_{R'} t_j Pred]]]]$
　　　　$[_{TP} Taro_i [_{T'} is_j [_{RP} t_i [_{R'} t_j$ a diligent student$]]]]$

　　b.　指定文：$[_{TP} Pred_i [_{T'} R_j (BE) [_{RP} DP [_{R'} t_j t_i]]]]$
　　　　$[_{TP} [_{DP}$ the capital of Japan$]_i [_{T'} is_j [_{RP} Tokyo [_{R'} t_j t_i]]]]$

その際、Pred である名詞句を Reduced Free Relative (RFR) と見なし、[2]
その認可が移動の要因であるとし、叙述文と指定文の派生の違いを説明
しています。しかしながら、指定文でのみ、後者の DP が RFR となる
合理的理由付けが不十分と思われます。なお、いずれも基底構造から 2
つの名詞句（叙述文の場合は先行する名詞句で、指定文の場合は後続す
る名詞句）が移動して文が派生している点は共通しています。
　そこで、本章では、(8) の派生構造を提案したいと思います。

(8) a.　叙述文：$[_{FP} DP_{spec<top>} [_{F'} BE+F_{<top>} [_{SC} \text{~~DP}_{spec}\text{~~} DP_{non-spec}]]]$
　　　　$[_{FP} Taro [_{F'} is [_{SC} \text{~~Taro~~}$ a diligent student$]]]$

　　b.　指定文：$[_{FP} DP_{spec<top>} [_{F'} BE+F_{<top>} [_{SC} DP_{spec} \text{~~DP}_{spec}\text{~~}]]]$
　　　　$[_{FP}$ the capital of Japan $[_{F'} is [_{SC} Tokyo \text{~~the capital of Japan~~}]$

すなわち、基底の SC に NP_{spec}（特定名詞句）+ $NP_{non-spec}$（非特定名詞句）
をもつ文では、[3] (8a) のように、機能投射構造（Functional Projection, 以
下 FP）の主要部の topic 素性を照合するために、先行する特定名詞句
が FP の指定部に移動する派生しか許されずに叙述文の読みとなります

---

[2]　つまり、(7b) では、SpecTP に移動する DP (Pred) を、(what) the capital of Japan (is)
と想定しています。

[3]　なお、特定名詞句は必ずしも限定的 (definite) というわけではありません。たとえ
ば、*An excellent doctor is Brian.* の an excellent doctor は、**A girl is Jane.* の a girl とは
異なり、特定名詞句となります。詳細は、den Dikken (2006: 91) 参照。

が、SC に NP$_{spec}$（特定名詞句）＋ NP$_{spec}$（特定名詞句）をもつ文では、(8b)
に示すように、後続する DP も特定名詞句のため、FP の指定部に移動
でき、結果として、指定文の解釈が可能となると考えられるわけです。
なお、(9) のように、2 つの DP$_{spec}$ のうち、先行するものが FP の指定部
に移動すると、叙述文になると考えられ、den Dikken の RFR の分析が
不要になります。

(9)　$[_{FP}$ DP$_{spec<top>}$ $[_{F'}$ be+F$_{<top>}$ $[_{SC}$ ~~DP$_{spec}$~~ DP$_{spec}$]]]

　　　$[_{FP}$ Tokyo $[_{F'}$ is $[_{SC}$ ~~Tokyo~~ the capital of Japan]]]

　さて、Moro や den Dikken では、BE そのものの特性については議論
せず、時制辞が具現化した虚辞としての扱いをしています。確かに、現
代英語においては、通常意味の無いコピュラとして扱われていますが、
(10) の日本語のコピュラ文と比較すると興味深い点が見られます。

(10)　東京は日本の首都である。

この「ある」という動詞は、本来存在を表す動詞で、「東京＝日本の首
都という状態が存在する」という意味に解釈できます。すると、英語の
BE も本来は存在を表す動詞ですので、(11) のような基底構造からの派
生を想定することが可能と思われます。

(11)　$[_{VP}$ $[_{SC}$ DP$_1$ DP$_2$] BE] $>$ $[_{FP}$ $[_{F'}$ BE $[_{SC}$ DP$_1$ DP$_2$]]]^4

すなわち、「DP$_1$ ＝ DP$_2$ という状態が存在する」という構文であったも
のから、BE 動詞の文法化（意味の希薄化および機能語への変化）を経
て、BE は FP の主要部として再分析され、(8) に示す叙述文および指定
文の構造が創発したというわけです。

4　本章では、初期の英語の基底語順を Head-final と想定しています。

また、こうした BE 動詞の文法化は、can や may のような法助動詞の文法化と平行的であることが、(12) からわかります。

(12) a. 法助動詞の文法化

$[_{VP} \text{DP} [_{VP} \text{V}] \text{CAN/MAY}] > [_{FP} \text{DP} [_{F'} \text{CAN/MAY} [_{VP} \text{D\!P\ V}]]]$

b. BE 動詞の文法化

$[_{VP} [_{SC} \text{DP}_1 \text{DP}_2] \text{BE}] > [_{FP} \text{DP}_1 [_{F'} \text{BE} [_{SC} \text{D\!P\!_1} \text{DP}_2]]]$

$[_{FP} \text{DP}_2 [_{F'} \text{BE} [_{SC} \text{DP}_1 \text{D\!P\!_2}]]]$

つまり、法助動詞 CAN/MAY の場合は、元々能力を表す本動詞として補部に VP を取っていたものが、文法化の結果、文の法性を明示する FP の主要部として再分析されたと考えられ、BE 動詞の場合は、存在を表す本動詞として補部に SC を従えていたものが、文法化の結果、文の叙述関係を明示する FP の主要部として再分析されたと考えられるというわけです。

こうした観点に立つと、次節以降の進行形や受動態の BE もまた、一連の文法化の結果として統一して説明することが可能となります。

3. 進行形の文法化

本節では、英語の進行形の通時的発達について、BE 動詞の文法化という視点から再考しみたいと思います。

ところで、古英語に進行形は存在していたのでしょうか。実際、BE+現在分詞（〜 ende）の構文は頻繁に出現します。しかしながら、これが現代英語の進行形にあたるか否かについては、英語史研究者の間にもさまざまな意見があります。(13) の Ringe & Taylor (2014) では、確かに古英語にこの構文はあったが、その意味は必ずしも現代英語と同一ではないと述べ、(14) の Los (2015) では、こうした構文は進行形の文法化を予示するものであるが、現代英語に見られる永続的意味から一時的進行状態を区別する方法としては、まだ確立していなかったと述べており

3. 進行形の文法化　|133

ます。

(13)　A form consisting of *beon/wesan* 'be' (less often *weorþan* 'become')
and the present participle occurs in OE, (...) Despite the surface
similarity to the PDE construction, the semantics is not necessarily
identical.　　　　　　　　　　　　　　　（Ring & Taylor (2014: 428)）

(14)　There are instances in Old English that appear to prefigure the rise
of a grammaticalised progressive, a periphrasis of the auxiliary *be*
followed by a present participle in *–ende* in Old English. (...) But
where the progressive in PDE marks off ongoing situations from
habits and general truths, this was not the case in Old English.

（Los (2015: 78)）

実際、(15) は、「彼らは狩りをしていた」という進行形の一時的意味で
はなく、「彼らは狩りで生活していた」、すなわち「彼らは猟師であっ
た」という永続的意味に解釈できます。

(15)　Hie　wæron　huntende.
they　were　hunting
"they were hunters."

また、(16) の新約聖書の各時代の英語訳（以後、例文中の a は古英語
のウエストサクソン福音書（1000 年頃）、b は中英語のウィクリフ聖書
（1382 年）、c は初期近代英語の欽定訳聖書（1611 年）、d は現代語訳聖
書を示します）を比較すると、d の現代英語からわかるとおり、眼前で
生じる出来事を進行形を用いて表現していますが、初期近代英語以前
は、いずれも単純現在形が用いられていることがわかります。こうした
点を考慮すると、古英語では進行形が確立していなかったと言えるかも
しれません。

134 | 第 7 章　変幻自在な BE 動詞の謎

(16)　　John 20.13

    a.　Hi　cwædon to hyre, wif,　　hwi　wepst þu?

       they said　　to her　woman why weep you

    b.　And thei seien to hir, Womman, what wepist thou?

    c.　And they say unto her, Woman, why weepest thou?

    d.　They said to her, "Woman, why are you weeping?"

しかしながら、(17) のルカ伝の例では、現代英語と同様に、古英語で
も BE+ 現在分詞が用いられており、あたかも進行形が存在するように
感じられます。

(17)　　Luke 13.10

    a.　Ða　wæs he restedagum on hyra gesamnunge lærende.

       then was　he on sabbath　in　their synagogues teaching

    b.　And he was techinge in her synagoge in the sabatis.

    c.　And he was teaching in one of the synagogues on the sabbath.

    d.　Now he was teaching in one of the synagogues on the sabbath.

確かに、(17a) は、「安息日に彼 (イエス) はユダヤの会堂で教えていた」
という意味で、現代英語でも was teaching と進行形になっています。し
かし、(18) のマルコ伝の例では、同じ læran という動詞が使用されてい
ますが、現代英語では過去形であるのに対して、古英語では BE+ 現在
分詞が使われています。

(18)　　Mark 1.22

    a.　soðlice he wæs hi　lærende swa se þe　anweald

       truely　he was　them teaching as　he who authority

       hæfð, næs　　swa boceras.

       has　was-not as　scribes

    b.　for he tauȝte hem, as he that hadde power, and not as scribis.

c. for he taught them as one that had authority, and not as the scribes.

d. for he taught them as one having authority, and not as the scribes.

　その際、（18a）は「彼は律法学者のようにではなく、権威あるものとして彼らを教えた」と永続的事実を示しており、こうした状況が古英語のBE+現在分詞の構文としての意味の判断を難しくしていると考えられます。

　さて、Hogg & Denison（2006）等では、古英語のBE+現在分詞の構文は、Appositive, Verbal, Adjectival, Nominal の4つに分類できることが提案されています。

（19）　Appositive

Þa　wæron　hyrdas　　on　ðam　earde　waciende
then were　shepherds in　that　region　waking

ofer　heora　eowde
over　their　flock

'there were shepherds then in that region guarding their flock'

（ÆCHom I, 2 190.21; Hogg & Denison（2006））

（20）　Verbal

. . . hit God　siþþan　longsumlice　wrecende　wæs . . .
　　it　God　then　long　　avenging　was

'... and God avenged this ［on him and his family］ for a long time'

（Or 2 1.35.30; ibid.）

（21）　Adjectival

Næs　　him　cild　gemæne:　　for þan ðe　elisabeð
not-was　them　child　in-common　because　Elizabeth

wæs　untymende
was　unteeming

'they did not have a child together because Elizabeth was barren'

（ÆCHom I, 25 379.7; ibid.）

（22）　Nominal

forþon ...　God　his　**bið**　**wrecend.**

because　*God*　*of-it*　*will-be*　*avenger*

'because ... God will avenge it'

（ThCap（Sauer）35.373.8; ibid.）

　（19）の Appositive は、「～している状態で存在する」という最も原義に近いもので、その例は「羊飼いたちがその地で羊の群れを見張っていた」という意味となり、BE 動詞は存在動詞として解釈できます。（20）の Verbal は現代英語の進行形に近い用法で、その例は、「長く神はそのことに対し罰を与えていた」という意味となり、BE 動詞の存在の原義はかなり薄らいでいます。（21）の Adjectival は現在分詞が形容詞的に、（22）の Nominal は名詞的に解釈できるものとなりますが、いずれも BE 動詞をコピュラとして捉えることができます。なお、（21）の例は、「彼らには子がなかった。というのもエリザベスは子を産めなかったからだ」という意味で、子を産む意味する tieman という動詞の現在分詞形ですが、un という接頭辞がついており、形容詞的であることがわかります。また、（22）の例は、「なぜなら神はそれを罰するつもりでいるからである」という意味となりますが、代名詞の属格形 his が用いられていることで、wrecend が名詞的であると考えられます。

　さて、こうした古英語の 4 つの構造と現代英語の進行形はどのような関係にあるのでしょうか。まず 1 つ大切な点は、（17）および（18）の例で示したように、古英語の BE ＋現在分詞の構文は、現代英語の進行形とは異なり、永続的意味と一時的意味の双方を表すことが可能で、その意味の決定は文脈によるということです。これはまだ、BE が Aspect Marker としては確立しておらず、Appositive または Verbal な構造であったと想定することにより説明することができます。

　こうした点を考慮すると、（23）のような BE 動詞の文法化の過程を想定することが可能です。

(23)　第 1 段階（Appositive）

$[_{FP} NP [_{F'} BE+F_{<top>} [_{VP} [_{SC} \text{NP} PrP] \text{BE}]]]^5$

　　　第 2 段階（Adjectival/Nominal/Verbal）

$[_{FP} NP [_{F'} BE+F_{<top>} [_{AP/NP/VP} \text{NP} PrP (=A, N, V)]]]$

　　　第 3 段階（Progressive）

$[_{FP} NP [_{F'} BE+F_{<top>} [_{FP} \text{NP} [_{F'} \text{BE}+F_{<Prog>} [_{VP} \text{NP} PrP (=V)]]]]]$

　まず、Appositive 構造を第 1 段階の出発点と想定し、そこでの BE は、存在を表す本動詞であると考えられます。つまり、「NP＝PrP が存在する」という意味を中核にした構造であり、場合により NP が主題化され文頭に移動すると同時に BE もまた、主題化を可能とする FP の主要部に移動すると考えられます。なお、この時、他の副詞語句が文頭に移動する可能性もあり、(19) のような文が派生されたと考えます。また、(4a) のような現代英語の存在構文と進行形の融合形（There are three people working there.）は、こうした構造の名残であると考えられます。

　次に、第 2 段階の Adjectival/Nominal/Verbal の構造ですが、これは、BE が文法化し、SC が PrP を主要部とする構造になった際に、PrP がその特性に応じて、A, N, V に再分析されたものと考えられます。なお、(21) のような Adjectival の構文は、PrP が Adj として再解釈された結果であり、現代英語の (5a) のような例（The game was very exciting.）にその跡を留めていると考えられます。また、PrP が V として再解釈されることにより、中英語期に見られる他動詞構文への拡張や一時的意味への特化という傾向も強まったものと考えられ、この構造を橋渡しとして、第 3 段階の進行形へとつながるものと考えられます。

　こうして、Progressive 構造の段階では、BE は Aspect の素性を担う FP の主要部として再分析されたものと考えられ、現代英語の進行形の構造が確立したものと想定されます。

5　PrP は現在分詞（Present Participle）、PP は過去分詞（Past Participle）を表すこととします。

138 | 第 7 章　変幻自在な BE 動詞の謎

4.　受動態の文法化

　次に、受動態の文法化について考えてみたいと思います。古英語には
3 つの受動態が存在していました。(24) の屈折受動態、(25) の beon/
wesan 受動態、(26) の weorþan 受動態です。

(24)　Ic hatte　　　albanus.

　　　I　am-called　Albanus

　　　"I am called Albanus."

(25)　ne bið þær　nænig　ealo gebrowen mid　　Estum,

　　　or is　there not-any ale　brewed　　among Estonians

　　　"there is no ale brewed among Estonians."

(26)　ðone pytt　　ðe　　he　on　aworpen wearð

　　　the　　abyss　that　he　into　cast　　was

　　　"the abyss that he was cast into"

　なお、本節では、現代英語の受動態（BE+ 過去分詞）の確立という視点
から、(25) の beon/wesan 受動態を中心に考察します。

　さて、興味深い点として、古英語の beon/wesan 受動態もまた、BE+
現在分詞と同様に、4 種類の構文（App, Verbal, Adjectival, Nominal）が
想定されるということです。まず、Appositive の (27) の例ですが、「崩
されずに石の上に積み上げられる石などない」と、存在の意味が感じら
れます。

(27)　　Matthew 24.2

　　a.　Ne bið her　læfed stan　uppan stane þe　ne　beo

　　　　not be　here left　stone upon　stone that not　be

　　　　toworpen.

　　　　destroyed

　　b.　a stoon schal not be left here on a stoon, that ne it schal be destried.

c. There shall not be left here one stone upon another, that shall not be thrown down.

d. there will not be left here one stone upon another, that will not be thrown down.

なお、BE+ 現在分詞の場合と同様に、受動態の Appositive も、欽定英訳聖書や現代英語訳では、(27d) のように there 存在文になることが多いようです。

次に、Verbal の場合ですが、(28) に見られるように、いわゆる動作動詞と共起し、動作主を明示する前置詞句もしばしば表れます。

(28)　　Matthew 3.6

a. And hi   wæron gefullode on Iordane fram him,
   and they were   baptized   in Jordan by   him

b. and thei weren waischun of hym in Jordan,

c. And were baptized of him in Jordan,

d. and they were baptized by him in the river Jordan,

(28a) では、wæron gefullode、すなわち、were baptized となり、動作主を示す fram him が後続しています。

次に、(29) は Adjectival、(30) は Nominal の用例となります。

(29)　　John 18.15

a. Se oðer leorningcniht wæs ðam bisceope cuð,
   the other disciple   was to the bishop   known

b. and thilke disciple was knowun to the bischop.

c. that disciple was known unto the high priest,

d. Since that disciple was known to the high priest,

140 | 第 7 章　変幻自在な BE 動詞の謎

(30)　　John 18.16

a.　Þa　eode se　leorningcniht ut　þe　wæs
then went the disciple　　　*out that was*
bisceopes <u>cuða</u>,
bishop's　acquaintance

b.　the tother disciple, that <u>was</u> <u>knowun</u> to the bischop,

c.　Then went out that other disciple, which <u>was</u> <u>known</u> unto the high priest,

d.　So the other disciple, who <u>was</u> <u>known</u> to the high priest, went out

(29a) の cuð は本来 cunnan の過去分詞で、ここでは、与格 ðam bisceope が先行していることで形容詞的であることがわかります。また、(30a) の cuða も、cunnan の過去分詞からの派生と考えられますが、属格 bisceopes が先行していることで名詞的であるとわかります。

　さて、こうした 4 つの beon+ 過去分詞の構造は、いかに形成され、現代の受動態につながるのでしょうか。(31) はその文法化の過程を示したものです。

(31)　第 1 段階（Appositive）
$[_{FP}$ NP $[_{F'}$ BE+F$_{<top>}$ $[_{VP}$ $[_{SC}$ ~~NP PP~~] ~~BE~~]]]
第 2 段階（Adjectival/Nominal/Verbal）
$[_{FP}$ NP $[_{F'}$ BE+F$_{<top>}$ $[_{AP/NP/VP}$ ~~NP~~ PP (=A, N, V)]]]
第 3 段階（Passive）
$[_{FP}$ NP $[_{F'}$ BE+F$_{<top>}$ $[_{FP}$ ~~NP~~ $[_{F'}$ ~~BE~~+F$_{<Pass>}$ $[_{VP}$ ~~NP~~ PP (=V)]]]]]

興味深いことに、文法化する過程が進行形と平行的であることがうかがえます。つまり、出発点となる構造を第 1 段階の Appositive と考えることにより、「NP=PP という状態が存在する」という意味をもつ構造から始まったと想定し、その際やはり、NP を主題化した文や場所・時等の副詞語句が主題化した文が生み出されるのですが、(27a) はその典型

5. BE 動詞の文法化 | 141

的な例であると考えられます。なお、現代英語の (4b) の例 (There were a lot of people killed in the war.) はこうした構文の名残であると思われます。また、第 2 段階の Adjectival/Nominal/Verbal では、PP が A, N, V として再解釈されることにより、$F_{<top>}$ の補部に AP, NP, VP が現れることとなり、(28)、(29)、(30) のような文が生まれたと考えられます。なお、現代英語の (5b) のような過去分詞の形容詞用法の例 (We were very surprised at the news.) もこの構文がその跡を留めたものと考えられます。また、PP が V として再解釈されることにより、動作受身の使用範囲が拡張し、現代英語に見られる多様な受動態が発達したと考えられ、構造的には、第 3 段階で、passive の素性を主要部にもつ FP が出現し、その主要部として BE が再分析されたものと考えられるわけです。

5. BE 動詞の文法化

以上、存在を表す本動詞の BE からコピュラの BE を経て、進行形や受動態の中核となる助動詞 BE への文法化の過程を見てきました。(32) はその過程をまとめたものです。

(32) a. コピュラ文の文法化

$[_{VP} [_{SC} DP_1 DP_2] BE] >$

叙述文：$[_{FP} DP_1 [_{F'} BE [_{DP} \overline{DP_1} DP_2]]]$

指定文：$[_{FP} DP_2 [_{F'} BE [_{DP} DP_1 \overline{DP_2}]]]$

b. 進行形の文法化

$[_{FP} NP [_{F'} BE+F_{<top>} [_{VP} [_{SC} \overline{NP} PrP] \overline{BE}]]] >$

$[_{FP} NP [_{F'} BE+F_{<top>} [_{AP/NP/VP} \overline{NP} PrP (=A, N, V)]]] >$

$[_{FP} NP [_{F'} BE+F_{<top>} [_{FP} \overline{NP} [_{F'} \overline{BE}+F_{<Prog>} [_{VP} \overline{NP} PrP (=V)]]]]]$

c. 受動態の文法化

$[_{FP} NP [_{F'} BE+F_{<top>} [_{VP} [_{SC} \overline{NP} PP] \overline{BE}]]] >$

$[_{FP} NP [_{F'} BE+F_{<top>} [_{AP/NP/VP} \overline{NP} PP (=A, N, V)]]] >$

$[_{FP} NP [_{F'} BE+F_{<top>} [_{FP} \overline{NP} [_{F'} \overline{BE}+F_{<Pass>} [_{VP} \overline{NP} PP (=V)]]]]]$

すなわち、BE動詞が、存在を表す本動詞から、叙述文および指定文を形成するコピュラとなり、やがて、相や態を表すFPの主要部として再分析されたと考えられます。[6] こうして、現代英語の変幻自在に見えるBEは、英語の通時的変化である文法化の結果でき上がったものと説明することができるわけです。

本章は、北海道大学言語学セミナー（2016年3月7日）での講義、及び名古屋大学英文学会第55回大会（2016年4月16日）での講演に加筆修正を加えたものです。有益なコメントを頂いた聴衆の皆様に心より感謝致します。なお、本研究は、文部科学省研究費補助金　基盤研究（C）（課題番号17K02824）及び新学術領域研究（領域番号4903、課題番号17H06379）の助成を受けたものです。

参照文献

Dikken, Marcel den（2006）*Relators and Linkers: The Syntax of Predication, Predicate Inversion, and Copulas*, MIT Press, Cambridge, MA.

Heggie, Lorie（1988）*The Syntax of Copular Structures*, Unpublished doctoral dissertation, University of Southern California.

Hogg, Richard and David Denison（2006）*A History of the English Language*, Cambridge University Press, Cambridge.

Los, Bettelou（2015）*A Historical Syntax of English*, Edinburgh University Press, Edinburgh.

Moro, Andrea（1997）*The Raising of Predicates: Predicative Noun Phrases and the Theory of Clause Structure*, Cambridge University Press, Cambridge.

Moro, Andrea（2000）*Dynamic Antizymmetry*, MIT Press, Cambridge, MA.

Ringe, Don and Ann Taylor（2014）*The Development of Old English*, Oxford University Press, Oxford.

Verheugd, Els（1990）*Subject Arguments and Predicate Nominals: A Study of French Copular Sentences with Two NPs*, Rodopi, Amsterdam.

---

[6] 本章では、コピュラとなったBE動詞を中心とする構造を$F_{<top>}$を主要部とする機能投射構造と仮定していますが、これをPredPと見なすことも可能です。すなわち、Predを主要部とし主語が義務的になる構造で、その出現の契機として虚辞のitやthereの出現を予想することも可能になります。今後、より緻密な分析が必要となる問題であると考えています。

8 Mary smiled a merry smile. は 「陽気な微笑みを微笑んだ」？
―同族目的語構文の特性と意味解釈―

堀田優子

1. はじめに

　英語には、Mary smiled a merry smile. のように、文の形は「主語－動詞－目的語」の他動詞文の形をとっていながら、その形式においても、その意味においても、普通の他動詞文とは異なる特徴をもつ表現があります。上記の動詞 smile は自動詞であり、通常、目的語をとることはできません。そのうえ、目的語には、動詞と同形の名詞 smile をとっています。また、意味においても、普通の他動詞文とは異なり、上記の例文は「メアリは陽気な微笑みを微笑んだ」という意味ではなく、「メアリは陽気に微笑んだ」という意味になります。このように、動詞と形態的に同族の名詞（cognate noun）を目的語にとる、この種の構文は、「同族目的語構文（cognate object construction）」と呼ばれています。

　本章では、英語の同族目的語構文を取り上げ、その統語的、意味的特徴を述べたあと、同族目的語の解釈がどのようになされているのか、そして、その解釈が同族目的語構文とその受動文の容認性とどうかかわるのかについて、認知文法の観点から述べていきます。

2. 同族目的語構文の特性

2.1 構文に現れる自動詞

　（1）のような同族目的語構文には、普通の他動詞文とは大きく異なる特徴がみられます。

144 | 第 8 章　Mary smiled a merry smile. は「陽気な微笑みを微笑んだ」？

(1) a.　Mary **smiled** <u>a merry smile</u>.「メアリは陽気に微笑んだ」

　　 b.　Susan **slept** <u>a sound sleep</u>.　「スーザンはぐっすり眠った」

　　 c.　Bill **lived** <u>a happy life</u>.　　　「ビルは幸せに暮らした」

　まず、この構文に現れる動詞は、(2) に示すように、動詞の同族名詞以外の名詞句を目的語として自由にとることができず、基本的には自動詞であると考えられます。

(2) a.　*Mary smiled me.

　　 b.　*Susan slept the baby.

　　 c.　*Bill lived an old man in the forest.

なかでも、構文に生起できるのは、非能格動詞 (unergative verb) だけであり、(3) に示すように、非対格動詞 (unaccusative verb) は生起できないと主張する多くの先行研究があります (Keyser and Roeper (1984), Massam (1990), Levin and Rappaport Hovav (1995) など)。[1]

(3) a.　*The glass broke a crooked break.

　　 b.　* The apples fell a smooth fall.

　　 c.　* Phyllis existed a peaceful existence.

　　　　　　　　　 (Levin and Rappaport Hovav (1995: 40, 148–152))

---

[1]　Perlmutter (1978)、Perlmutter and Postal (1984) では、自動詞を「非能格動詞」と「非対格動詞」の 2 つに分けています。非能格動詞には、動作主 (Agent) を主語としてその意図的な行為を表す動詞 (smile, laugh, walk など) や、経験者 (Experiencer) を主語とした非意図的な生理現象を表す動詞 (sneeze, cry など) が含まれます。一方、非対格動詞には、主題 (Theme) (または被動作主 (Patient)) を主語とした非意図的な状況を表す動詞 (break, faint, fall など) や、主語の存在や出現を表す動詞 (exist, arrive, appear など)、形容詞やそれに相当する状態動詞、start や stop などのアスペクト動詞、glow や smell などの非意図的な発散を表す動詞、last や remain などの継続動詞などが含まれます。

確かに、同族目的語構文には、主語の意図的な（コントロール可能な）行為や非意図的な生理現象を表す非能格動詞が現れます。しかし、非対格動詞に分類されている動詞でも、同族目的語構文に現れる場合があります。たとえば、動詞 die は、「死ぬ」という非意図的な事態を表しているため、一般に非対格動詞に分類される動詞ですが、以下のように、同族目的語構文によく用いられます。[2]

(4) a. My grandfather **died** a natural **death**.　　(Horita (1996: 242))
　　　「私の祖父は自然死を遂げた（天寿を全うした）」

　　b. Your son **died** a soldier's **death** in the cause of democracy. (*ibid.*)
　　　「あなたの息子は民主主義運動のために戦死した」

さらに、高見・久野（2002）では、die 以外にも、無生物主語をとる一部の非対格動詞（grow, drop, fall, blow, slide, bounce など）が同族目的語を伴うことができると指摘しています。

(5) a. The tree **grew** a century's **growth** within only ten years.
　　　　　　　　　　　　　　　　　　（高見・久野（2002: 142））
　　　「その木はわずか10年で100年分成長した」

　　b. The stock market **dropped** its largest **drop** in three years today.
　　　「株式市場は今日 3 年間で最も大きく下落した」　　　　　（*ibid.*）

　　c. The apples **fell** just a short **fall** to the lower deck, and so were not too badly bruised.　　　　　　　　　　　　　　　　　（*ibid.*）
　　　「リンゴは下甲板にちょっとこぼれ落ちただけだったので、それほどひどくは傷がつかなかった」

---

[2]　Macfarland（1995）によれば、収集した同族目的語構文の実例 2000 例の中で、die が出現数の多い上位 5 つの動詞の中に入っています（live（420 例）, smile（176 例）, sing（148 例）, tell（144 例）, die（113 例））。こうした特徴から、動詞 die は非対格動詞ではなく非能格動詞であると主張する研究（Larson（1988）, Macfarland（1995））もあり、動詞 die の扱いが問題となっています。

こうした例は、非能格動詞しか同族目的語構文に現れないと主張する研究者にとっては反例となりますが、実際、(5) の例は作例であり、die 以外の非対格動詞を使った同族目的語表現は極めて稀です。[3] どうしてこのような非対格動詞の同族目的語構文が特殊なのか、その理由については、同族目的語の解釈の観点から、4.2 節で探ることにします。

2.2 構文に現れる目的語

次に、構文の目的語位置に現れる名詞句の特徴を見てみましょう。まず、同族目的語構文では、動詞と形態的に同族の名詞が目的語として現れます。さらに、その同族名詞に、通常は何らかの修飾語句が必要となります (Jespersen (1933), Rice (1988), Massam (1990) など)。[4]

(6) a. *Willy sneezed {a/the} sneeze.
b. *The actress smiled {a/the} smile.   (a, b は Rice (1988: 209))

また、(7) (8) に示すように、修飾要素を伴った同族目的語構文の意味は、同族名詞を修飾する形容詞と対応する副詞を伴った自動詞文とほぼ同義であるとされています (岩倉 (1976)、Jones (1988) など)。

(7) a. Susan **slept** a **sound** sleep. (= (1b))
b. Susan **slept soundly**.
「スーザンはぐっすり眠った」
(8) a. When he saw me he **grinned** a **wide toothy** grin.   (BNC)[5]

---

[3] 大室 (2004) によれば、高見・久野 (2002) で挙げている上記の非対格動詞 (grow, drop, fall, blow, slide, bounce) のうち、大規模コーパス Bank of English で見つかった例は、drop が同族目的語をとる 1 例のみであったと報告されています。

[4] I dreamed a dream. のように、同族目的語に何も修飾語がつかない場合の不自然さに関して、Jespersen (1933: 234–235) は、次のように述べています。"I very much doubt the occurrence in natural speech of such combinations; the object would be inane and add nothing to the verbal notion."

[5] BNC: British National Corpus

2. 同族目的語構文の特性 | 147

b. (...) he **grinned widely and toothily**.

「彼は（私を見かけると）歯を大きく見せてニカッと笑った」

しかし、(7b) や (8b) のような副詞による言い換えが常に可能なわけではありません。(9) に示すように、同族目的語表現と副詞による言い換えでは意味が異なる場合や、(10) のように、同族名詞の修飾内容が豊富で、それに対応する副詞が存在しない場合があります。

(9) a. Mary **dreamed** a **strange** dream. （岩倉 (1976: 61)）

「メアリは奇妙な夢を見た」

b. *Mary **dreamed strangely**. (*ibid.*)

「*メアリは奇妙に夢を見た」

(10) a. Willy **sneezed** a **sneeze that would wake up the dead**.

(Rice (1988: 209))

「ウィリーは死者を起こしてしまいそうなくしゃみをした」

b. The actress **smiled the smile of a temptress**. (*ibid.*)

「その女優は妖婦の微笑みを浮かべた」

c. Tessa stopped crying and **sighed a deep, uncontrollable sigh like a yawn**. (BNC)

「テッサは泣き止んで、あくびのような抑えきれない深い溜息をついた」

また、拡張パターンとして、目的語の主要部名詞がそもそも同族名詞ではない実例も、数は少ないですが存在します。

(11) a. We have **slept** the enchanted **slumber**, the Draoicht Suan, for many centuries. (BNC)

「私たちは何百年も魔法にかけられたように、いわば「魔法の眠り」のように眠っていた」

b. When he saw her, he **smiled** that lazy, happy **grin**.

（Debbie Macomber, *The Shop on Blossom Street*）

「彼は彼女を見かけると、嬉しそうに例の気怠い笑みを浮かべた」

たとえば、（11a）では、動詞 sleep が同族ではない名詞 slumber を、（b）では、動詞 smile が名詞 grin を目的語にとっています。ただし、（a）の名詞 slumber「うたた寝」は、動詞 sleep の同族名詞 sleep「睡眠」の一種であり、（b）の grin「歯を見せる笑い」も、動詞 smile の同族名詞 smile「微笑み」の一種とみなすことができます。このように、同族名詞以外の名詞をとる場合は、通常の同族名詞が修飾要素を伴ってその意味が特定化されるのと同じように、その名詞自体が動詞に対応する同族名詞の意味を特定化していると考えられます（堀田 2005）。

　実際には、副詞で単純に言い換えが可能な場合だけでなく、副詞では言い換えができない、多様な修飾表現を伴う同族目的語が現れます。つまり、同族目的語構文によって、副詞を伴った自動詞文よりも、動詞が示す行為をより豊かにより詳しく示すことができるようになり、こうした構文が用いられる動機づけにもなっていると考えられます。

3.　認知文法からみた同族目的語構文

3.1　他動詞構文のプロトタイプとスキーマ

　Langacker（1987, 1991）の提唱する認知文法では、言語には私たち人間の事態認知のあり方が直接反映されていると想定します。つまり、ある言語形式の意味は、客観的な状況から一義的に決まるものではなく、言語形式と意味の間には、概念化者（話し手・聞き手）のその状況に対する解釈（construal）や見方（perspective）といった主体的な側面（認知プロセス）が反映されると考えます。また、「名詞」や「動詞」、「主語」や「目的語」といった文法範疇もすべて、概念的・意味的基盤をもつカテゴリーであると考えられており、「主語」と「目的語」という基本的な文法関係を含む他動詞文も、プロトタイプ（prototype）とスキーマ

（schema）の両面から特徴づけられます。[6]

　外界の事態を参与者間のエネルギー伝達の観点から捉える認知モデル、アクション・チェイン（action chain）モデルでは、他動詞（break, kill, hitなど）が表す事態のプロトタイプは、「動作主（Agent）が被動作主（Patient）へエネルギー伝達し、そのエネルギーを受けて被動作主が状態変化（または位置変化）を引き起こすような事態」であると考えられます。そして、その事態内で1番際立つ参与者（トラジェクター（trajector: tr））である動作主が他動詞の主語として、2番目に際立つ参与者（ランドマーク（landmark: lm））である被動作主が直接目的語として選択されます（例：*John*（tr）broke *the window*（lm）.）。このような事態を表す他動詞は、他動性（transitivity）が最も高いといえます。[7]

　また、他動詞節で示される事態には、see, hear などで表される知覚行為や、resemble, intersect などの対称関係も含まれますが、これらの動詞で表される事態には、参与者間のエネルギー伝達や、被動作主の状態変化はありません。したがって、他動詞節で表される事態のプロトタイプからずれていくにしたがって、他動性は低くなっていきます。

　そうして、それらすべての他動詞節が共有するスキーマは、「1番際立つ参与者（トラジェクター）が主語であり、2番目に際立ちが与えられた参与者（ランドマーク）が直接目的語である事態」といった、最も抽象的なものになります。

---

[6]　Langacker（1987, 1991）のカテゴリー観では、カテゴリーの中心例・典型例とみなされる「プロトタイプ」（Rosch 1978）と、「スキーマ」（プロトタイプとその拡張とみなされる事例との間に抽出される共通性・一般性）を設定し、プロトタイプとその拡張事例、および抽出されたスキーマからカテゴリーを特徴づけるアプローチをとっています。

[7]　他動性（transitivity）とは、他動詞と自動詞を二分して考えるのではなく、他動詞と自動詞を連続したものとして捉える概念です。Hopper and Thompson（1980）や Rice（1987）によって、他動性を特徴づけるいくつかの条件が提示されています。すべての条件を満たすプロトタイプ的な他動詞は他動性が最も高く、条件を満たさないプロトタイプ的な自動詞は他動性が最も低いとされ、他動詞であっても、どの条件をどれだけ満たすかによって、他動性の高さ（低さ）が決まります。

3.2 同族目的語構文のスキーマ

2.2 節で述べたように、同族目的語構文においては、通常、目的語位置に同族名詞（動詞派生名詞）が現れます。Langacker（1991）では、動詞派生名詞は、完了相動詞が表すプロセスの時間の解釈を捨象して、1つのモノ（出来事）として捉えた「エピソード的名詞（episodic noun）」であると考えます。[8] こうした考えでは、動詞派生名詞と動詞の違いは、意味内容ではなく、「捉え方（construal）」の違いということになります。そして、このようにプロセスをモノ化した名詞を目的語にとる同族目的語構文のスキーマを図1のように表しています。

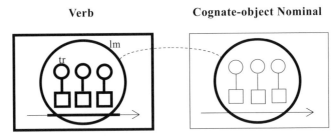

図1 同族目的語構文のスキーマ（Langacker（1991: 364））

同族目的語構文に現れる自動詞の場合、その動詞が表す事態の参与者は動作主だけであり、それは主語として示されます。図1の動詞の意味構造では、その動作主が1番際立つ参与者（小さい〇）として示されています。さらに、「エピソード的名詞」である同族目的語にも際立ちが与えられて（太線で表示）、それが動詞のランドマーク（lm）として組み込まれています。（図中の破線は、同族目的語に現れる同族名詞が、動詞が表すプロセスのモノ化（名詞化）であることを示しています。）

英語の他動詞文の場合、他動性の違いはあるものの、基本的には、参

---

[8] エピソード的名詞は、同族目的語構文だけに現れるわけではなく、軽動詞構文（light verb construction）で用いられる基本動詞（have, take, make, give など）をはじめ、さまざまな動詞と共起します（例：take a walk, make a throw, receive a nudge など）。詳しくは、Langacker（1991: 24）を参照のこと。

与者間のある種の相互関係を意味するので、主語と目的語で表される参与者に際立ちがあることは動詞の意味から保証されています。しかし、自動詞と共起している同族目的語の場合、構文のランドマークとしての際立ちは、自動詞の意味から想定できるものではありません。動詞の表す意味内容と同族名詞の表す意味内容にほとんど違いがなく、基本的に同じであるとすると、動詞との意味の違いを作り出し、構文のランドマークとしての際立ちを保証するものは、同族名詞に加えられた何らかの情報ということになります。[9] そのため、同族名詞にさまざまな修飾語句がついた形で目的語位置に生起するのだと考えられます（堀田 (2005: 74–76)）。このように、同族目的語構文は、行為を表す自動詞の後ろに、たまたまそれを言い換えた名詞句が続いているのではなく、自動詞が表す行為をその同族名詞句を用いて詳細に述べるという特別な意味機能と、同族名詞句を際立つ参与者の 1 つ（ランドマーク）として直接目的語位置におく他動詞構文の形式がうまく結びついた文法構文であるといえます。

4.　同族目的語構文の意味解釈

4.1　同族目的語の 2 つの解釈

前節で見たように、Langacker (1991) では、同族目的語構文の目的語位置に現れる同族名詞は、動詞のプロセスを 1 つの出来事（モノ）と捉えた「エピソード的名詞（episodic noun）」であると考えます。つまり、

---

[9]　同族名詞に十分な修飾要素がない場合でも、同族目的語の際立ち（動詞の意味との違い）が、コンテクストから与えられる場合があります。

　(i)　　As he knew it must be another bibliophil he said nothing but **smiled a smile**.

（大室 (2004: 146)）

　　　「別の愛書家にちがいないと思ったので、彼は何も言わず、単に微笑んだだけだった」

ここでは、同族名詞 smile に不定冠詞以外の修飾語句をつけないことが、かえって、何の特徴もない、形だけの微笑みであったことを強調しています。この場合、コンテクストから目的語の際立ちが保証されるので、(i) は容認可能となります。

152 | 第 8 章　Mary smiled a merry smile. は「陽気な微笑みを微笑んだ」？

同族名詞は、動詞の表すプロセス的側面と名詞の表すモノ的側面の両方をあわせもつ名詞であり、Horita（1996）、堀田（2005, 2011）では、同族目的語全体の解釈には以下の 2 つのパターンがあると想定しています。

[1]　動詞が示す行為（プロセス）の具体事例としての解釈
　　　（以下「プロセス的解釈」）
[2]　動詞が示す行為の結果として生じる、行為のあるタイプとしての解釈（以下「行為のタイプ的解釈」）[10]

では、これらの解釈がどのようになされるのか、非能格動詞 smile が生起する同族目的語構文を例に見てみましょう。

(12) a.　Mary <u>smiled</u> **a {slow/lazy} smile**.
　　　　 「メアリは｛ゆっくり／物憂げに｝微笑んだ」
　　 b.　The actress <u>smiled</u> **the smile of a temptress.** (= (10b))
　　 c.　My father <u>smiled</u> **the biggest smile I ever saw**.

　　　　　　　　　　　　　　　　　　　　　　　(Horita (1996: 243))
　　　　 「父は今まで見たこともない満面の笑みを浮かべた」

(12a) では、同族名詞 smile を修飾する形容詞 slow や lazy が様態副詞の働きをしており、「ゆっくり微笑む」「物憂げに微笑む」といったプロセス的解釈がなされます。先行研究では、同族目的語構文の意味は、様

---

[10]　Tenny（1994）によれば、非能格動詞の自動詞文は＜ for 時間＞句とのみ共起するのに対し、対応する同族目的語構文は＜ in 時間＞句とも共起し、2 つの表現ではアスペクト的な違いがみられます。たとえば、以下の (a) の a happy smile を伴う同族目的語構文はどちらの時間句とも共起します。ここでは、＜ for 時間＞句と共起する場合は、プロセス的解釈がなされ（「楽しそうに微笑んだ」と意味し）、＜ in 時間＞句と共起する場合は、タイプ的解釈がなされる（「幸せな笑顔を見せた」という意味である）と考えます。

(i)　a.　Mary smiled **a happy smile** {for 5 minutes/in 5 minutes}.
　　 b.　Mary smiled **happily** {for 5 minutes/*in 5 minutes}.

4. 同族目的語構文の意味解釈 | 153

態を示す副詞を伴う自動詞文とほぼ同義である（例：She smiled {slowly/lazily}.）とされてきましたが、その場合は、こうしたプロセス的解釈を受ける同族目的語構文が想定されていたといえます。

次に、(12b) の場合は、プロセス的解釈も行為のタイプ的解釈もどちらも可能です。(12b) が、行為の様態の意味に焦点が当たった、プロセス的解釈がなされる場合、それは The actress smiled like a temptress. 「その女優は妖婦のように笑った」という自動詞文にほぼ言い換えられる意味を表します。また、行為のタイプ的解釈も可能であり、その場合は、女優が微笑んで、それが結果的に（話し手が）「妖婦の微笑み」と捉える微笑みであったという意味になります。

最後に、(12c) では、父親が微笑んだ結果、話し手がその笑みを「これまで見た中で一番の満面の笑み」であると認識したことを表しています。仮に、同族目的語表現の意味を行為の様態と捉えて、父親が「??私（話し手）が見た中で一番満面になるように」微笑んだという、プロセス的解釈をすると、とても奇妙に感じられます。ここでは、行為のタイプ的解釈のみが可能といえます。

4.2　非対格動詞の同族目的語の意味解釈

2.1 節で述べたように、動作主の意図的な行為を表す非能格動詞とは違い、非対格動詞は非意図的な事態を表し、非対格動詞が同族目的語構文に用いられることは極めて稀です。しかし、例外的に、動詞 die は同族目的語構文によく用いられます。そこで、まず die の同族目的語構文がどのような意味で用いられているのか見てみましょう。

以下の例では、動詞 die がとる同族目的語は、(13a) では「自然に」、(13b) では「兵士らしく」、(13c) では「同じ残酷な死に方で」それぞれ死んだことを表しています。

(13) a. 　My grandfather <u>died</u> **a natural death**. (= (4a))

　　b. 　Your son <u>died</u> **a soldier's death** in the cause of democracy. (= (4b))

　　c. 　(But) she <u>died</u> **the same merciless death** at the remote nature

reserve on the Indian Ocean (...) . (BNC)
「彼女はインド洋に浮かぶその遠く離れた自然保護区で、（友達と）
同じように残酷な死に方をした」

　高見・久野（2002）では、die がそもそも結果を表す動詞であるため、同族目的語をとる場合は、結果の産物ではなく、死ぬ際の様態を表すとし、同様に、中島・池内（2005）、Nakajima（2006）でも、「副詞的用法」の同族目的語だけを伴うことができると主張しています。

　本章では、動詞 die の場合、1 つの解釈に限定されるのではなく、非能格動詞の同族目的語の場合と同様、プロセス的な解釈とタイプ的な解釈がなされうると考えます。（13a）は、様態の副詞を伴う自動詞文に言い換えが可能な、一種のプロセス的解釈がなされており、一方、（13b）や（13c）では、その死に方がどのようなものであったかを表す、タイプ的な解釈がなされています。ただし、プロセス的な解釈の場合に注意しなければならないことは、非対格動詞はそもそも非意図的な事態を表すので、死ぬ際の「様態」といっても、どのように死に至ったかを話し手が捉え直して表している点で、非能格動詞の場合の解釈とは異なります。

　また、（5）に示した、die 以外の非対格動詞の同族目的語構文では、同族目的語が、動詞が示す事態の様態（どのようにしてその事態に至ったか）ではなく、「100 年分の成長」や「最も大きな下落」など、その事態が結果的にどの程度のものであったかを表す、一種のタイプ的な解釈がなされていると考えられます。ただし、通常の行為のタイプとは異なり、同族目的語が、至った事態の程度（cf.「結果の程度」（中島・池内（2005））を表す点で特殊であり、非対格動詞の同族目的語が生起する際の大きな制限になると考えられます。

5. 同族目的語構文の解釈と受動文

　次に、前節で見た同族目的語の解釈の違いが、同族目的語構文全体の受動文の容認性にどのように影響するか、見ていきましょう。

3.1 節で取り上げた「他動性」の概念は、さまざまな言語現象を説明する際に用いられるようになりましたが、その 1 つに、受動化があります。通言語的には、他動性が高い動詞ほど受動文になりやすいことが知られています。

同族目的語構文は他動詞節の形をとりますが、生起する動詞が自動詞なので、以下に示すように、同族目的語は受動文の主語になりにくいと言われています (Jones (1988), Massam (1990), Dixon (1991) など)。

(14) a. Mary smiled a {sudden/silly} smile. 　　　(Horita (1996: 243))
　　　「メアリは {思わず／無邪気に} 微笑んだ」

　　b. *A {sudden/silly} smile was smiled by Mary. 　　　　　(*ibid.*)

たとえば、(14a) では、「思わず／無邪気に微笑む」というプロセス的解釈がなされており、同族目的語 a sudden/silly smile は、動作主による行為そのものを表しています。また、3.2 節で述べたように、同族目的語が表すものは、動詞が表す事態の参与者ではありません。したがって、(14b) のように、それを受動文の主語位置においた場合、動詞と切り離して、別の独立した概念を指すもの（独立した参与者）として解釈することが難しいと考えられます。[11]

しかし、同じ自動詞であっても、同族目的語の修飾要素によって、同族目的語構文の受動化が可能になる場合があります。

(15) a. **Marilyn Monroe's smile** <u>was smiled</u> perfectly by all the contes-

---

[11] 英語の受動文について、認知文法では、能動文からの単なる派生ではなく、能動文とその受動文では、（同じ出来事でも）話し手の事態認知が異なると考えます (Langacker 1991)。紙幅の都合上、詳しく述べられませんが、アクション・チェイン・モデルにおいて、典型的な他動詞の受動文では、動作主を除いてその事態を捉えた結果、エネルギーの受け手である参与者（典型的には被動作主）が一番際立つ参与者（トラジェクター）となり、受動文の主語となります。他動詞節ではランドマークだったものがトラジェクターとして捉えられる事態において、その指示対象は、十分に際立つ独立した参与者（概念）でなければならないといえます。

| 156 | 第 8 章　Mary smiled a merry smile. は「陽気な微笑みを微笑んだ」？

tants.　　　　　　　　　　　　　　　　　　　（Horita（1996: 243））
「マリリン・モンローの微笑みはコンテストの出場者全員によって
完璧になされた」

    b.　**The biggest smile I ever saw** <u>was smiled</u> by my father.

（*ibid.*）（Cf.（12c））

「今まで見たなかで一番の満面の笑みは、父によってなされた」

（15a）の主語となっている Marilyn Monroe's smile「マリリン・モンロー
の微笑み」は、（14b）の場合とは異なり、動作主が変わっても再現でき
る特別な微笑み方（微笑みのタイプ）として解釈されます。そのため、
動詞と切り離して、概念的に独立したものとして認識することが可能と
なり、動作主よりもその微笑み方に注目した、受動文の表現形式が容認
されると考えられます。また、（15b）の The biggest smile I ever saw「私
が今まで見たなかで一番の満面の笑み」の場合も、特別な微笑みのタイ
プとして解釈されるので、動作主（父親）による行為から切り離して、
独立した微笑み方として焦点を当てることが可能となります。

　このように、同族目的語が行為の何か特別なタイプを表すと解釈され
る場合には、特定の動作主の行為から切り離された、概念的に自立した
ものとして捉えられるため、それに 1 番際立ちを与えて主語にした受動
文が容認されるといえます。

　次に、非対格動詞をとる同族目的語構文の場合を見てみましょう。2.1
節で見たように、die 以外の非対格動詞の同族目的語構文は極めて稀で
した。さらに、Quirk *et. al*（1985）や Dixon（1991）はじめ、多くの先行
研究で、非対格動詞は受動化できないため、非対格動詞の同族目的語構
文の受動文も容認されないと指摘されています。

（16）a.　Mark Twain died a gruesome death.（高見・久野（2002: 140））
　　　　　「マーク・トウェインは悲惨な死を迎えた」

    b.　＊A gruesome death was died by Mark Twain.

（Nakajima（2006: 679））

（17）a.　＊A century's growth was grown within only ten years by the tree trunk.   （Nakajima（2006: 677））（Cf.（5a））

b. ＊The largest drop in three years was dropped by the stock market
today.   （*ibid.*）（Cf.（5b））

意味解釈の観点から見ても、（16）や（17）で受動文の主語位置におかれ
た同族目的語の指示対象（つまり、ある人の死への至り方やある事態の
程度）を、主語が至った事態と切り離して、独立したものとして解釈す
ることはできないと考えられます。

　実際、非対格動詞の同族目的語を主語にした受動文はほとんどありま
せん。しかし、Höche（2009）では、1 例ですが、（18）のような die の同
族目的語構文の受動文の実例が報告がされていますし、（19）のような
作例も可能です。

（18）　But **the one true R'n'R death** was died by the one true original
R'n'R star, Elvis, who died on the lavatory of what boiled down to
a lethal dose of constipation.[12]   （Höche（2009: 161））
「しかし、唯一の真のロックンロール的な死に方は、死に至るほどの便
秘が原因で便器の上で死んだ、唯一真の元祖ロックンロールスター、
エルビスによって成し遂げられた。」

（19）　**The first Christian death** was died by Christ.[13]
「最初のキリスト教徒的死に方は、キリストによってなされた」
（Cf. Christ died the first Christian death.「キリストは最初のキリス
ト教徒的死に方をした」）

　こうした受動文がどうして容認されるのでしょうか。（18）の die の

---

[12]　Höche（2009）によると、この例は 2007 年 6 月に以下の URL から採取した例です。
（URL: http://findarticles.com/p/articles/mi_qn4158/is_20021017/ai_n12649630）現在はも
うこのサイトは見つかりませんが、筆者は 2010 年の段階でこの例文の存在を確認し、
インフォーマントにもその容認性を確かめました。インフォーマントとしてご協力く
ださった Peter Edwards 氏には記して感謝の意を表します。

[13]　この例は、Peter Edwards 氏（個人談話）に負っています。

158 | 第 8 章　Mary smiled a merry smile. は「陽気な微笑みを微笑んだ」？

受動文においては、その主語は、タイプ的解釈がなされているだけでなく、さらに、定名詞句で示される、何か特別な死に方のタイプを指しているといえます。多くのロックンロールスターが薬やけんか、事故などで若くして死ぬことから想起される「ロックンロール的死に方」のうちでも the one true「唯一真の」という修飾語を加えることで、（この文脈では皮肉に聞こえますが、）その死に方の特別さが際立っています。また、(19) も同様に、タイプ的解釈がなされている上に、the first「最初の」という修飾語が加わることで、「キリスト教徒的死に方」のうちでも、1番最初という特別なものが連想されます。このような例では、同族目的語が表す死に方が、概念的に自立した、特別な死に方として捉えられるため、それを主語とした受動文が可能になったと考えられます。

　こうした die の受動文の存在は、die が非対格動詞だからという理由で受動文にならないと主張してきた多くの研究者にとって問題となります。自動詞が生起する同族目的語構文は、元々、目的語位置の名詞句が動詞の意味に内在している対象を表すわけではないため、受動文にはなりにくいと考えられます。しかし、ここでは、同族目的語が、タイプ的な解釈をうけ、概念的に自立した特別な行為のやり方として認識されると、それが主語となる受動文の容認性が高くなることを示しました。こうした die の同族目的語構文の振る舞いを見る限りにおいては、同族目的語構文（あるいはその受動文）の適格性は、単に動詞が非能格か非対格かという問題ではなく、（コンテクストを含んだ）同族目的語構文それ自体の解釈が大いに関係しているといえます。

6.　まとめ

　本章では、英語の同族目的語構文を取り上げ、まずは、その表現形式を「構文」と見なすべく、さまざまな統語的・意味的特徴を見てきました。そうして、本来、目的語を取らない自動詞が目的語位置に同族名詞句をとることが、認知文法における事態認知の観点から動機づけられることを述べました。また、その構文の2つの意味解釈を示し、その意味

解釈が同族目的語構文自体やその受動文の容認性に大いに関係すること
も示しました。

本研究は日本学術振興会（JSPS）科研費（基盤研究（C）24520537, 15K02594）
の助成を受けた研究成果を一部含んでいます。

参照文献

Dixon, Robert M. W.（1991）*A New Approach to English Grammar, on Semantic Principles*, Oxford University Press, New York.

Goldberg, Adele E.（1995）*Constructions: A Construction Grammar Approach to Argument Structure*, University of Chicago Press, Chicago.

Höche, Silke（2009）*Cognate Object Constructions in English*: *A Cognitive-Linguistic Account*, Gunter Narr Verlag Tübingen, Tübingen.

Hopper, Paul J. and Sandra A. Thompson（1980）"Transitivity in Grammar and Discourse," *Language* 56, 251–299.

Horita, Yuko（1996）"English Cognate Object Constructions and Their Transitivity," *English Linguistics* 13, 221–247.

堀田優子（2005）「同族目的語構文のカテゴリーに関する一考察」『金沢大学文学部論集 言語・文学篇』第 25 号，67–88.

堀田優子（2011）「同族目的語構文の意味解釈— die-death タイプを中心に—」『意味と形式のはざま』（阪大英文学会叢書 6），大庭幸男・岡田禎之（編著），193–208，英宝社，東京.

岩倉國浩（1976）「同族目的語と様態の副詞と否定」『英語教育』6 月号，60–63.

Jespersen, Otto（1933）*Essentials of English Grammar*, George Allen & Unwin, London.

Jones, Michael A.（1988）"Cognate Objects and the Case Filter," *Journal of Linguistics* 24, 89–110.

Keyser, Samuel J. and Thomas Roeper（1984）"On the Middle and Ergative Constructions in English," *Linguistic Inquiry* 15, 381–416.

Langacker, Ronald W.（1987）*Foundations of Cognitive Grammar*, Vol. I: *Theoretical Prerequisites*, Stanford University Press, Stanford.

Langacker, Ronald W.（1991）*Foundations of Cognitive Grammar*, Vol. II: *Descriptive Application*, Stanford University Press, Stanford.

Larson, Richard（1988）"On the Double Object Constructions," *Linguistic Inquiry* 19, 335–391.

Levin, Beth and Malka Rappaport Hovav (1995) *Unaccusativity: At the Syntax-Lexical Semantics Interface*, MIT Press, Cambridge, MA.

Macfarland, Talke (1995) *Cognate Objects and the Argument/Adjunct Distinction in English*, Doctoral dissertation, North-western University.

Massam, Diane (1990) "Cognate Objects as Thematic Objects," *Canadian Journal of Linguistics* 35, 161–190.

Nakajima, Heizo (2006) "Adverbial Cognate Objects," *Linguistic Inquiry* 37, 674–684.

中島平三・池内正幸 (2005)『明日に架ける生成文法』開拓社, 東京.

大室剛志 (2004)「基本形と変種の同定にあずかる大規模コーパス―同族目的語構文を例に―」『英語コーパス研究』第 11 号, 137–151.

Perlmutter, David (1978) "Impersonal Passive and the Unaccusative Hypothesis," *BLS* 4, 157–189.

Perlmutter, David and Paul Postal (1984) "The 1-Advancement Exclusiveness Law," *Studies in Relational Grammar* 2, ed. by David Perlmutter and Carol Rosen, 81–125, University of Chicago Press, Chicago.

Quirk, Randolph, Sidney Greenbaum, Geoffrey Leech and Jan Svartvik (1985) *A Comprehensive Grammar of the English Language*, Longman, London.

Rice, Sally (1987) *Towards a Cognitive Model of Transitivity*, Doctoral dissertation, University of California.

Rice, Sally (1988) "Unlikely Lexical Entries," *BLS* 14, 202–212.

Rosch, Eleanor (1978) "Principles of Categorization," *Cognition and Categorization,* ed. by Eleanor Rosch and Barbara B. Lloyd, 27–48, Lawrence Erlbaum Associates, Hillsdale, New Jersey.

高見健一・久野暲 (2002)『日英語の自動詞構文』研究社, 東京.

Tenny, Carol L. (1994) *Aspectual Roles and the Syntax-Semantics Interface*, Kluwer, Dordrecht.

9 some of the books と some of them は同じ意味か?
―A of B で表される部分・全体の関係の考察―

田中秀毅

1. はじめに

　some of the books は「それらの本のうちの数冊」という意味ですが、some は some books のことで the books の一部分を指しています。このような A of B 形式は「部分構造」(partitive construction) と呼ばれています。この名称は、of の前の要素と後ろの要素が「部分・全体の関係」(part–whole relation) を結ぶことに由来します。

　次の句も部分構造とみなされます。[1]

(1) a.　a number of books「数冊の本」
　　b.　two pages of the book「その本の2ページ」
　　c.　two copies of the book「その本、2冊」

どの句も some of the books に似ていますが、厳密には区別しなければなりません。(1a) は名詞 books が冠詞を伴わないため、不特定の本を指します。(1b, c) は book に冠詞がついていますが、(1b) の the book は手にとれる特定の本を指しますが、(1c) の the book は of の前に two copies とあるため、特定の本ではなく、タイトルを指していることにな

---

[1]　句や文に出典が示されていない場合、その容認性判断は筆者のインフォーマントによるものです

ります。[2] このように、部分構造では異なる種類の部分・全体の関係が表されます。

ところで、この章のタイトルに含まれる some of them はどういう意味でしょうか。一見すると、some of the books の定名詞句を代名詞で置き換えただけのようですが、実はこの句には some of the books とは異なる用法があります。以下では、A of B 形式が表す部分・全体の関係について考察していきます。まず、第 2 節では先行研究をまとめます。第 3 節では部分構造の新たな分類法を提示します。さらに、第 4 節では、of の後ろに those などの指示詞を伴う名詞や代名詞 them がくる部分構造を扱います。最後の第 5 節では結論を述べます。

2. 先行研究における部分構造の分類

この節では先行研究における部分構造の分類法を概観し、部分構造の基本的な特徴をおさえます。はじめに記述的な分類を見て、それから理論的な分類を見ます。なお、説明の便宜上、A of B の A の位置の要素を「第 1 名詞（句）」、B の位置の要素を「第 2 名詞（句）」と呼ぶことにします。

2.1 記述的な分類

Quirk et al. (1985) は、部分・全体の関係を「質」(quality)、「量」(quantity)、「計量」(measure) という 3 つの意味的な観点で分類しています。[3] 以下では各種類の部分・全体の関係の特徴をまとめます。

質を表す部分・全体の関係では、第 2 名詞句が指す人や物（「指示物」(referent) と呼びます）の種類を第 1 名詞句が指します。第 1 名詞句には、典型的に kind, sort, type などの種類を表す「類別詞」(classifier) が

---

[2] (1c) は (1a, b) と異なり、「A ノ B」という日本語表現に対応しません（「*その本の 2 冊」）。(1c) が表す意味関係は、日本語では「その本が 2 冊売れた」、「その本を 2 冊買った」のような文形式で表されます。

[3] Quirk et al. (1985) は部分・全体の関係のことを「分割」(partition) と呼んでいます。

2. 先行研究における部分構造の分類 | 163

含まれます。

(2) 質を表す部分・全体の関係

a. a new kind of computer, new kinds of computers

b. a delicious sort of bread, delicious sorts of bread

(Quirk et al.（1985: 249））

（2a）は第 2 名詞が可算名詞の場合で、（2b）は第 2 名詞が不可算名詞の場合です。それぞれ、機種・味という質の観点で一部のコンピューターや一部のパンを指しています。（2a）と（2b）の最初の例の意味を示すと、「新機種のコンピューター」、「おいしいパン」となります。

　量を表す部分・全体の関係では、第 1 名詞句が第 2 名詞（句）の指示物の部分的な量を指します。第 1 名詞句には、典型的に piece, pack, page などの量を表す類別詞が含まれます。

(3) 量を表す部分・全体の関係

a. a piece of cake, two pieces of cake

b. a pack/packet of cigarettes, a (large) crowd of people, a (huge) flock of birds

c. a page of a book, a branch of a tree, a piece of a loaf

(Quirk et al.（1985: 249–250））

この種の部分・全体の関係では、（3a）のような不可算の第 2 名詞も、（3b, c）のような可算の第 2 名詞（句）も許されます。（3b）の可算複数名詞の場合は、pack や crowd などの類別詞が個体（人や物）のまとまりを表します。（3c）の可算単数名詞の場合は、piece や page などの類別詞が単一物の構成部分を指します。（3a）から順に最初の例の意味を示すと、「1 切れのケーキ」、「1 箱の巻きたばこ」、「本の 1 ページ」となります。

　計量的な部分・全体の関係では、第 1 名詞句が計量単位を表す類別詞

164 | 第 9 章　some of the books と some of them は同じ意味か？

を含み、第 2 名詞の指示物の部分的な量を指します。[4]

(4) 計量的な部分関係

    a.　a meter of cloth

    b.　one kilo of apples, a pound of butter

    c.　an acre of land

    d.　a liter of wine, a pint of milk

(Quirk et al. (1985: 249–251))

(4) の各例は a から順に、長さ、重さ、面積、容積を表しています。計量的な部分・全体の関係は、量を表す部分関係の一種とみなすことができます。ただし、第 2 名詞（句）が可算名詞の場合、計量的な部分・全体の関係では (4b) のような複数形になりますが、量を表す部分・全体の関係では (3b) のような複数形に加えて、(3c) のような単数形も許されます。これは、計量単位が単一物の構成部分の名称ではないからです。(4a) から順に最初の例の意味を示すと、「1 メートルの布」、「1 キロのりんご」、「1 エーカーの土地」、「1 リットルのワイン」となります。

　以上が、Quirk et al. (1985) による部分・全体の関係の分類法です。この分類法の特徴は、第 1 名詞（句）の意味的な性質（質・量・計量）に基づいていることです。だたし、第 2 名詞（句）については、可算・不可算・単複の組み合わせを記述しているだけなので、第 2 名詞（句）の意味特性にも注目する必要があります。

2.2　理論的な分類

　Jackendoff (1977) は、Selkirk (1977) の分析を踏まえて、部分構造を (5a) のような「擬似部分構造」(pseudopartitive) と (5b) のような「真部分構造」(true partitive) に分けています。

---

[4]　Quirk et al. (1985) は、計量単位を表す類別詞を「計量的部分名詞」(measure partitive noun) と呼んでいます。

2. 先行研究における部分構造の分類 | 165

(5) a.　a couple of students, a group of people

　　b.　a couple of the students, a group of the people

この分類法は、第 2 名詞が冠詞や人称代名詞などの「決定詞」
(determiner) を伴っているかどうかに注目します。たとえば、第 2 名詞
句が冠詞(下線で表示)を含んでいる (5b) では、第 2 名詞句が母集合
を表し、第 1 名詞句がその部分集合を表します。結果として、句全体で
部分・全体の関係を表します(最初の例の意味は「学生たちのうちの 2
人」)。対照的に、第 2 名詞が「はだか名詞」(bare noun) の (5a) では、
第 1 名詞句は第 2 名詞の指示物のまとまりを表すだけで、部分集合を
表しません。[5] つまり、(5a) の例は句全体で 1 つの集合を表します(最初
の例の意味は「2 人の学生」)。

　第 1 名詞句が couple や group を含む場合は 2 種類の部分構造を作れ
ますが、次のように第 1 名詞が one のような数詞や most のような「数
量詞」(quantifier) の場合には、必ず真部分構造になります。

(6) a.　*one of students, *most of friends (cf. most students)

　　b.　one of the students, most of my friends

この文法対立は、はだか名詞が真部分構造の第 2 名詞になれないことを
示しています ((6b) の最初の例の意味は「学生たちのうちの 1 人」)。こ
の制限は「部分構造制約」(partitive constraint) と呼ばれています。
Jackendoff (1977) は名詞や動詞などの「語彙範疇」(lexical category) が
階層的な「統語構造」(syntactic structure) をもつと仮定していますが、
真部分構造の第 2 名詞句は N レベル (friends のようなはだか名詞) では
なく、N‴ レベル (my friends のような決定詞を伴う名詞) でなければな

---

[5]　第 1 名詞句が kind などの類別詞を含む部分構造は、a kind of disease のように、し
ばしば擬似部分構造になります(第 2 名詞が無冠詞単数)。a kind of his disease のよう
な真部分構造も可能ですが、擬似部分構造に比べて生産性が低いことが田中 (2015)
で指摘されています。

166 | 第 9 章　some of the books と some of them は同じ意味か？

りません。[6]

　真部分構造と擬似部分構造は、Selkirk（1977）が指摘しているように、of 句を「外置」（extrapose）した場合に異なる統語的特性を示します。外置とは、文の要素の一部を文末に移動させる移動規則のことです。次の例が示すように、定名詞句をとる of 句は外置できますが、不定名詞句をとる of 句は外置できません（角かっこは外置された要素）。

(7)　A lot of the leftover turkey has been eaten. ⇒

　　　A lot has been eaten [of the leftover turkey].

　　　　　　　　　　　　　　　　　　　　　　（Jackendoff（1977: 108））

(8)　A lot of leftover turkey has been eaten. ⇒

　　　?* A lot has been eaten [of leftover turkey].　　　　（ibid.: 122）

(7) の主語名詞句は真部分構造で、(8) の主語名詞句は擬似部分構造です。Jackendoff はこの事実を踏まえて真部分構造と擬似部分構造の of 句の統語的位置が異なると結論づけています。具体的には、真部分構造では of 句が (9) のように N′ レベルに位置するのに対して、擬似部分構造では of 句が (10) のように N″ レベルに位置すると仮定します。

(9)　$[_{N''} [_{N'} [_{N'}$ a lot of the leftover turkey$]]]$[7]　　（of 句：N′ レベル）

(10)　$[_{N''} [_{N'}$ a lot of $[_{N'}$ leftover turkey$]]]$　　（of 句：N″ レベル）

外置は N′ レベルの句に適用されると考えられているため、このような統語構造を仮定することで、真部分構造の of 句（(9) の下線部）の外置が許され、擬似部分構造の of 句（(10) の下線部）の外置が許されない

---

[6]　語彙範疇が階層的な統語構造をもつという仮定は、「X バー理論」（X-bar theory）という句構造原理に基づいています。詳しくは、Jackendoff（1977）を参照のこと。

[7]　正確には真部分構造では a lot と of のあいだに音形をもたない範疇（PRO と呼ばれます）があると仮定します。つまり、a lot PRO of the leftover turkey となります。これによって、a lot が the leftover turkey の全体ではなく、一部分を指すことが導かれます。

ことを正しく予測できます。

2.3 まとめ

これまで部分構造の分類法を2つ見ました。Quirk et al. (1985) は、第1名詞（句）が質・量・計量のどれを表すかによって部分構造を分類しました。一方、Jackendoff (1977) は、第2名詞（句）の定・不定によって部分構造を真部分構造と擬似部分構造に分けました。また、of句の外置が真部分構造で許され、擬似部分構造で許されないことから、of句の統語的位置が部分構造の種類によって異なると仮定しました。

以下では、真部分構造に焦点を当てて、その分類法を考えていきます。なお、表記を簡略化するために、断りのない限り「部分構造」によって真部分構造を指すことにします。

3. 部分構造の3分類と類別詞の機能

この節では、第2名詞（句）の意味特性に基づいた部分構造の分類を提案し、類別詞の機能について掘り下げます。

3.1 3種類の部分構造

前節で見た部分構造の分類法では、第1名詞が類別詞を伴っているものと、伴っていないものが同列に扱われていました。たとえば、第1名詞が数詞だけの (11a) も、第1名詞句が類別詞を含んでいる (11b, c) も同じ種類になります。

(11) a.　one of the books

b.　two <u>pages</u> of the book　(= (1b))

c.　two <u>copies</u> of the book　(= (1c))

詳しくいうと、Quirk et al. (1985) の分類では、(11) の第1名詞（句）は、

| 168 | 第 9 章　some of the books と some of them は同じ意味か？

いずれも量に関するものなので、すべて量に関する部分・全体の関係と
みなされます。また、Jackendoff（1977）の分類では、(11) の第 2 名詞
句がいずれも定名詞なので、すべて真部分構造とみなされます。

　しかし、第 2 名詞句の意味特性を踏まえて、第 1 名詞（句）との意味
関係を考えると、(11) の各部分構造は a から順に、以下のような部分・
全体の関係を表していることがわかります。

(12) a.　グループ・メンバーの関係　　　（M 部分関係）
　　 b.　単一の個体とその一部分の関係　（I 部分関係）
　　 c.　タイプ・トークンの関係　　　　（T 部分関係）

「グループ・メンバーの関係」（以下、member の頭文字をとって「M 部
分関係」と呼びます）は、個体の集合とその部分集合の関係のことです。
M 部分関係を表す部分構造では、第 2 名詞句（可算の場合）が第 1 名詞
の表す数よりも大きな数を表さなければなりません（*two of the book は
不可）。これは、第 1 名詞と第 2 名詞句がどちらも本の集合を表すため、
部分集合に相当する第 1 名詞が表す数が母集合に相当する第 2 名詞句
のそれよりも小さくなければならないからです。[8]

　「単一の個体とその一部分の関係」（以下、inalienable part（単一物の譲
渡不可能な部分）の頭文字をとって「I 部分関係」と呼びます）を表す
部分構造では、第 1 名詞句と第 2 名詞句が表す数の大小が逆転しても
かまいません（(11b) ではページ数は本の冊数より大きい）。これは、第
2 名詞句が本の集合を表すのに対して、類別詞の page を含む第 1 名詞
句は本の構成部分であるページの集合を表すからです。要するに、第 1
名詞句と第 2 名詞句が表す集合のレベルが適切に区別されていれば数の
大きさの逆転は許されるのです。

---

[8]　(5b) で見たように、M 部分関係を表す部分構造には類別詞を含むものもあります。
ただし、田中（2015）が指摘しているように、(3b) に示されている crowd や flock など
の類別詞は、部分構造に生じると容認性が低下します（?*a crowd of the people）。よっ
て、本章では M 部分関係を表す部分構造を、類別詞を含まないものに限定します。

「タイプ・トークンの関係」（以下、token の頭文字をとって「T 部分関係」と呼びます）を表す部分構造では、第 2 名詞句がタイプを表します。第 1 節でふれたように、(11c) に含まれる the book は、(11b) に含まれる the book とは指示物が異なります。すなわち、(11b) の the book は単一の個体（手にとれる本）を指しますが、(11c) の the book は本のタイトルを指しています。そして、第 1 名詞句の two copies は手にとれる本を指します。第 2 名詞句がタイプを表すのは、第 1 名詞句に含まれる類別詞の copy（日本語の「冊」に相当）によるものです。

3.2　類別詞の機能

ここでは類別詞の働きに注目してみます。まず、T 部分関係にかかわる類別詞の copy を見ましょう。(11c) が同一のタイプ（本のタイトル）の 2 つのトークン（2 冊）を指すことを裏づける事実として、動詞の buy と read との整合性の違いがあります。(11c) を buy と read の目的語に代入すると、文法性が逆転します。

(13) a.　I bought two copies of the book.
　　 b.　*I read two copies of the book.

この文法対立は、buy と read の語彙特性の違いに由来すると考えられます。すなわち、同じタイトルの本を複数冊買うことはできますが、複数冊読むことはできません（ただし、複数回読むことは可）。よって、T 部分関係を表す部分構造と read は意味的に整合しません。

次に、I 部分関係にかかわる類別詞の page を見ます。(11b) は、第 2 名詞句の the book が個体解釈になります。つまり、手にとれる特定の本を指すということです。第 1 名詞句は、類別詞の働きによって本を構成するページの量を指します。ページは本の構成部分であって、本そのものではありません。この点で、copy の指示物とは明確に異なりま

す。[9] (11c) では、第 2 名詞句が指す本（タイトル）も、第 1 名詞句が指す本（手にとれる本）もどちらも本にほかなりません。換言すれば、ページだけでは本とみなされません（表紙などほかの構成部分も必要）が、copy が指す本（冊のレベル）は完全な本です。

　類別詞の page と copy の働きの違いにより、関係節の環境で興味深い文法対立が観察されます。次の例文を考えてみましょう。

(14) a.　Mary read two *(pages) of the book.
　　　　　「メアリーはその本を 2 ページ読んだ。」

　　 b.　Mary bought two *(copies) of the book.
　　　　　「メアリーはその本を 2 冊買った。」

類別詞の copies と pages が * 印つきのかっこでくくってあるのは、省略すると文が容認されないためです。(14a) に含まれている部分構造は、個体解釈を受ける第 2 名詞句が特定の本を表し、その中身の一部を第 1 名詞句が表しています。一方、(14b) に含まれている部分構造は、タイプ解釈を受ける第 2 名詞句が本のタイトルを表し、そのトークンを第 1 名詞句が表しています。どちらの部分構造も類別詞を省略すると適切な部分・全体の関係を表せません。つまり、本 − ページ、本のタイトル（タイプのレベル）− 手にとれる本（トークンのレベル）、という関係が保てなくなります。

　次に、(14) の各部分構造の第 2 名詞句を関係節化すると以下のようになります（角かっこは関係節）。

(15) a.　the book [that Mary read two *(pages) of]
　　　　　「メアリーが 2 ページ読んだ本」

---

[9]　two copies と two pages は等質性が異なります。すなわち、前者は中身が同じ 2 冊（同じタイトルの本）を指しますが、後者は中身が異なる 2 ページを指します。よって、(13b) の目的語に two pages of the book を代入すると容認されます。

b.　the book [that Mary bought two (copies) of]
　　「メアリーが 2 冊買った本」

星印がついていないかっこは、かっこ内の要素が省略できることを意味します。I 部分関係が表される (15a) では依然として類別詞を省略できませんが、T 部分関係が表される (15b) では類別詞を省略できるようになります。[10]

　関係節内で類別詞が省略できるようになるということは、関係節が類別詞の機能を肩代わりしていることを示しています。T 部分関係を表す部分構造と I 部分関係を表す部分構造は、類別詞を省略すると M 部分関係を表す部分構造と並行的になります。たとえば、two copies of the book（T 部分関係）や two pages of the book（I 部分関係）の類別詞を省略すると、どちらも *two of the book になり、two of the books（M 部分関係）に類似します。もちろん、通常の環境では容認されませんが、この問題は部分構造を内包する制限節の構文的特徴によって部分的に解決されます。このことを次の例で確認してみましょう。

(16) a.　Mary bought two of the books.
　　　　「メアリーはそれらの本のうちの 2 冊を買った。」
　　 b.　the books that Mary bought two of
　　　　「メアリーが 2 冊を買った本（のグループ）」

(16a) に含まれる部分構造は、M 部分関係を表しています。あらかじめ本の集合が談話に導入されていて、メアリーが買った本がその部分集合に相当します（たとえば、読書課題として 5 冊の本のリストを与えられ、

---

[10]　copy と page を含む部分構造が関係節の外に生じた場合は、どちらの類別詞も省略することができません。

(i) a.　two *(pages) of the book [that Mary read]
　　　　「メアリーが読んだ本の 2 ページ」
　 b.　two *(copies) of the book [that Mary bought]
　　　　「メアリーが買った本、2 冊」

172 | 第 9 章　some of the books と some of them は同じ意味か？

そこから任意の 2 冊を買って読む状況）。(16b) は、(16a) の部分構造の第 2 名詞句を関係節化したものです。この句は、複数ある、本の集合の中でメアリーがそのメンバーの 2 冊を買った集合を指します（先行詞の指示物を絞り込む、関係節の機能は「限定機能」と呼ばれます[11]）。つまり、関係節内にある第 1 名詞 two の指示物のレベル（メンバーのレベル）よりも、関係節が限定する先行詞 the books の指示物のレベル（グループのレベル）が上位になります。このような指示レベルのずれは、類別詞の機能と類似します。つまり、two copies of the book（T 部分関係）における第 1 名詞句の指示物のレベル（トークン）と第 2 名詞句の指示物のレベル（タイプ）の指示レベルのずれと並行的です。したがって、関係節内では類別詞の copy 機能が肩代わりされていると考えられます。一方、two pages of the book（I 部分関係）の場合は、第 1 名詞句と第 2 名詞句の関係が構成部分と（単一の）個体の関係なので、単なる指示レベルの差ではありません。よって、関係節では肩代わりされないものと考えられます。

3.3　まとめ

　本節では部分構造を、①グループ・メンバーの関係を表すもの、②第 1 名詞句が類別詞を含み、第 2 名詞句の構成部分（譲渡不可能な部分）を表すもの、③第 1 名詞句が類別詞を含み、タイプ解釈を受ける第 2 名詞句のトークンを表すもの、に分類しました。この分類法では、第 1 名詞（句）の意味特性によって第 2 名詞句が個体解釈になるか、タイプ解釈になるかが決まります。第 1 名詞句に含まれる類別詞には、第 1 名詞（句）と第 2 名詞（句）の指示レベルを変えたり、構成部分を表したりする働きがあります。関係節内で類別詞 copy の省略が許されることを踏まえ、指示レベルを変える機能に関しては、関係節の機能で充足されると主張しました。

---

[11]　関係節は、しばしば制限的用法（restrictive use）と非制限的用法（nonrestrictive use）に分類されますが、限定機能があるのは前者です。

4. T 部分関係を表す部分構造の下位類

　前節では、T 部分関係を表す部分構造として第 1 名詞句に類別詞の copy を含むものに注目しました。この節では、T 部分関係を表す別の形式として、類別詞を含まない部分構造を取り上げます。

　まず、次の対話の実例を見ましょう（下線は筆者）。

(17)　T:　Are there <u>many of those machines</u>? Because the autistic boy had one.

　　　 A:　I think around 20,000 were made. And there are probably about 1,500 that are still in existence.

　　　　　　　　　　　　　　　　　　　　　　　（『BONES ―骨は語る―』より）

テンペランス（T）の発話の第 1 文は there 存在文で、意味上の主語（下線部）が部分構造になっています。文意は「あの（型の）ゲーム機はたくさんあるのですか」です。アンジェラ（A）の発話でゲーム機の製造台数が約 2 万台であると伝えていることから、テンペランスは母集合を前提にしていないことがわかります（つまり、M 部分関係を意図していないということ）。テンペランスが聞いているのは、自閉症の少年がもっていたのと同じゲーム機がたくさん出回っているのかということです（アンジェラの第 2 文がそれに対する回答です）。よって、many of those machines は M 部分関係でなく、T 部分関係を表していることになります。書き換えると、many of that kind of machine となります。この対応関係から those machines がタイプ解釈を受けていることがわかります。

　ここで注意すべきは、次の例が示すように、M 部分関係を表す部分構造が there 存在文の意味上の主語として許されないことです。

(18) a.　*There are two of the cows in the stable.

　　　 b.　*There are many of the pianos in need of tuning.

　　　　　　　　　　　　　　　　　　　　　　　　　（Diesing（1992: 72））

174 | 第 9 章　some of the books と some of them は同じ意味か？

Diesing は、これらの文が容認されないのは部分構造が母集合の存在を前提とするからだと主張しています。このことに関連して、there 存在文と数量詞の相関関係に関する Milsark（1974）の観察を見ましょう。Milsark によると、there 存在文の意味上の主語になることができるのは、all, most のように母集合の存在を前提とする数量詞（「比率的数量詞」（proportional quantifier）と呼ばれます）ではなく、some, many のように母集合の存在を前提としない数量詞（「基数的数量詞」（cardinal quantifier）と呼ばれます）のほうです。[12]

(19) a.　There are <u>some</u> cookies on a plate.

　　 b.　*There are <u>most</u> cookies on a plate.

基数的数量詞は、(19a) のように名詞を直接限定する場合は母集合を前提としないので容認されます（some に強勢がある場合を除く）。ただし、部分構造の第 1 名詞として生じると、部分構造の特性により母集合に対する割合を表します。[13] よって、(18b) のように第 1 名詞が many の部分構造も容認されません。

　there 存在文の意味上の主語が「非前提的」（non-presuppositional）でなければならないことを踏まえると、(17) で見た T 部分関係を表す部分構造では、母集合が前提とされていないことになります。タイプ名詞は時間・空間によって規定されないため、それが表す集合は非有界的（unbounded）になります。これは母集合の値が定まらないことを意味し、母集合が前提になっていないことと同じとみなせます。

　類別詞を含まない部分構造が T 部分関係を表す場合、形式的には M 部分関係を表す部分構造と同じになります。たとえば、many of those

---

[12]　Milsark（1974）は、比率的数量詞を「強い数量詞」（strong quantifier）と呼び、基数的数量詞を「弱い数量詞」（weak quantifier）と呼んでいます。

[13]　日本語では、「たくさん・多く」が名詞的に用いられる場合に基数的数量詞と比率的数量詞の違いが観察されます。「たくさんの本」は本の冊数が多いことを表しますが、「多くの本」は母集合に対する割合が大きいことを表せます（「それらの本の多く」と同義）。詳しくは加賀（1997）を参照のこと。

machines の場合、第 2 名詞句が（17）の場合のように「非指示的」(non-referential) であれば T 部分関係の解釈になりますが、あらかじめ談話に導入された母集合を指す場合のように「指示的」(referential) であれば M 部分関係の解釈になります。この意味的曖昧性を別な例で確認してみましょう。

　次の対話例では、話者 A が話者 B に対してモンブラン社製のペンの所有本数を聞いています。B の応答には部分構造が含まれます。

(20) A:　How many Mont Blanc pens do you have?
　　 B:　I have two of them.　　　　　　　　（Tanaka（2012: 168））

A の質問は、モンブラン・ペンの母集合を前提にしているのではなく、単にペンの種類（タイプ）をモンブラン社製に指定し、（そのトークンを）何本もっているか聞いています。よって、B の応答の部分構造は T 部分関係になります。代名詞の them は the type of pen に相当し、モンブラン・ペンというタイプを表しています。

　一方、次の対話例では、話者 A は話者 B に対してお互いに知っている読書リストに含まれている本のうちの何冊を読んだのか聞いています。B の応答は部分構造を含んでいます。

(21) A:　How many books on the reading list have you read?
　　 B:　I have read two of them.　　　　　　（Tanaka（2012: 168））

A の質問は、読書リストに載っている本の集合を前提にしています。そして、B の応答に含まれる部分構造の第 2 名詞は、その集合を指しています。つまり、この部分構造は M 部分関係を表しています。

　以上から、two of them には指示的な用法と非指示的な用法があることがわかります。第 2 名詞が指示的なとき（あらかじめ導入された集合を指すときなど）は M 部分関係を表し、第 2 名詞が非指示的なとき（タイプ解釈を受けるとき）は T 部分関係を表すことになります。

176 | 第 9 章　some of the books と some of them は同じ意味か？

　Tanaka（2012）、田中（2015, 2017）は部分構造と A out of B 形式を比較しています。A out of B は、A と B として基数的数量詞（比率的数量詞は不可）をとり、比率または M 部分関係を表します。[14] たとえば、次の例は第 2 名詞句が定か不定かの違いですが、解釈の範囲が違います。

（22）a.　two out of five books

　　　b.　two out of the five books

（22a）は第 1 名詞と第 2 名詞句の数の比を表し、「5 冊に対して 2 冊の本」という意味です（5 冊が全体かどうかは問いません）。一方、（22b）は第 2 名詞句が全体として解釈され、「その 5 冊の本のうちの 2 冊」という意味になります。第 2 名詞句の the five books を代名詞に置き換えた two out of them でも同様に M 部分関係を表します。

　（20）と（21）の話者 B の応答に two out of them を用いた場合、M 部分関係を意図した（21）では容認されますが、T 部分関係を意図した（21）では容認されません。two out of them で T 部分関係を表すためには、第 2 名詞がタイプ解釈にならなければなりませんが、これは第 2 名詞が非有界的な集合を指すことと同じなので、two と them の数の比を表せなくなってしまいます。このように、部分構造が A out of B で置き換えられるかどうかからも two of them の意味的な曖昧性が裏づけられます。

　最後に、two of them を部分構造ではなく、two of us（「私たち 2 人」）のような同格表現と捉える可能性を考えてみます。[15] その場合、〈two of those ＋名詞〉の第 2 名詞句を代名詞 them で置き換えたという捉え方はできなくなるので、個別に説明しなければなりません。また、次の例は

---

[14]　A out of B で T 部分関係を表すことはできません。その理由は本文のあとの部分で説明します。なお、A out of B の統語的・意味的特徴の詳細については、Tanaka（2012）、田中（2015, 2017）を参照のこと。

[15]　two of us には「私たちのうちの 2 人」という部分構造の解釈もあります。この場合は、‘私たち’は 3 人以上の集合を指し、two がその部分集合を表します。

同格分析では問題になります。

(23) A:　You have a cute cat.
　　 B₁:　Thanks. I have <u>two</u> of them.
　　 B₂:　Thanks. I'll buy <u>another one</u> of them.

話者 A は話者 B の猫について「かわいい猫を飼ってますね」と言っています（A は B が猫を何匹飼っているのか知りません）。それに対する B の応答として、B₁ の「2 匹飼っているんですよ」と B₂ の「もう 1 匹買う予定なんですよ」のどちらも可能です。B₁ については、同格分析でも説明できそうです（of の前と後ろの要素がともに複数形）。しかし、B₂ については、of の前の要素が単数形で of の後ろの要素が複数形であるため、同格分析では扱えません。一方、部分構造分析では、another one はトークンの数で、タイプ名詞の them とは指示レベルが異なるので、B₁ の場合と並行的に扱うことができます。よって、同格分析よりも部分構造分析のほうが説明力が高いと言えます。

5.　おわりに

　本章では、部分構造の A of B で表される部分・全体の関係について考察しました。まず、質・量・計量の観点による部分・全体の関係の区別を見ました。そして、第 2 名詞（句）が定か不定かによって、第 1 名詞（句）が部分集合を表すかどうかが決まることを見ました。本章では、真部分構造を 3 つに分類することを提案しました。それぞれ、グループ・メンバーの関係（M 部分関係）を表す場合、単一の個体とその譲渡不可能な部分の関係（I 部分関係）を表す場合、タイプ・トークンの関係（T 部分関係）を表す場合です。I 部分関係と T 部分関係では、第 1 名詞（句）と第 2 名詞（句）の指示物のレベルを調節するための類別詞が必要になりますが、関係節がその一部を肩代わりしていると分析しました。また、many of those machines のような、類別詞を含まない部分

構造でも、第2名詞（句）が非指示的な場合にはT部分関係を表すことを見ました。さらに、この種のA of B形式を同格表現と捉えると、AとBの要素の数がずれる場合の扱いが難しいことを指摘しました。

本章のタイトルの問いには、「some of the books はM部分関係を表すが、some of them はM部分関係を表す場合とT部分関係を表す場合があるため、意味が同じときと違うときがある」と答えることになります。

インフォーマント調査にご協力いただいた、Michael Herke 氏と Todd Hooper 氏にお礼申しあげます。本研究は、科学研究費補助金基盤研究（C）「部分・全体関係を表す表現の日英対照研究」（課題番号：15K02618）による研究の成果の一部を含んでいます。

参照文献

Diesing, Molly（1992）*Indefinites*, MIT Press, Cambridge, MA.

Jackendoff, Ray（1977）*X-bar Syntax: A Study of Phrase Structure*, MIT Press, Cambridge, MA.

加賀信広（1997）「数量詞と部分否定」『指示と照応と否定』廣瀬幸生・加賀信広，91–178，大修館書店，東京.

Milsark, Gary L.（1974）"Existential Sentences in English," Ph.D. dissertation, MIT.

Quirk, Randolph, Sidney Greenbaum, Geoffrey Leech, and Jan Svartvik（1985）*A Comprehensive Grammar of the English Language*, Longman, London.

Selkirk, Elisabeth O.（1977）"Some Remarks on Noun Phrase Structure," *Formal Syntax*, ed. by Peter W. Culicover, Thomas Wasow and Adrian Akmajian, 285–316, Academic Press, New York.

Tanaka, Hideki（2012）"A Contrastive Study of *A of B* and *A out of B*," *JELS* 29, 163–169, The English Linguistic Society of Japan.

田中秀毅（2015）『英語と日本語における数量表現と関係節の解釈に関する記述的・理論的研究』開拓社，東京.

田中秀毅（2017）「of と out of が表す部分・全体の関係」『摂大人文科学』第24号，127–147，摂南大学.

[言語資料]

『BONES —骨は語る—』シーズン5（エピソード9），20世紀フォックス，2008年.

10 I mean と I know の使用の傾向と動機を探る
―語用論からみた評言節―

小林　隆

1.　はじめに

　本章では評言節の中でも典型的で使用頻度が高いものの、あまり注目されてこなかった I mean と I know を取り上げ、グライスの会話の公理とポライトネス理論という語用論の基本的な理論に基づいて考察します。意味を辞書のように並べるのではなく、使用傾向を整理し、「なぜ用いるのか」という話し手の使用原理を探るのが本章の目的です。

2.　評言節とは？

　評言節（comment clause）は Quirk et al.（1985）の用語で（秋元（2010: 1））、「一人称代名詞＋現在形の動詞」がもっとも典型的な形です。副詞の一つに分類され、文頭だけでなく文中や文尾にも出現します。また「早く小さく」発音され、ほかと分離したトーンユニット（tone unit）をもつのも特徴です。[1] Quirk et al.（1985）は評言節のタイプを6つあげていますが、なかでも I believe, I guess, I think, it is said, it seems など、次の例に見られるような主節由来のものを最も重要なタイプとして位置づけています。

---

[1]　しかし Stenström（1995: 292）によると、I think と I mean に限っては、トーンをもたないためこの特徴が該当しないとしています。

180 | 第 10 章　I mean と I know の使用の傾向と動機を探る

（1）　There were no other applicants, I believe, for that job.（Ibid.: 1112）
「その仕事に他に応募者はいなかったと思う。」

　主節由来の評言節には決まり文句的な（stereotyped）ものが多く、後続
の節との関係が弱いこと、談話の中でさまざまな機能をはたすという点
が主節（matrix clauses）との違いです。まず評言節としての I believe, I
guess, I think などは、主節で表される内容に対する話し手のためらいを
表すヘッジ（hedge）としての機能をもち、I know, I claim, I'm sure など
は話し手の確信の強さを、I'm glad to say, I hope, I wish などは話し手の
感情的な態度を表し、you know, you see などは聞き手の注意を引いたり、
同意を誘う機能があります。
　評言節によくみられる動詞 think, mean, know, see は、書き言葉よりも
話し言葉で用いられる頻度が圧倒的に高いことが知られていますが
（Stenström（1995: 290））、アメリカ人大学生の会話でも I mean, I think, I
don't know, I know などの表現は高頻度で現れます。[2]

表 1　CRMTP における「一人称主語＋（現在形）動詞」の頻度[3]

	回数		回数
I mean	225	I feel like	46
I think	204	I thought	35
I don't know	188	I don't think	35
I know	97	I see	14
I guess	80	I heard	13

---

[2]　Sheibman（2001: 71）は、友人や家族間の会話における「一人称＋認識動詞（verbs
of cognition）」の頻度を調査し、現在形 131 例中、I + know の形が 52 例あり（I +
think に次いで 2 番目の頻度）、その 52 例の 77％ が I don't know であったことを報告
しています。
[3]　CRMTP（Cultural Resource Manager Training Program）は金沢大学フィールドマネー
ジャー養成プログラムの支援のもと、2012 年に筆者がアメリカ合衆国で採取した発話
データです（cf. 小林（2013））。

2. 評言節とは？ | 181

本章では I mean と I know を取り上げますが、アメリカ人大学生の会話
では、I mean が下の (2) のように主節として that 節を従える例は一つも
なく、主に (3) や (4) のように先行発話の修正を示すものとして用いら
れます。Brinton (2008: 119–120) によると、現代英語では「～を意図し
て … する」という intend to の意味の I mean は極めて少なく、(2) のよ
うに「～を意味する」という signify の意味でよく用いられるようです。

(2)　　 LEMON:（中略）And you say Dr. Ben Carson is the latest GOP
　　　　　political unicorn. What do you mean by that?
　　　　「あなたは（新しい記事で）ベン・カーソン医師が最も新しい共和党の
　　　　ポリティカルユニコーンだと述べています。それは何を意味している
　　　　のでしょうか」
　　　　RICH: I mean, that the Republican Party has a lot of trouble
　　　　　attracting African-American voters.　　　　　（COCA）[4]
　　　　「私が言いたいのは、民主党がアフリカ系アメリカ人の投票者を獲得す
　　　　るのに大変苦労しているということです」

(3)　　 "Smaller, you know like smaller, I mean narrower. They all have
　　　　like little terraces like with the little curved balcony thing."
　　　　　　　　　　　　　　　　　　　　　　　　　　　　（CRMTP）

　　　　「（ケベックの建築はアメリカのそれと比べて）もっと小さい。もっと
　　　　小さい感じ、ていうかもっとせまい。全部（の建築物）に小さくて丸い
　　　　バルコニー的な、小さなテラスがあるんだ」

(4)　　 A: Have you been to Florida before?
　　　　「フロリダには行ったことある？」
　　　　B: I haven't been to Florida. I mean, I have.　　　（CRMTP）
　　　　「フロリダには行ったことない。いや、あった」

---

[4]　Corpus of Contemporary American English（http://corpus.byu.edu/coca/）

182 | 第 10 章　I mean と I know の使用の傾向と動機を探る

「〜を意味する」という動詞の意味が最も強く反映されているのが（2）で、（3）でも「small は narrow を意味する」ことは許容できるでしょう。しかし（4）になると、本来的意味の反映はかなり低いといえます。

3.　先行研究

3.1　I mean[5]

　先行研究では I mean のさまざまな意味が示されています（e.g. Schiffrin (1987), 田中・石崎 (1994), Fox Tree and Schrock (2002), 高原 (2002), Imo (2005), Brinton (2008)）。Schiffrin (1987) は動詞 mean の 2 つの本来的意味からの派生として、「命題内容の修正」と「（話し手の）意図の修正」という基本的意味をあげています。また I mean による言いよどみは会話のターン維持や聞き手の注意喚起の機能があります（田中・石崎 (1994), Aijmer (1996), 高原 (2002)）。

　話し手中心の観点から分析した Schiffrin (1987) に対し、Fox Tree and Schrock (2002) は聞き手との関係に注目し、interpersonal（その場の調整、相手のフェイスの保持）や monitoring（聞き手の理解チェック）などの対人的機能をあげています。Stenström (1994) は「聞き手が理解していなかったり納得していないというサインに気づき、ターン途中で会話を開始することがある」と述べており、同様に Schiffrin (1987: 296) も、「相手にうまく伝わっていないのではないかという疑いのために話し手は I mean を用いる」と述べています。

> (5)　　"I wish you could come with me!"「僕と一緒に来てほしい」
> 　　　　"I couldn't go away with you."「一緒には行けないわ」
> 　　　　"I mean, let's get married."　　　　（Schiffrin (1987: 297), 一部改）
> 　　　　「つまり、結婚しようってことなんだ」

---

[5]　他動詞を含み、後続の節との関係が弱く、文頭・文中・文尾のいずれにも出現可能であるという点で、Stenström (1984; 1995)、Aijmer (1996) と同様に、本章では I mean を評言節として扱います。

上は男性のプロポーズを女性が回想する場面で、引用部のみを抜き取ったものです。男性は最初の発話でプロポーズを意図しているのですが、2つ目の発話からわかるように、女性は男性の発話を文字通りの意味で解釈しています。そのために男性はI meanに続いて自身の意図を明示しています。「意図が聞き手に伝わっていない」ことを話し手が認識することが、I meanの使用の動機に深く関与しているといえそうです。

先行研究における関心事は機能分類であり、「話し手はI meanで何を修正しているのか」は示されていますが、「なぜI meanを用いるのか」という話し手の使用動機はこれまでに明らかにされてきませんでした。

3.2 I know

ほかの評言節に比べ、I knowに関する先行研究は非常に少なく、簡易的な言及にとどまっています。辞書を引くと「（わかりきったことに対して）わかっている」「（相手に同意・共感して）わかるよ」「いい考えがある」などの具体的な意味が載っています。文法書をみると、Quirk et al. (1985: 1114)は評言節としてのI know, I claim, I agreeなどを「話し手の確信度」を表すタイプに分類し、Brinton (2008: 18)はI know, I suppose, you knowなどの評言節は話し手の認識や証拠性を表す（epistemic/evidential）典型的な挿入詞であると指摘しています。

本節では、I meanとI knowのさまざまな意味を示しました。次節では、話し手はI meanとI knowを用いて何をしているのかという、話し手の使用の動機を、グライスの会話の公理とポライトネス理論という語用論の基本的な理論に基づいて探っていきます。

4. 語用論の理論に基づく考察

4.1 グライスの会話の公理、間接発話行為、ポライトネス理論

語用論とは「人は語を用いて何をしているのか」を追求する学問であり、発話が行われるその瞬間に生じる意味を扱います。語用論的意味、言外の意味、発話の意味、話者の（意図する）意味などと呼ばれますが、

184 | 第 10 章　I mean と I know の使用の傾向と動機を探る

ふつう言語表現それ自体がもつ、コンテクストに依存しない意味論的意味とは区別されます。Leech（1983: 6）は動詞 mean の 2 つの意味の違いによって意味論と語用論で扱う意味の違いを説明しています。（6a）と（6b）で問われる意味がそれぞれ意味論的意味と語用論的意味です。

(6)　　a.　What does X <u>mean</u>?「X はどういう意味ですか」

　　　　b.　What did you <u>mean</u> by X?「X によってあなたは何を意味していたのですか」　　　　　　　　　　　　　　（Leech（1983: 6））[6]

　グライスは Grice（1989）*The Studies in the Way of Words* のなかで、会話の「協調の原理（Cooperative Principle）」と 4 つの「会話の公理（Conversational Maxims）を提唱し、聞き手がどのように話し手の意図した意味を解釈できるのかを説明しています。協調の原理とは「会話の段階で、進行中の会話における共通の目的や方向性にそって、求められるだけの貢献をせよ」というもので、4 つの公理とは「多すぎず少なすぎず、適切な量の情報を与えよ（量の公理：Maxim of Quantity）」、「偽りや十分に根拠のないことを言うな（質の公理：Maxim of Quality）」、「関係のあることを言え（関係の公理：Maxim of Relation）」、「明快な言い方をせよ（様態の公理：Maxim of Manner）」というものです。グライスは発話の文字通りの意味を「言われたこと（what is said）」、そこから公理の利用によって導き出される言外の意味を「会話的推意（implicature）」、さらにコンテクストに依存せずに生じるものを「一般化された会話的推意（generalized conversational implicature）」、コンテクストに依存して生じるものを「特定化された会話的推意（particularized conversational implicature）」と呼んでいます。言われたことから会話的推意が生じ、聞き手に伝わるプロセスは、「一見、話し手が会話の公理を逸脱しているように思えても、深いレベルで協調の原理が守られていると想定することにより、聞き手が別の意味を探ることができる」と説明されます。たとえ

---

[6]　3.2 節で示す I mean の意味も、この 2 つの意味に基づいています。

4. 語用論の理論に基づく考察 | 185

ば、大学の同級生に就職先を尋ねたとき、相手が「営業」とだけ答えた
とき、あなたは「具体的な就職先は言いたくない」という別の意味（話
し手の真の意図）を受け取るでしょう。このときの「営業」が言われた
ことで、「具体的に言いたくない」という意味が（特定化された）会話的
推意であるといえます。

「営業」と「言いたくない」は発話のタイプ（発話行為）としては同じ
「陳述（statement）」に分類されますが、言われたことと別の意味が異な
る発話行為に属するとき、それは「間接発話行為（indirect speech act）」
と呼ばれます。Can you reach the salt? という質問によって、話し手は間
接的に依頼を行っているといえます。Searle（1979）によると、依頼の
「発話内の力（illocutionary force）」が成立するには、事前条件（e.x. 聞
き手は塩を取ることができる）、誠実性条件（e.x. 話し手は聞き手に塩
を取ってほしい）、命題内容条件（e.x. 話し手は聞き手が塩を取るとい
う未来の行為を明言する）、本質条件（e.x. 聞き手に塩を取らせようと
する話し手の意図がある）という4つの条件が満たされている必要があ
ります。間接発話行為は本質条件以外の条件が満たされていることを断
言・質問することによって、本質条件が満たされていることを示しま
す。そして話し手が間接的に発話行為を遂行する主な動機には、相手へ
の配慮（ポライトネス）があります（Sealre（1979: 48））。

グライスの会話の公理の逸脱に対し、「相手への社会的配慮」という
観点から動機づけを与えてくれるのが、Brown and Levinson（1987）が
体系化したポライトネス理論（Politeness Theory）です。[7] 彼女らは、社
会を構成する成人には「相手から邪魔されたくない」という「ネガティ
ブフェイス（Negative Face、以下 NF）」と「相手によく思われたい」と
いう「ポジティブフェイス（Positive Face、以下 PF）」という二種類の
相反する欲求があるといいます。そして相手の NF と PF への配慮のた

---

[7] グライスの協調の原理を補う性格が強いのは Leech（1983）の「ポライトネスの原
理（Politeness Principle）」ですが、Brown and Levinson（1987: 4–6, 271）も協調の原理
をゆるぎないものとして認めており、公理を逸脱せざるを得ない状況と、ポライトネ
スストラテジーの知識により、公理の逸脱の動機が推論可能であると述べています。

186 | 第 10 章　I mean と I know の使用の傾向と動機を探る

めの行動として、それぞれ 10 と 15 のストラテジーをあげています。また発話の種類にはどうしてもフェイス侵害が避けられないものがあり（「フェイス侵害行為（Face Threatening Acts）」）、たとえば謝罪は話し手の PF を、命令は相手の NF を不可避的に侵害します。

4.2　I mean

　本章のはじめの例のなかで、(3) の話し手は、先行発話 Smaller, – you know like smaller のなかの smaller という語の選択とその反復によって、様態の公理を無視（少なくとも、I mean と発話したときには、先行発話での言い方が明快でないことを自覚）しています。(4) で話し手はフロリダに行っているので、「質の公理」を逸脱しています。どちらの例においても、話し手は I mean 以下でグライスの公理に適合する形に言い換えることで、あいまい性を排除し、誤りを訂正しています。[8]

　次に話し手が会話的推意のレベルでグライスの公理に逸脱しているのが (5) の例です。話し手は先行発話 I wish you could come with me でプロポーズを意図していますが、聞き手が言われたことの意味で解釈したために、I mean 以下で話し手は自身の意図を明示します。「一緒に来てほしい」ということは「結婚しよう」という情報の一部であり、話し手は情報の量をあえて少なくすることで会話的推意としてプロポーズの意図を伝えようとするのですが、その会話的推意は話し手の意図とは異なって解釈されます。したがって、例 (5) では話し手が会話的推意のレベルで質の公理に逸脱したといえます。[9] Schiffrin (1987) の「命題内容の修正」と「意図の明示」という 2 つの基本的意味は、グライスの会話の公理より、話し手が先行発話で言われたことのレベルあるいは会話的推意のレベルでグライスの公理に逸脱したために、I mean のあとで

---

[8]　あいまい性の除去や指示物・直示の決定など、グライスの言われたことの構成には、会話的推意が導き出されるのと同様のプロセスが関与しています（Levinson (2000: 186)）。

[9]　Markkanen (1985: 59) も、I mean のあとに正確で明快な情報が続くことから、I mean の使用と質・様態の公理との関係に言及しています。

公理に適合する形に言い換えている、と説明が可能です。

　グライスの公理の逸脱が見られない I mean の例のなかには、ポライトネス理論によって説明可能なものがあります。

(7)　"Hi, Damian!" Tony smiled, then did a double take at the look in Damian's knife-like eyes. "I, I mean Mr. Flint"; he amended hurriedly and extended a hand. "How are you, sir?"　　　(BNC)
　　　「「やぁ、ダミアン！」トニーはほほえみかけ、ダミアンの刺すような目つきを二度見しました。「いえ、フリントさん」彼は急いで言い直し、手を伸ばしました。「ごきげんいかがでしょうか」

(7) で Tony は Damian に親しみを込めてファーストネームで呼びかけますが、Damian は恋敵である Tony を、嫌悪感を込めて睨みつけます。Tony はそれを察し、I mean 以下で敬称 Mr. をつけて呼び直しています。Damian と Mr. Flint は同一人物であるため、当然「言われたこと」の言い換えではなく、先行発話で話し手は情報の量・質・関係・様態に関して、会話に十分な貢献をしているといえます。ここでの言い換えの動機は、相手の NF の配慮として説明できます。話し手は最初、相手の PF に配慮しますが（Hi, Damian!）、それは逆に相手の NF を侵害する結果となり、結果として I mean 以下でネガティブポライトネスのストラテジー「敬意を示せ（give deference）」を選択しています。次の例でも話し手による相手のフェイスへの配慮がみられます。

(8)　"For J House, it wasn't that big deal because, you know, it's Japanese people, ... there are not that many people who want to speak Japanese all the time so, ... I mean there are a few of us, you know."　　　(CRMTP)
　　　「（大学の寮によっては希望するところに入居するのが困難だという話の続きで）J ハウス（Japan House）の入居はそんなに大したことはないんだ。だって、ねぇ、日本人だよ。日本語を四六時中話していたい人

なんてそんなにたくさんいないし。いや、でも、俺たちみたいな人が
何人かいるよね」

　この会話は日本人である筆者の目の前で行われ、so と I mean の間には
複数の会話の参加者による笑い声があり、その場にいた唯一の日本人で
ある筆者への配慮であったことは明らかで、話し手は聞き手である筆者
の PF に配慮した言い換えであるといえます。

　ここまで、話し手が I mean を用いる状況と動機について考察しまし
た。整理すると、話し手は先行発話で、言われたことのレベルあるいは
会話的推意のレベルでグライスの公理に逸脱したために I mean を用い
て、適合する形に言い換えます。また公理がすべて遵守され、会話的推
意も生じないとき、話し手は先行発話で相手のフェイスを侵害したため
に、I man を用いてその侵害を軽減する発話に言い換える、と説明する
ことができます。

　何を評言節の意味とするかは難しく、Fox Tree and Schrock（2002:
733–734）は（7）と（8）のような例において、フェイスの侵害と軽減は
I mean の有無に関わらず認められるため、相手のフェイス侵害の回避
は I mean 固有の特徴ではない（かもしれない）と述べています。しかし
彼らが主張するのは、コンテクストから独立した意味を扱う分析の正当
性というより、当該の言語表現を発話すること自体の機能を別に考察す
ることの重要性であるように思われます。評言節の意味とは、言語表現
それ自体だけでなく、その発話によって伝わるすべての意味との関係の
なかに存在するといえます（cf. Schourup（1999: 250））。

　ここで、話し手が評言節を発話することによって何をしているのかを
考えます。まずグライスの公理との関係で言えば、I mean の前後で似
たような情報の言い換えを行っているという点で、I mean を発話する
ことは様態の公理の逸脱を示します（Brinton（2008: 129））。[10] また Fox

---

[10]　Brinton（2008: 129–130）は I mean のさまざまな語用論的意味を、様態の公理（あ
るいは Levinson（2000）の M 原則）の逸脱によって導き出される「誘導推論（invited
inference)」として説明しています。

Tree and Schrock（2002: 741）は I mean を用いることで、よりカジュアルな会話の参加者を連想させるため、ポジティブポライトネスと関係し、それと同時に話し手は自身の発話へのコミットメントを弱めているため、ネガティブポライトネスと関わると述べています。また話し手は先行発話でグライスの公理を逸脱したり、相手のフェイスを侵害しているのにもかかわらず、I'm sorry などの謝罪表現を加えなくとも、I mean のみによって言い換えを行うことが可能です。したがって I mean を発話することで、話し手はフェイス侵害行為および自身の侵害を回避することができます。[11]

4.3 I know

アメリカ人大学生の会話における I know の頻度はかなり高く（表2を参照）、文頭・文中・文尾のうち文頭の頻度が圧倒的でした。

表2　CRMTP における I know の頻度

文頭	87（90%）	主節	36（37%）	主節 + that	6
				主節 + wh 節	5
		評言節	51（53%）		
文中	8（8%）	評言節			
文尾	2（2%）				
計	97（100%）	（主節 36（37%）、評言節 61（63%））			

興味深いことに、I know は後続の内容に対する話し手の高い確信を示す表現であるのに（cf. Grice（1989: 52–53）; Wierzbicka（2006: 233））、実際の大学生の会話を見ると、話し手が相手の求める情報や、後続の自身の発話内容に対して確信をもって答えるために I know を用いる例は少ないのです（1例）。

---

[11]　BNC と COCA では謝罪表現との共起（(I'm) Sorry, I mean...）は極めて少数でした。話し手は I mean を用いることで、自身の PF 侵害回避に加え、「私たちの仲で瑣末な言い誤りなど気にするな」という相手の PF を保持していると考えることができます。

190 | 第 10 章　I mean と I know の使用の傾向と動機を探る

　主節の I know には「(相手の知りたいこと／その他のことは分からないが) ～は知っている」という「限定的知識の表明」の意味と (13 例)、「(～はよくないこと／～すべきだということ／～が聞き手に都合の悪いこと) は承知している (が～)」という「相手のフェイス保持」の意味が多くみられました (7 例)。次の例では、話し手は先に知識の不足を先に I don't actually know で表明したあと、I know で周辺的と思われる情報を提示しています。

(9)　A:　Yeah, okay. What was it kind of like? Or did you like public high school? I don't know.
　　　　「へぇ、なるほどね。(公立高校って) どんな感じだったの？ていうか公立高校は好きだった？よく分かんないけど」

　　　B:　I liked it. I don't actually know if there was a private high school in Newtown. Like I know there were a couple in neighboring towns but I don't think we actually had one.　　　　(CRMTP)
　　　　「好きだったよ。ニュータウンに公立高校があったかどうか実際よく分からないんだよね。近くの町にいくつかあったってことは<u>知ってるんだけど</u>、僕の町にはなかったと思うね」

　話し手が I know によって知識の限定を示すということをグライスの公理に基づいて考察すると、そもそも陳述という行為は I know を会話的推意として聞き手に伝えるため、「I know ＋節」という形は会話的推意のレベルでグライスの様態の公理に逸脱することになります。その公理の逸脱により知識の限定の意味が会話的推意として生じると考えます。
　Wierzbicka (2006: 208) は It is raining と I think it is raining の違いについて、「雨が降っている」という発話によって話し手は「(そのことを) 知っている」ことをほのめかし (imply)、非個人的 (impersonal) に事実を主張するのが前者で、「雨が降っていると思う」という発話により話し手は「雨が降っていることを知っているとは言えない」ことをほのめかし、個人的 (subjective) に伝えるのが後者であるとしています。

（10）　It is raining =
　　　　a. I say: it is raining
　　　　b. I know　　　　　　　　　　　　　（Wierzbicka（2006: 208））
（11）　I think it is raining =
　　　　a. I say: I think like this: it is raining
　　　　b. I don't say I know　　　　　　　　　　　　　（Ibid.）

Grice（1989）の会話的推意には、I mean の例で見たような、公理の逸脱（無視（flouting）や逆用（exploiting））によって生じる会話的推意Ｆと、公理の遵守（observing）によって生じる会話的推意Ｏがあります（cf. 用語は Huang（2014: 31–37）を参照）。以下にあげるのが会話的推意Ｏの例で、話し手が質の公理を遵守していると聞き手が想定することで「話し手は発話内容が真であると信じている」「そう信じる何らかの根拠がある」という会話的推意が生じることを示しています。

（12）　Tim Berners-Lee invented the World Wide Web in 1989.
　　　　「ティム・バーナーズ＝リーは1989年に Web を考案した」
　　　　The speaker believes that Tim Berners-Lee invented the World
　　　　Wide Web in 1989, and has adequate evidence that he did
　　　　　　　　　　　　　　　　　　　　　　　　（Huang（2014: 33））
　　　　「会話的推意＞話し手はティム・バーナーズ＝リーは1989年に Web を
　　　　考案したことを信じており、それについて十分な証拠をもっている」

発話内容が真であると信じており、そう信じるための十分な根拠をもつということは、話し手は発話内容に関する知識をもっているといえます。したがって、陳述に付随する I know は会話的推意Ｏとして考えることが可能です。Wierzbicka（2006）によると、I think, I suppose などの認識様態的句（epistemic phrase）の意味の核に I don't say I know と I don't know という要素が深く関与しています。陳述がなされたとき、質の公理の遵守の想定により I know が会話的推意Ｏとして生じるとすると、

I think や I suppose という表現の前置は、会話的推意のレベルで質の公理を逸脱していることになります。I know が前置される場合、会話的推意としての「I know ＋節」にさらに I know が加わるため、会話的推意のレベルで「明快な言い方をせよ」という様態の公理を逸脱することになります。様態の公理の逸脱による会話的推意は「限定的知識の表明」の他に「共感」（2 例）や「不満」（1 例）の意味があります。

I know の例には、話し手が「知識があることを示す」というより、間接的に聞き手に許しを請うために用いられているものがあります。話し手が相手の NF を侵害しそうなときに、I know を用いて侵害の事実を認めたり（13a）、本意でないことを示すことで（13b）、相手のフェイス侵害を軽減できます（Brown and Levinson（1987: 188））。

(13) a.　<u>I know</u> this is a bore, but...
　　　　「これは、つまらないことですが...」

　　 b.　You've never bothered me, <u>I know</u>, but ...　　　　　　（Ibid.）
　　　　「あなたが私を煩わせたことが一度もないことはよく分かっていますが...」[12]

上の例はネガティブポライトネスのストラテジー「謝罪せよ（apologize）」の一種で、I'm sorry などの具体的な謝罪表現の代わりに、自身の非を認めることで相手の NF 侵害を軽減します。英語母語話者によると I know をつける（14a）のほうが、つけない（14b）よりも丁寧に聞こえるようですが、それは前者が話し手のほうに非があることをより明確にしているためかと思われます。(15) でも話し手は相手の NF 侵害を軽減しています。

(14) a.　<u>I know</u> I shouldn't ask, but how much do you earn a year?
　　　　「失礼を承知で伺いますが、年収はおいくらですか」

---

[12]　(13) の日本語訳は田中典子監訳 (2011) より引用しました。

b. I shouldn't ask, but how much do you earn a year?
「失礼ですが、年収はおいくらですか」

(15) A: Yeah. And I can't remember all the people's names, like I'm so bad at names.
「そう。全員の名前をおぼえられないの。人の名前って本当に苦手。」

B: You run back into them and it's like awkward, like I know I should know your name.　　　　　　　　　　（CRMTP）
「その人たちのとこに戻って「名前を覚えるべきだって分かってるんだけど」なんて言うのは変だしね。」

　評言節としての I know には、弱く発音され、必ずしも後ろにポーズが続かない「弱い共感・同意」（33 例）、I と know がそれぞれ強く発音され、後ろにポーズの続く「強い共感・同意」（13 例）、「（やや不満げな様子で）知識があることの表明」（3 例）、「ターン維持・獲得」（2 例）の意味がみられました。下の例では話し手が I know を用いて「強い共感」を示しており、「自分たちの大学は、学年に関係なく学生を交流させるのが上手だ」という B の発話に続いています。

(16) A: Yeah, like everybody can see the new faces and your friends, too.
「そう、みんなが新しい人に出会えるし、友達にも会える」

B: Right.
「そうだね」

C: I KNOW, that's so true, like everyone said that when I first entered, and I was just like really? But it's like so true.
　　　　　　　　　　　　　　　　　　　　　　　　（CRMTP）
「そう！本当にそう。入学したときにみんなそう言ってて、そのときは本当に？って感じだったけど、本当にその通りだった」

評言節の I know が言及するのは聞き手の発話の内容です。話し手は I know によって、相手の発話に対して「不満」や「共感・同意」を伝え

ます。I know の文字通りの意味を考えると、聞き手の発話内容と話し手の知識が一致していることを示すことになりますが、厳密にいえば両者が完全に一致することはありません。グライスの公理の観点からいうと、「I know（＋聞き手の発話内容）」は言われたことのレベルでグライスの質の公理を逸脱しています。したがって「不満」や「共感・同意」の意味は、グライスの公理の逸脱による会話的推意として生じると考えます。

　本節では主節の I know が会話的推意のレベルでグライスの様態の公理を逸脱し、評言節の I know が言われたことのレベルで質の公理を逸脱していることを示しました。しかしどちらも話し手が I know の意味を「会話的推意」として伝えている点で共通しています。I mean と比べると、話し手は I mean によって「公理の逸脱と適合」および「相手のフェイス侵害と軽減」を示すのに対し、I know は I know という発話そのものによって公理を逸脱し、それによって別の意味を伝えているといえます。重要な共通点は話し手が聞き手の注意を話し手と同一の対象に向けようとしていることです。前者の主眼はダイナミックな注意の向け方にあり、後者の主眼は両者が最終的に同一の対象に注意が向いたときの状態や感情にあります。

5.　認知語用論的分析の可能性

　認知語用論とは直示や推論のプロセスなど、語用論で扱われてきた言語現象を認知言語学の理論的観点から説明する試みのことです（山梨（2001））。認知言語学では言語表現の意味は認知プロセス（話し手の捉え方）に還元して記述されます。Langacker（2001）の「現行談話スペース（Current Discourse Space）」という談話モデルは、客観的に捉えられる意味（命題内容、言われたことのレベル）、話し手の捉え方が反映した意味（発話行為、会話的推意のレベル）、より抽象的な捉え方が反映した意味（ターン交替のレベル）、話し手と聞き手の間の相互行為（ポライトネスのレベル）をその射程に収めています（小林（2016））。

I mean を用いる際の「聞き手に伝わっていないのでは？」という話し手の疑いは、話し手の捉え方による説明が可能であり（ibid.: 44–45）、評言節の I know の意味も、発話行為のレベルとして、つまり「不満」や「共感・同意」という発話行為として記述することができそうです。しかし既存の認知言語学の理論では、話し手と聞き手の異なる視点やダイナミックに展開する認知プロセスの記述が困難であり（cf. 小林（2016, 2017））、さらに観る側（話し手と聞き手）と観られる側（対象）が対立していることにより、インタラクション（本章でいうと使用動機）の詳細な記述が困難であるといえます（cf. 中村（2016））。

6. おわりに

アメリカ人大学生の会話にみられる評言節のなかから I mean と I know を取り上げ、その使用傾向を示し、グライスの公理、（間接発話行為、）ポライトネス理論という語用論の基本的な理論に基づき、その使用動機について考察しました。話し手が I mean を用いるのは「グライスの公理に逸脱したため」あるいは「相手のフェイスを侵害したため」であり、I know を用いるのは（強い確信をもって伝えるためというより）「知識が限定されていること」「不満」「共感・同意」を示したり、相手のフェイスを保持するためです。

人間の会話のメカニズムの根本にはグライスの協調の原理があり（c.f. Tomasello（2008））、現実世界では話し手と聞き手の間で言語表現の意味が間断なく交渉されています。本研究は、評言節の使用原理をグライスの公理とポライトネス理論から見直し、認知語用論の観点から、評言節の全体系としてまとめることを最終的な目標としています。

本章は小林（2016）と Kobayashi（2018）の論文を基に作成したものです。

参照文献

Aijmer, Karin (1996) *Conversational Routines in English: Convention and Creativity*, Longman, London.

秋元実治 (2010)「Comment Clause とは」『Comment Clause の史的研究—その機能と発達—』秋元実治 (編), 1–28, 英潮社フェニックス, 東京.

Brinton, Laurel J. (2008) *The Comment Clause in English*, Cambridge University Press, Cambridge.

Brown, Penelope and Stephen C. Levinson (1987) *Politeness: Some Universal in Language Usage*, Cambridge University Press, Cambridge.[田中典子 (監訳) (2011)『ポライトネス—言語使用における, ある普遍現象—』研究社.]

Fox Tree, Jean E. and Josef C. Schrock (2002) "Basic Meanings of *You Know* and *I Mean*," *Journal of Pragmatics* 34, 727–747.

Grice, Paul H. (1989) *Studies in the Way of Words*, Harvard University Press, Cambridge, MA.

Huang, Yan (2014) *Pragmatics Second Edition*, Oxford University Press, Oxford.

Imo, Wolfgang (2005) "A Construction Grammar Approach to the Phrase *I mean* in Spoken English," *Interaction and Linguistic Structures* 42, 1–37.

Langacker, Ronald W. (2001) "Discourse in Cognitive Grammar," *Cognitive Linguistics* 12(2), 143–188.

Leech, Geoffrey (1983) *Principles of Pragmatics*, Longman, New York.

Levinson, Stephen C. (2000) *Presumptive Meanings: The Theory of Generalized Conversational Implicature*, MIT Press, Cambridge, MA.

Markkanen, Raija (1985) "English Parenthetical Clauses of the Type 'I believe/ you know' and their Finnish Equivalents," *Cross-Linguistics Studies in Pragmatics* (*Jyväskylä Cross-Language Studies* 11), 45–63, Dept. of English, University of Jyväskylä, Jyväskylä.

中村芳久 (2016)「Langacker の視点構図と (間) 主観性—認知文法の記述力とその拡張—」『ラネカーの (間) 主観性とその展開』中村芳久・上原聡 (編), 1–51, 開拓社, 東京.

小林隆 (2013)「アメリカ人大学生の談話標識使用傾向—タフツ大学の学生への調査から—」『金沢大学文化資源学研究』12, 158–164.

小林隆 (2016)「CDS の射程—談話標識 I mean の新しい例からの検証—」, 『日本語用論学会第 18 回大会発表論文集 (第 11 号)』, 41–48.

小林隆 (2017)「指示代名詞 *that* の用法に関する認知語用論的考察」, 『日本言語学会論文集』17, 48–60.

Kobayashi, Takashi (2018) *I mean as a Marker of Intersubjective Adjustment: A Cognitive Linguistic Approach*, Hituzi Syobo Publishing, Tokyo.

Quirk, Randolph et al. (1985) *A Comprehensive Grammar of the English*

Language, Longman, London.

Scheibman, Joanne（2001）"Local Patterns of Subjectivity in Person and Verb Type in American English Conversation," *Frequency and the Emergence of Linguistic Structure*, ed. by Joan Bybee and Paul Hopper, 61–89, John Benjamins, Amsterdam.

Schourup, Lawrence C.（1999）"Discourse Markers," *Lingua* 107, 227–265.

Searle, John（1979）*Expression and Meaning*, Cambridge University Press, Cambridge.

Stenström, Anna-Brita（1984）"Discourse tags," *Corpus Linguistics: Recent Developments in the Use of Computer Corpora in English Language Research*, ed. by Jan Aarts and Willem Meijs, 65–81, Rodopi, Amsterdam.

Stenström, Anna-Brita（1994）*An Introduction to Spoken Interaction*, Longman, London.

Stenström, Anna-Brita（1995）"Some remarks on comment clauses," *The Verb in Contemporary English: Theory and Description*, ed. by Bas Aarts and Charles F. Meyer, 290–301, Cambridge University Press, Cambridge.

Schiffrin, Deborah（1987）*Discourse Markers*, Cambridge University Press, Cambridge.

高原脩（2002）「談話標識」『プラグマティックスの展開』高原脩・林宅男・林礼子（編），29–33，頸草書房，東京.

田中茂範・石崎俊（1994）「日常言語における意味の生成：You know と I mean の役割」『情報処理学会研究報告自然言語処理（NL）』1994（28），9–16.

Tomasello, Michael（2008）*Origins of Human Communication*, MIT Press, Cambridge, MA.

Wierzbicka, Anna（2006）*English: Meaning and Culture*, Oxford University Press, Oxford.

山梨正明（2001）「認知語用論」，『入門語用論研究—理論と応用—』小泉保（編），179–194，研究社，東京.

11 コロケーションとイディオムと認知
―語と語の結びつきを探る―

堀　正広

1. はじめに

　本章では、コロケーション（collocation）やイディオム（idiom）について理解を深めていきます。まずコロケーションとは何かについて概観し、特にコロケーションと意味との関係について少し詳しく見ていきます。そして、コロケーションとイディオムとの関係について考察した後に、認知言語学の概念メタファーとの関わりでコロケーションの新たな側面を浮き彫りにし、語と語との結びつきの問題を探っていきます。

2. コロケーションの定義

　習慣的な語と語とのつながりや単語の相性の問題として扱われるコロケーションは、次のように定義することができます。

> 　コロケーションとは、語と語の間における、語彙、意味、文法等に関する慣習的な共起関係を言う。　　　　　　　（堀（2009: 7））

次節において、コロケーションを語彙、意味、文法の面から考えていきますが、この他にも文化、レジスター、個人の文体とも関係があります。たとえば、文化との関わりについては、英語で bread and の次に来る単語を英米人に尋ねると bread and butter のように butter と答える人が多いでしょう。一方、日本人に「ご飯と」の次の来る言葉を聞けば、

200 | 第 II 章　コロケーションとイディオムと認知

「ご飯と味噌汁」という回答が多いでしょう。これは、bread や「ご飯」
と語彙、意味、文法の関係と言うよりも英米人や日本人の食文化との関
わりの問題が語と語との結びつきの関係をもたらしていると考えられま
す（堀（2009, 2011））。同様にコロケーションは、レジスターや個人の文
体とも関わりがあります（堀（2017））。それでは、次節では、コロケー
ションの 3 つの側面である、語彙的コロケーション、文法的コロケー
ション、そして意味的コロケーションについて考えてみましょう。

3.　語彙的コロケーション

　日本語で「熱い水」や「冷たい水」は、英語では hot water や cold
water と言い、その形容詞と名詞の語彙的な結びつきは日本語と英語で
は一致しています。しかし、コーヒーに関しては、「濃いコーヒー」や
「薄いコーヒー」というように、日本語では「濃さ」で表現しますが、
英語では dense coffee や thin coffee とは言わないで、strong coffee や
weak coffee のように、日本語と違って「強さ」で表します。また、「薬
を飲む」に相当する英語は drink a medicine ではなく take a medicine の
ように動詞は take を取ります。このような、語と語との共起関係を語
彙的コロケーションと言い、この語彙的コロケーションは日本語と一致
する場合もあれば、異なる場合もあります。

　次に語彙的コロケーションと類義語の問題を考えてみましょう。次の
括弧の中に当てはまる英単語を考えてみましょう。

(1)　He gave another（　　　　　　）smile.

(2)　Look out at the（　　　　　　）blue sky above the street.

(3)　His eyes are（　　　　　　）green.

(4)　He has a（　　　　　）idea.

(5)　She had a（　　　　　）future.

括弧のなかすべてに当てはまる形容詞は bright です。物理的な「明る

い」を意味する形容詞 bright の類義語として、brilliant, beaming, radiant があるので、(1) には bright だけでなく、beaming, brilliant, radiant も可能です。ところが、(2) から (5) までは bright と brilliant だけがコロケーションとして可能です。したがって、bright と brilliant は例文の (1) から (5) すべてに当てはまるので、類義語と言えます。そして、beaming, radiant は (1) の例文においてのみ bright の類義語ですので、bright と brilliant は beaming や radiant と比べるとコロケーションの面からは類義関係が強いと言えます。

では、bright と brilliant は類義語として常に同じコロケーションで使用できるでしょうか。次の例を見てみましょう。

(6) John found himself once more alone in the large <u>bright room</u>.
「ジョンは広い明るい部屋の中でまた孤独を感じた。」　　　(BNC)

(7) It's a <u>brilliant performance</u>.　　　　　　　　　　(BNC)
「華麗な演奏だね。」

(6) の例は「明るい部屋」という意味で、(7) の例は「華麗な（素晴らしい）演技（演奏）」です。ところが、(6) の bright を brilliant に置き換えて、the brilliant room や、逆に brilliant を bright で置き換えて a bright performance は慣用的な語と語の結びつきとしては、一般的に言えません。形容詞 bright は、idea や future のような抽象名詞と一緒に使うこともできますが、brilliant に比べ、抽象名詞とのコロケーションには制約があります。一方、形容詞 brilliant は very bright と英英辞典（LDOCE, OED）では定義されるのですが、コロケーションの面からは、bright に比べると物理的な明るさを表す意味では制約があります。このように他の語との関係であるコロケーションの点から類義語を見ていくと、厳密な意味で同義語として常に用いられることはありません。

202 | 第 11 章　コロケーションとイディオムと認知

4. 文法的コロケーション

　形容詞の用法には、名詞の前（時には後）から修飾する限定用法と動詞の補語になる叙述用法とがあります。一般的に形容詞はどちらの用法にも使えますが、中にはどちらか一方にしか使えない形容詞があります。「完全な」や「絶対的な」など程度が極めて高いことを表す形容詞の場合を見てみましょう。この意味を表す形容詞には、absolute, complete, downright, outright, perfect, sheer, total, unmitigated, utter などがありますが、このうち限定用法にしか使えない形容詞は、perfect を除いた次の形容詞です。

> an **absolute** disgrace（全くの恥）, **complete** control（完全な支配）,
> a **downright** lie（紛れもない嘘）, **outright** victory（圧倒的な勝利）,
> **sheer** luck（全くの幸運）, an **unmitigated** disaster（大惨事）,
> **utter** despair（絶望）

一方、形容詞の中には次の例のように、叙述用法でしか使われないものがあります。

> I am so glad. / She is ill. / I am not sure. / Are you ready? /
> 「とてもうれしいです / 彼女は病気です / よくわかりません / 用意はいいですか？」
> She was all alone in a strange town.
> 「彼女は知らない町で全くのひとりぼっちだった。」

このような文法的制約をもった結びつきを文法的コロケーションと呼んでいます。

　文法的コロケーションは、形容詞だけでなく、動詞や副詞にも見られます。たとえば、動詞 agree（We agree to go back. 私たちは戻ってくると約束します）のように不定詞を目的語とする動詞として、decide, expect, refuse, want などがあります。一方、動詞 enjoy（We enjoyed listening to music. 私たちは音楽を聴いて楽しみました）のように動名詞を目的語とする動詞として、admit, deny, finish, stop などがあります。

また、語順も文法的コロケーションの問題です。副詞が自動詞を修飾する場合は、laugh heartily（心から笑う）のように、日本語では「心から」が先にきますが、英語では heartily は動詞 laugh の後に来て、日本語とは語順が逆になり、基本的には自動詞の後ろから修飾するという文法的制約があります。このように語と特定の文法的な制約との関係を文法的コロケーションと言います。

5. 意味的コロケーション

これまでコロケーションを語と語との相性の問題として語彙的コロケーション、そして語と特定の文法的な制約の問題として文法的コロケーションを見てきました。もう一つのコロケーションにおける重要な側面として、語と特定の意味的な相性の問題である意味的なコロケーションがあります。この意味的コロケーションは、語彙的コロケーションや文法的コロケーションよりも理解しにくいので、本節では少し詳しく説明していきます。

これから説明する語と意味との関係については、研究者によって用語に違いがあります。たとえば、semantic prosody（Louw（1993）），semantic preference（Sinclair（2003）），semantic association（Hoey（2005））があり、定義においても微妙な違いがあります。しかし本章では、問題になっているのは語と意味の関係の問題であり、また語彙的コロケーションと文法的コロケーションという用語との相性も考慮に入れて、意味的コロケーションという用語（堀（2009, 2011））を使用します。

それでは、意味的コロケーションとはどういうものでしょうか。次の日本語の例を見てください。

204 | 第 11 章 コロケーションとイディオムと認知

(8) a. 新しい事業を<u>計画</u>する。

    b. 新しい事業を<u>企画</u>する。

    c. 新しい事業を<u>画策</u>する。

上記の例の下線で示されている「計画・企画・画策」は、いずれも「工夫して計画を立てること」(『類語新辞典』419 頁)を意味します。例文の (8a) と (8b) に関しては、違和感はありませんが、(8c) に関しては、多くの人が何となく違和感を感じるでしょう。それは、「画策」という言葉が、「陰で悪事を画策する」のように好ましくないことを計画するときによく使われる印象を私たちは持っているからです。「画策」は、「計画」や「企画」とまったく同じ意味ですが、実際に使われるときには「計画」や「企画」とは違って、好ましくない状況や出来事を計画するときによく使われます。したがって、「画策という言葉は好ましくない意味と共起関係にある」という言い方ができ、このような語と意味の関係を意味的コロケーションと呼びます。

この「画策」という言葉が好ましくない意味で使われることを知っておきながら、故意にその反対の状況で使うと文学的なレトリックやアイロニーが生じます。次の俳句を見てみましょう。

    村おこし画策するや桃ゼリー

                (『週刊金曜日』「金曜俳句」2013 年 6 月 28 日号)

「村おこし」のひとつの秘策として、誰にも言わず虎視眈々と「桃ゼリー」をヒット商品にしようと企んでいる様子がこの「画策」で表されています。これを「計画」や「企画」で入れ替えて、「村おこし計画するや桃ゼリー」や「村おこし企画するや桃ゼリー」ではこの俳句の命は失われてしまいます。これは、「画策」の好ましくない意味的コロケーションをうまく利用した俳句と言えるでしょう。

この意味的コロケーションは、しばしば時間的な経過とともに変化することがあります。次のものは『広辞苑』からの「企てる」の例文です。

新しい事業を企てる。 　　　　　　　　　　　（『広辞苑』第 6 版）

この文に関して違和感はないでしょうか。「企て」は、「計画・企画・画策」と類義語で、確かに「工夫して計画を立てること」（『類語新辞典』419 頁）を意味します。しかし、「企てる」に関しては、「悪事を企てる」のように現代の日本人の多くは、「好ましくない意味と共起関係にある」表現という印象があるのではないでしょうか。興味深いことに、『日本国語大辞典』には「企てる」に関して、次のような記述があります。

　　中世以降は、何か重大で深刻なこと、良くないことを思い立ち、実
　　行する意で用いられるようになる 　　　　　（『日本国語大辞典』）

これは、「企てる」という意味的コロケーションが時間の経過とともに変化したと言うことができます。
　「企てる」のような意味的コロケーションの変化は決して特殊な例ではありません。たとえば、「鳥肌」は、「数学と聞くと鳥肌が立つ」のように好ましくない状況の文脈で使われますが、最近では、好ましい文脈でも使われ始めています。そのような「鳥肌」の意味的変化を無視できなくなり、『広辞苑』は第 6 版（2008 年）では、下記のように一文を追加しています。

　　近年、感動した場合にも用いる。「名演奏に鳥肌が立つ」

同じような例として、まだ辞書には記載されていませんが、「やばい」をあげることができます。「やばい」は、『日本国語大辞典』によると、本来は隠語で、「盗人などが官憲の追求がきびしくて身辺が危うい意に用いたのが一般化した語」です。しかし、現在では多くの若者が、「このケーキやばい！めちゃ美味い」のように「とてもすばらしい」という意味で使っています。これは好ましくない文脈で使われていたのが、好ましい文脈で使われるようになった、つまり意味的コロケーションが時

206 | 第 11 章　コロケーションとイディオムと認知

代とともに変化してきた例と言えます。

　それでは次に英語における意味的コロケーションの例を見ていきましょう。次の英文を見てください。

(9)　a.　His brilliant performance in the game brought victory to our team.
　　　　「その試合での彼の華麗なプレーは我がチームに勝利をもたらした。」

　　　b.　His brilliant performance in the game caused victory to our team.
　　　　「その試合での彼の華麗なプレーは我がチームに勝利を引き起こした。」

例文 (9a) も (9b) も文法的には問題はありません。しかし、(9b) においては、少し違和感を感じます。それは、動詞 cause は「好ましくない事柄や状況」をもたらす場合に使われても、「好ましい事柄や状況」においては一般的には用いられないからです。意味的なコロケーションがはっきりしている動詞です。次の例文を見てください。

(10) a.　The big earthquake caused deep misery to many people in Kumamoto.
　　　　「大地震は熊本の多くの人々に苦境をもたらした。」

　　　b.　The big earthquake brought deep misery to many people in Kumamoto.
　　　　「大地震は熊本の多くの人々に苦境をもたらした。」

例文 (10a) は、地震がもたらした好ましくない状況について言及しているので、動詞 cause の使い方は、この動詞の意味的コロケーションに適っています。では、(10b) はどうでしょうか。前の例で、動詞 bring は victory という語との共起に見られるように、好ましい状況をもたらすときに使いました。また、例文 (10b) にみられる misery というネガティブな内容の語との共起のように、好ましくない状況においても使うことができます。つまり、動詞 bring は動詞 cause のように特定の意味

的コロケーションは持っていない、中立的な意味的コロケーションの動詞と言うことになります。意味的なコロケーションの点から言えば、動詞 bring のほうが動詞 cause よりも意味的には広いコロケーションを持っていることになります。したがって、基本語に関しては、コロケーションの面から言えば bring のほうが cause よりも基本的な動詞と言うことになります。

　次に、「起きる・起こる」に関する下記の例文を見てみましょう。いずれも日本語の意味は、「その事故は昨日の午後7時に自宅の近くで起こった。」という意味です。

(11) a.　The accident happened near at my house at 7 p.m. yesterday.

　　 b.　The accident occurred near at my house at 7 p.m. yesterday.

　　 c.　The accident took place near at my house at 7 p.m. yesterday.

日本の学習辞典の多くは、動詞 happen, occur, take place を類義語として取り上げ、それぞれの違いに関して説明しています。たとえば、『ロングマン英和辞典』(2006) は、happen の項目で次のように記述しています。

　　 happen はふつう予期していないことが偶然起こることをいう。occur はフォーマルな語で、事件などがある特定の場所や状況で起きた場合に用いる。take place は予定の出来事が行われることをいう。

これら3つの動詞の違いについて、意味的コロケーションの点からも考えてみましょう。小学館コーパスネットワークのイギリス英語1億語のコーパスである British National Corpus (以下、BNC) を使って、動詞 happen の直前の名詞を調べてみます。

happen (31178) : thing (567), accident (191), incident (87),

　　　　　　　　　 attack (49), event (41), crash (34)

208 | 第 11 章　コロケーションとイディオムと認知

特徴的なことは、accident, attack, crash などの好ましくない出来事を表す名詞が happen の主語となっていることです。それでは、accident と直後に来る動詞のうちこれら 3 つの動詞との共起関係を調べてみると次のような結果となります。

accident（8261）: happen（187）, occur（97）, take place（8）
attack　（16371）: happen（49）, take place（23）, occur（17）
crash　　（4355）: happen（33）, occur（11）, take place（2）

いずれも happen が最も多いことがわかります。意味的コロケーションから言えば、動詞 happen は occur や take place に比べて好ましくない出来事を表す名詞と共起する傾向があるということができます。

　では、動詞 happen の直前の名詞で 5 番目に来る event の直後の動詞を調べてみましょう。

event: occur（140）, take place（111）, happen（37）

名詞 event に関しては、動詞は happen よりも occur や take place が共起頻度は高いことがわかります。この結果も、happen が occur や take place に比べて好ましくない名詞と共起する傾向があることが裏付けられます。

　このような意味的コロケーションは、副詞においても見られます。まず副詞 fixedly は、動詞 fix からの派生語です。この動詞の意味としては、一般的には次の 5 つの意味があります。(1)「(物理的に) 固定する」、(2)「(物理的に) 修理する」、(3)「(物理的に) 見つめる」、(4)「(心理的) 決める、定める」、(5)「(心理的) 記憶に留める、心に固定させる」。しかし、副詞 fixedly は、動詞の場合に比べ限定された意味、あるいは限定されたコロケーションでしか使われません。次の例は、BNCにおいて fixedly が直前や直後から修飾する動詞と形容詞です。頻度が 2 回以上の例を挙げています。

fixedly (65): stare (37), gaze (8), look (4)

副詞 fixedly は動詞を修飾し、動詞は「見るという行為」や「視線を固定する」意味をもつ動詞を修飾していることがわかります。したがって、副詞 fixedly は動詞 fix や形容詞 fixed に比べ、コロケーションの範囲が狭くなり、「見るという行為を表す」動詞と共起するという意味的コロケーションの特性を持っていると言えます（堀 他 (2009: 14–16)）。

6. コロケーションとイディオム

　本節では、コロケーションとイディオムの違いについて考えてみます。イディオムの特徴は、主に次の3つの点にあります。1) 語と語の関係から言えば、「極めて固定した共起関係」である。2) 意味の点から言えば、「構成部分の単語の意味が全体の意味を反映していない。」3) 文法の面から言えば、「文法的な拘束力が強い。」これらの3点は、絶対的な基準ではなく、少しずつ変異していく連続変異 (cline) です（堀 (2009: 27–30)）。たとえば、「死ぬ」を意味する kicked the bucket は、定冠詞 the を不定冠詞にすることも、bucket を pail や bottle に代えることも、受身形にすることもできませんし、語の意味の総和は「死ぬ」にはなりません。したがって、kicked the bucket はまさにイディオムです。しかし、同じようにイディオムとして扱われる kill two birds with one stone「一石二鳥」は、厳密にはこの3つの条件のすべてに当てはまるわけではありません。語と語の関係では、次の BNC の例にあるように、two birds ではなく three birds もあります。文法的な制約に関しては、kill two birds の間に troublesome や as it were が挿入されています。また、意味においても比喩的に使われていますが字義的な意味が反映されています。

(12)　Colloredo decided to <u>kill two</u> troublesome <u>birds with one stone</u>.
　　　「コロレドは一石で厄介な二鳥を射止めようと決意した。」　　（BNC）

（13） we could actually kill as it were two birds with one stone. （BNC）
「我々はいわば、一石二鳥で実際にはやり遂げることができた。」

（14） Kill three birds with one stone. （BNC）
「一石三鳥でやれ。」

他のイディオムも調べてみると、実際には語彙・意味・文法の3つの条件をすべて完全に満たしているイディオムは少ないことがわかります。したがって、イディオムをコロケーションと区別するのではなく、「固定したコロケーション」（fixed collocation）と考え、イディオムをコロケーションの一つのタイプと考える研究者もいます（Moon（1998: 3, 76））。次の引用は McCarthy and O'Dell（2005: 4）からのものです。

Idioms are a special type of collocation where a fixed group of words has a meaning that cannot be guessed by knowing the meaning of the individual words.
「イディオムとは固定した語群が個々の語の意味からは推測不可能な意味を有する特殊なコロケーションである。」

本章では、イディオムはコロケーションの一つのタイプであるという立場で論を進めていきます（堀（2010, 2012））。

7. コロケーションと認知

「高所得」、「高値」、「高頻度」、「高学歴」、「高位」、「高僧」、「高齢者」という言葉はすべてメタファーです、と言えば多くの人は驚かれるかもしれません。しかし、「高い建物」、「背が高い男性」という表現と比較してみると、「高所得」や「高学歴」は実際の高さを意味しているわけではないということがわかります。確かに所得の多い人は紙幣を積んでいけば、所得の低い人よりも紙幣の物理的な高さは高くなるかもしれませんが、「高い建物」や「背が高い男性」のように、実際に目にしてい

る光景を述べているわけではありません。所得の多さを物理的な空間の高さに喩えているのです。

Lakoff and Johnson（1980）は、これまで伝統的に文学に特有なレトリックや言葉の彩として扱われていたメタファー（metaphor 隠喩）は、一般的な言語表現にも見られ、我々はメタファーがなければ言語活動はできないと言っています。そして、メタファーはある概念領域を別の概念領域で理解することなので、特に概念メタファーと呼んでいます。「高所得」や「高学歴」の場合、物理的な空間の高低を表す概念領域を使って、所得や学歴などの異なった別の概念領域で理解しようとする表現は、まさにこの概念メタファーであると言えます。

このようなメタファーとしての使い方は、物理的な空間の高低を表す形容詞「高い」に意味的な拡張が起こり、実際には物理的に高くはないものに対しても使われている、という説明をすることができます。これは認知言語学の説明の仕方ですが、このような視点からさらに、「高い」の反意語である「低い」という形容詞も含めて、メタファーとして使われる場合のコロケーションを考えてみましょう。

日本語の場合、「高い」の反意語は「低い」です。「高い建物」、「低い建物」のように物理的に目に見えるものと一緒に使われる場合には、「高い」、「低い」には概念メタファーは生じません。ところが、「高学歴」や「学歴が高い」、「高所得」や「所得が高い」の場合と「低学歴」や「学歴が低い」、「低所得」や「所得が低い」のように、「学歴」や「所得」のような抽象的な概念と一緒に使われると、「高い」と「低い」は物理的な意味ではなく概念メタファーとして比喩的に使われます。

日本語の場合、「高い」は、「高い建物」や「背が高い人」のように、物だけでなく人に対しても使います。しかし、英語の場合は「高い」にあたる形容詞は、一般的な形容詞としては、high と tall があります。この二つの形容詞は、コロケーションの面から見るとはっきりとした違いが見られます。次のコロケーションの共起表を見てください。

212 | 第 II 章　コロケーションとイディオムと認知

表1　形容詞 high と tall が修飾する直後の名詞

形容詞 high (58,476)			形容詞 tall (5,037)		
順位	共起語	頻度	順位	共起語	頻度
1	education	2,496	1	man	182
2	level	2,467	2	building	82
3	court	1,854	3	tree	68
4	street	1,213	4	figure	61
5	standard	1,141	5	order	61
6	quality	1,081	6	boy	40
7	rate	921	7	glass	40
8	proportion	874	8	woman	38
9	school	664	9	window	34
10	degree	638	10	girl	30
11	price	637	11	chimney	28
12	speed	531	12	plant	24
13	interest	494	13	tower	24
14	risk	401	14	grass	22
15	priority	374	15	ships	21
16	cost	373	16	story	19
17	point	348	17	tale	18
18	unemployment	318	18	house	17
19	temperature	305	19	ship	12
20	performance	303	20	stone	12

　この表は、BNC における形容詞 high と tall と直後に共起する名詞 20
位のリストです。形容詞 high は、空間における高低の高さを示す a
high building や a high tree のように建物や木と一緒に使われますが、頻
度の面で見てみると 1 位から 20 位までの名詞との共起はすべてメタ
ファーとして使われています。4 位の high street は、日本語の「本通り、
大通り」に相当する表現で、high は空間的な高さを示しているわけで
はありません。他方、形容詞 tall は、第 5 位の a tall order（無理な注文）
と 16 位の a tall story（ほら話）以外は、「人、木、建物」など目に見え

る具体的な物と共起しています。認知の面から high と tall のコロケーションの特徴を述べると、high はメタファーとして使われることが多く、tall は high と比べるとメタファーとしては使われることはまれである、ということになります。

それでは反意関係にある形容詞 high と low の共起関係を比較して見ましょう。

表2　high と low が修飾する直後の名詞

形容詞 high (58,476)			形容詞 low (29,522)		
順位	共起語	頻度	順位	共起語	頻度
1	education	2,496	1	level	1,275
2	level	2,467	2	income	505
3	court	1,854	3	price	396
4	street	1,213	4	rate	385
5	standard	1,141	5	cost	367
6	quality	1,081	6	house	241
7	rate	921	7	temperature	231
8	proportion	874	8	voice	209
9	school	664	9	wage	202
10	degree	638	10	interest	192
11	price	637	11	part	186
12	speed	531	12	end	164
13	interest	494	13	status	152
14	risk	401	14	country	147
15	priority	374	15	class	146
16	cost	373	16	profile	146
17	point	348	17	lip	142
18	unemployment	318	18	priority	139
19	temperature	305	19	risk	134
20	performance	303	20	point	133

形容詞 low においても形容詞 high の場合と同じように、20位のうち、

214 | 第 II 章　コロケーションとイディオムと認知

物理的な空間の意味で使われているコロケーションは 17 位の lip との共起で、her lower lip「下唇」（low lip ではないことに注意）として使われる場合だけです。8 位の a low voice「低い声」はメタファーではないように思われるかもしれませんが、これは声の高さを空間の高さで表している点でこれもメタファーと言うことになります。したがって、low も名詞との共起ではメタファーとして使われることが多いことになります。

表 2 において、反意語関係にある形容詞 high と low がメタファーとして使われているコロケーションとして次のものがあります。

(a) high education vs. low education,

(b) high level vs. low level,

(c) high standard vs. low standard,

(d) high quality vs. low quality,

(e) high price vs. low price,

(f) high risk vs. low risk,

(g) high income vs. low income,

(h) high priority vs. low priority,

これらに相当する日本語もまた、英語と同じように空間的な高低で言い表すことができます。

(a)「高学歴・低学歴」、

(b)「高レベル・低レベル」、

(c)「高水準・低水準」、

(d)「高品質・低品質」、

(e)「高価格・低価格」、

(f)「高い危険性・低い危険性」、

(g)「高収入・低収入」、

（h）「優先順位が高い・低い」、

このように、英語の反意関係にある high と low がメタファーとして使われるコロケーションは、日本語の反意関係「高い」と「低い」においてもほとんどの場合対応関係があります。つまり、空間的な概念メタファーである英語の high と low は、日本語においてもほとんどの場合に反意関係が一致すると言うことができます。しかし、他の概念メタファーにおいて反意関係は、必ずしも英語と日本語では一致するとは限りません。反意関係にあるメタファーの対応関係を調べると、大きく分けて少なくとも次の3つの場合があります。

（i）日本語と英語では完全に一致する
strong conjugation vs. weak conjugation「強変化」と「弱変化」、
a heavy industry vs. a light industry「重工業」と「軽工業」、
with a heavy heart vs. with a light heart「重たい心で」と「軽い心で」
（ii）英語での反意関係と日本語の反意関係が異なる
strong coffee vs. weak coffee「濃いコーヒー」と「薄いコーヒー」、
a strong flavor vs. a weak flavour「濃い味」と「薄い味」、
heavy rain vs. light rain「大雨」と「小雨」
（iii）メタファーでは反意関係だが、字義的な意味では反意関係にない
a heavy price vs. a small price「高い代償」と「安い代償」
（*a light price や「低い代償」とは言わない。）、
a strong possibility vs. a small possibility「大きな可能性」と「小さな可能性」（*a weak possibility や「強い可能性」とはいわない）

一般的には、（i）の例のように、日本語と英語では一致する場合が多いのですが、（ii）や（iii）のような英語と日本語の反意関係のメタファーの

216 | 第 11 章　コロケーションとイディオムと認知

認識も必要です。

8.　語順

　前節では物理的な反意関係のメタファーのコロケーションを見てきました。本節では、さらに反意関係の形容詞が A and B のコロケーションで使われる場合を見ていきましょう。次の例を見てください。

（15）　I searched <u>high and low</u> for the missing key.

（『ジーニアス英和大辞典』）

「なくなったかぎを見つけようといたる所を捜した。」

この例文の high and low は、単に空間的な高さだけでなく、空間的な横の広がりも含めて、「至る所、あらゆるところ」を意味しているので、意味の拡張が起こりメトニミーとして使われ、より一般的な意味で使われています。また、文法的には、動詞 searched を副詞的に修飾しています。次の例文では、意味の拡張はメタファーとなり、イディオムとして使われています。

（16）　All the citizens, <u>high and low</u>, gathered there.（『英和活用大辞典』）

「あらゆる階級の市民がすべてそこへ集まった。」

この high and low は、空間的な意味から「あらゆる階級の人々」という意味でメタファーとして使われています。また、high and low は、本章の第 6 節で見てきたように、3 つの語彙・意味・文法の点からイディオムと言うことになります。つまり、この例文においては、high and low のいずれかの単語を別の単語で入れ替えたり、副詞を使って、high や low を強調したり、あるいは主語として単独で使うことができないというイディオムとしての制約があります。

　このように反意関係にある形容詞 A and B のコロケーションは、他に

も次のような例があり、いずれも意味の拡張が行われています。

(17) big and small businesses in more than one hundred countries
      worldwide   (BNC)
      「世界中の100カ国以上の大企業から小企業にいたるまで」

(18) development of heavy and light industry   (BNC)
      「重工業や軽工業の発展」

(19) old and young, fat and thin; all were grist to her mill
                                            (『新編英和活用大辞典』)
      「年寄りだろうと若かろうと、肥っていようとやせていようと、彼女は
      （男なら）だれでも来いという感じだった」

(20) The long and the short of it is that . . .   (『新英和大辞典』)
      「かいつまんで言えば［結局、つまり］・・・だ。」

これらの反意関係にある形容詞 A and B において、興味深いことに、その語順は、「無標の形容詞（an unmarked adjective）＋有標の形容詞（a marked adjective）」がほとんどということです。「無標」、「有標」とは、たとえば man と woman の場合、man は woman も含んだ man（人間）の意味でも使われますが、woman はそのような使い方ができません。この場合、man を「無標」といい、woman を「有標」と言います。形容詞の場合、年齢や背の高さを聞くとき、How old is he? や How tall is he? とは言いますが、生まれたばかりの子どもや背の低い人に対して、How young is he? や How short is he? とは言いません。この場合、old や tall は「無標」で、young や short は「有標」と言います。

　本来は形容詞である A and B のパターンでは、確かに old と young に関しては、young and old alike（老いも若きも同様に）のように「有標の形容詞＋無標の形容詞」の語順もありますが、他の形容詞のパターンでは、「無標の形容詞＋有標の形容詞」の語順が一般的です。つまり、反意関係にある形容詞のメタファーとして使われる A and B のパターンには文法的コロケーションの特徴が見られるということになります。

9. おわりに

　本章では、語と語の結びつきであるコロケーションを語彙、文法、意味の点から定義し、イディオムとの関係について考察してきました。また、認知言語学の概念メタファーを援用して、コロケーションの新たな側面を探ってきました。

　コロケーションは、語彙・文法・意味のすべてに関わりがあり、共時的な問題だけでなく通時的な問題、つまり英語史の問題とも関わりがあります。本章では、限られた問題に絞ってコロケーションを論じてきましたが、さらに他の英語学の視点からも論じ、コロケーションの問題を掘り下げていきたいものです。

参照文献

Biber, Douglas, Stig Johansson, Geoffrey Leech, Susan Conrad, and Edward Finegan (1999) *Longman Grammar of Spoken and Written English*, London: Longman.

Hoey, Michael (2005) *Lexical Priming: A New Theory of Words and Language*. London: Routledge.

Hori, Masahiro. (2004) *Investigating Dickens' Style: A Collocational Analysis*: Basingstoke: Palgrave Macmillan.

堀正広 (2009)『英語コロケーション入門』研究社，東京.

堀正広 (2010)「コロケーションに関する諸問題」『英語研究の次世代に向けて』吉波弘・中澤和夫・武内信一・外池滋生・川端朋広・野村忠央・山本史歩子 (編)，253–264，ひつじ書房，東京.

堀正広 (2011)『例題で学ぶ英語コロケーション』研究社，東京．

堀正広 (編) (2012)『これからのコロケーション研究』ひつじ書房，東京.

堀正広 (2017)「コロケーションとスタイルと英語学習」『英語のスタイル—教えるための英語文体論入門—』豊田昌倫・堀正広・今林修 (編)，48–59，研究社，東京.

堀正広・浮網茂信・西村秀夫・小迫勝・前川喜久雄 (2009)『コロケーションの通時的研究—英語・日本語研究の新たな歩み—』ひつじ書房，東京.

井上永幸 (2001)「コーパスに基づくシノニム研究—happen と take place の場合—」『英語語法文法研究』No.8, 37–53.

石田プリシラ (2005)『言語学から見た日本語と英語の慣用句』開拓社, 東京.

Lakoff, George and Mark Johnson（1980）*Metaphors We Live by*, Chicago and London: The University of Chicago Press.

Louw, Bill.（1993）Irony in the Text or Insincerity in the Writer? The Diagnostic Potential of Semantic Prosodies. Mona Baker, Gill Francis and Elena Tognini-Bonelli（eds.）*Text and Technology: In Honour of John Sinclair*. pp. 157–176. Amsterdam: John Benjamin.

Louw, Bill and Mariya Milojkovic（2016）*Corpus Stylistics as Contextual Prosodic Theory and Subtext*. Amsterdam: Benjamins Publishing.

McCarthy, Michael and Felicity O'Dell.（2005）*English Collocations in Use: Advanced*. Cambridge: Cambridge.

Moon, Rosamund.（1998）*Fixed Expressions and Idioms in English: A Corpus-Based Approach*. Oxford: Clarendon Press.

O'Dell, Felicity and Michael McCarty.（2008）*English Collocations in Use: Advanced*. Cambridge: Cambridge University Press.

Partington, Alan（1993）'Corpus Evidence of Language Change The Case of the Intensifier,' *Text and Technology: In Honour of John Sinclair*. Amsterdam: John Benjamins, 177–192.

Sinclair, John.（2003）*Reading Concordances*. London: Pearson Longman.

Stubbs, Michael.（2001）*Words and Phrases: Corpus Studies of Lexical Semantics*. Oxford: Blackwell.

滝沢直宏（2006）『コーパスで一目瞭然』小学館，東京.

投野由起夫（編）（2005）『コーパス英語使い分け200』小学館，東京.

12 認知から言語をとらえる
―超入門・認知言語学―

中村芳久

1. はじめに

　ことばが、外界や内面を＜描く＞ということに異論をとなえる人はいないでしょう。しかし、描かれる外界や内面は、私たちが捉えた限りのものですから、＜描写内容＞には一定の＜捉え方＞が表裏一体のかたちで伴っています。したがって描写を専一とするとはいえ、言語を＜捉え方＞抜きに考察することはできないはずです。＜捉え方＞すなわち＜認知＞を中心に据え、そこから言語をとらえなおす作業が認知言語学で行われ、興味深い多くの成果があげられています。

　メタファーやメトニミーでは特に、何を表しているかよりも、その背後でどのような認知が働いているかが重要で、それが、外界や内面を理解し構築する際の重要な認知能力だった、という人間の認知の根本にかかわることが明らかになりました。さまざまな文法現象についても、ラネカー（Ronald Langacker）の提唱する認知文法（Cognitive Grammar）の枠組みから、その背後に働いている認知プロセスが究明されています。文法化や言語習得の背後にある一般的（domain-general）な認知の仕組みが明らかにされており、単純な言語生得説ではもたなくなっています。言語によって好みの認知の仕方が異なれば、その観点からの認知的な言語対照や言語類型論が成立します。

　進化生物学者ドブジャンスキー（T. G. Dobzhansky）の「進化の観点をぬきに学問は意味をなさない」という発言以来、あらゆる学問に進化・創発の説明が要求されますが、言語進化については、認知の観点からの

222 | 第12章　認知から言語をとらえる

問いの立て方は比較的容易で、「言語の進化を引き起こす認知的要因は
なにか」というような問いになります。つまりは「言語の背後にある認
知モデルはどのように進化したか」という問いですが、認知的説明に成
功を収めている認知文法理論の認知モデルがどのように進化したのかを
考察することが、研究の糸口になるでしょう。言語進化研究のもう一つ
の糸口は、ハイネとクテヴァ（Heine and Kuteva（2007））の文法進化シ
ナリオです。6層から成る進化過程のなかの5番目の層の文法要素の創
発こそが人間言語の進化を特徴づけているとします。その第5層の文法
要素である＜代名詞＞、＜定冠詞＞、＜関係詞＞、＜補文標識＞、
＜格＞、＜時制＞の背後に共通に見られる認知プロセスの進化こそが、
人間言語の進化の引き金となるとも言えるでしょう。

　以上のように認知という側面から、言語現象の全域について原理だっ
た解明ができそうですから、関心のある言語現象について、その背後に
ある認知プロセスはどういうものか、一度考察してみると、それはレベ
ルに応じてりっぱなレポートや研究論文になると思われます。語彙や構
文の意味一つをとっても、それらが表す意味内容（conceptual content）を
明らかにするということに汲々としている状況ですから、どのような認
知（construal, cognitive processing）が背後に働いているかという観点から
分析すると、目からうろこの状況が待っているかもしれません。ちなみ
に同じ構文分析でも、いわゆる構文文法や概念意味論は、意味内容の記
述や語用論的記述が中心で、その分析に認知を導入しませんが、認知文
法に基づく構文分析は当然、認知の観点からの解明が基盤になっていま
す。

　本章では、言語が大きく語彙と文法から成るとして、認知が語彙に、
そして文法に反映しているとはどういうことか、ということから見てい
くことにしましょう。

2.　認知が語彙に反映するということ：動詞 *rise* の場合

　私たちがある言語、例えばロシア語を知っているというとき、その単

2. 認知が語彙に反映するということ：動詞 rise の場合　　| **223**

語を知っているだけではなく、その単語を組み合わせて文にするときの
パタン、つまり文法を知っているということですから、言語を知ってい
るとは、大きく語彙と文法を知っているのであり、言語は概略、語彙と
文法から成る、といえます。

　そうすると「認知が言語に反映している」というとき、認知が語彙に
どのように反映しているか、また認知が文法にどのように反映している
か、ということを見ていくことになります。まず「認知が語彙に反映す
る」とはどういうことでしょうか。

　次の例文の動詞 *rise* に注目してみましょう。

（1）　The balloon <u>rose</u> gently into the air.

ことばは外界や内面を描写するということがありますが、この文の動詞
rise は、風船がゆっくり空中へ上昇していく様子を描写しているので、
この動詞は、間違いなく、「上昇する」という外界の状況を描写してい
ます。では次の例の動詞 *rise* はどうでしょう。

（2）　The hill <u>rises</u> gently from the bank of the river.

　この例文にも動詞 *rise* が用いられていますが、この文が描写している
のは「その丘は川の土手のところから緩やかな上りになっている」とい
う丘の形状・状態ですから、そこに上昇しているものは何もありません。
　では「上昇する」ところを描写するはずの動詞 *rise* がなぜここで使
われているのでしょうか。辞書を見るとそういう用法があることはわか
りますが、なぜかまでは書いてありません。「風船の上昇」と「丘のな
だらかな登り」を観る側がどのように眺めているかを考慮するといっぺ
んに謎が解けます。そのようすを絵にしてみましょう。

(3) a.

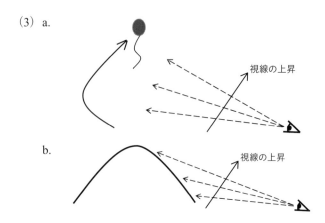

　明らかなようにいずれの場合も、観る側（認知主体）は、風船の上昇という動きであれ、動きのない丘の傾斜であれ、対象を視線の上昇によって捉えています。
　つまり、対象が、上昇している・いないに関係なく、視線の上昇という同一の認知でとらえているために、動詞 *rise* が用いられているというわけです。対象のあり方（content）だけに注目すると、この動詞の使用に関する一般化はいつまでも不可能ですが、観る側（認知主体）の捉え方（construal）に注目すると、以下のようにすっきりした一般化が可能です。

(4) 動詞 *rise*：視線の上昇によって捉えられる事態（上昇や形状など）を描写する。

対象がどうであるかより、対象をどう捉えるかが、動詞などの使用を決めるのです。一見すると語彙はいろいろな意味用法を持ち多義ということになりますが、それは一つには、同一の＜捉え方＞で異なるいくつかの事態を捉え、描写するため、と言っていいでしょう。
　視線の上昇によって捉えられる、形状を描写する *rise* の類例は豊富です。

2. 認知が語彙に反映するということ：動詞 rise の場合 | **225**

(5) a. Huge mountains <u>rose</u> before our eyes.
「巨大な山々が目の前にそびえていた。」

b. You can see the Alps <u>rising</u> over the clouds.
「アルプスの山々が雲の上にそびえているのが見えますよ。」

巨大な山々もアルプス山脈も、上昇しているのではなく、見上げられていて、視線の上昇という捉え方が *rise* の使用を決定づけています。

次の例文（6）の動詞 *surround* の場合も、「視線の一巡によって捉えられる事態（動きや状態）」を叙述しますから、(6a) のように「兵士が包囲する、取り囲む」という動きも、(6b) のように「濠が城を囲んでいる」という位置関係（状態）も、描写するわけです。

(6) a. The soldiers <u>surrounded</u> the castle.「兵士が城を取り囲んだ。」

b. A moat <u>surrounded</u> the castle.「かつて濠が城を取り囲んでいた。」

(7) A cape <u>shoots out</u> into the sea.「岬が海に飛び出ている」

(7) の *shoot out* も「飛び出る」という動きを眺める際の視線の動きが重要で、その視線の動きで、岬の形状が捉えられるために *shoot out* を用いた「岬が飛び出ている」という表現が生じます。

ウイリアム・ジェイムズ（William James 1842–1910）は、100 年以上も前の、当時最高の心理学者の一人であり、作家 Henry James の兄でもありますが、この研究者は、認知の対象とその捉え方が本来表裏一体であることを、すでに論じています（James (1905, 再掲載 2003: ch V)）。その論考で、「美しい」という形容詞が、対象の中の美を描写しているのではなく、美とは観る側に生じる主観的な＜快＞が対象化されたものだ（objectified "pleasure"）という Santayana の研究（*The Sense of Beauty*）を紹介しています（James (2003: 75)）。つまり「美しい」は、対象に存在する美を描写しているのではなく、観る側が快感をもって眺め、捉えたものをそこに美があるように「美しい」と形容するのであり、この場合も捉え方（construal）が「美しい」の使用を決めていると言えるでしょ

う。エゴン・シーレ（Egon Schiele）の死をテーマにした描画でも、観る側がなんらかの＜快＞を感じながら眺め、捉えれば「美しい」と形容されるわけです。一般に美か醜かの議論に終わりがないのは、観る側の認知（快を感じて観ているかどうか、主観）がそれを決めるためでしょう。

　最近の脳科学にも次のような興味深い研究があります。男性が女性のことを「魅力的だ」と思ったり、言ったりしたとき、そのような女性のヒップとウエストの比は 1：0.6 だというのです。とすると、「魅力的な」はなにか＜魅力＞のある対象を描写するのではなく、対象のある種の比率を形容する語ということですが、その先が強烈なのです。このような「ゴールデン比率」の女性から生まれた子どもは、そうでない女性から生まれた子供より、いわゆる頭がいいという研究結果があるらしいのです。そうすると「魅力的な」は、「より優秀な才の子孫を残してくれそうだ」という観る側の捉え方を反映した語彙だということになります。これは、「美人」脳科学者の中野信子さんが語っていたことですが（『サワコの朝』2016/1/23 放送）、さらに「魅力的な」は、私たちの奥深くの遺伝子レベルで、より優秀な遺伝子を残そうとする「我儘な遺伝子」（selfish genes）の要請を反映する語彙だとも言えそうです。認知主体の認知は、その奥深くでは遺伝子レベルの判断まで関与していることがあるというわけです。

　このように、語の使用は、観る側が対象を認知する際の＜視線＞から、＜快＞の感覚、＜遺伝子の要請＞までが決めていて、単純に対象の動きや性質を描写しているのではない、ということです。

　言語に直接関連する現象に戻ると、主体移動（subjective motion）つまり観る側（認知主体）の視線の移動、に関わる日英語表現で興味深いことがあります。(8)(9) の例では、英語の *go* や *run*、日本語の「走る」「行く」が、何かが走ったり移動したりする動的事態ではなく、そのような移動を捉える際の視線で捉えられる、静的な事態を描写しています。

(8) a.　The highway {goes/runs/meanders/zigzags/proceeds} through the desert.

b.　The wire {goes/runs/meanders/zigzags/proceeds} through the
　　　　desert.
(9) a.　そのハイウェイは砂漠の真ん中を　{走っている / 行く / 通っ
　　　　て行く}。
　　b.　その電線は砂漠の真ん中を　{通る /* 行く /?? 通っていく}。

　興味深いことに、(8a) (9a) の主語はハイウェイですが、この主語が
通行可能な経路であるために、英語でも日本語でも視線の移動によって
捉えられる経路表現（状態表現）が可能ですが、(8b) (9b) の電線（wire）
のように主語が通行不可能な経路になると、日本語の文 (9b) の容認度
が下がります（Matsumoto (1996)）。主体移動・主観移動と呼ばれる表
現が、「主観的な」日本語に、制限が多いのは不思議ですが、次のよう
に考えられます。
　つまり、日本語の場合は、視線だけでなく身体ごと通行可能だとイ
メージできるような経路でないと、主体移動表現が許容されないという
ことであり、日本語には文字どおり身体を通しての認知（embodied cog-
nition）を反映する部分が多いことを予想させます。さらに言えば、英
語のような言語は、対象から距離を置いて眺める視覚的な捉え方をより
多く反映し、日本語のような言語は、対象と身体を通して直接的に相互
作用するような捉え方を多くしているという点でより主観的な言語と言
えるでしょう。
　先に動詞 *rise* が、動きのない丘の形状の描写にも使用されることを
見ましたが、このとき、対象の上昇移動（対象、客体）に必然的に伴う
視線の上昇（主体の捉え方）が、対象や客体から離脱（displace）してい
ます。これがいわゆる言語記号の特徴とされる恣意性の認知的要因に
なっています。認知の客体（対象）と認知の主体（捉え方）が表裏一体
であり、必然的に結合していた状態から、捉え方（主体）が対象から離
脱すると、その捉え方は、本来の対象とは異なる対象を捉えるようにな
り、同一の語が、本来のつながりを持たないさまざまな事態を表すよう
になる、というわけです。このように、動詞 *rise* において、対象の上

昇運動とその認識に伴う視線の上昇とが乖離し、その視線の上昇が、対象の上昇とは無関係の（例えば丘の）形状を捉え、同一の動詞がその形状を指し表すという過程には、言語記号の恣意性と多義性の認知的原理を見ることができます。

恣意的な言語記号によって、間主観的な意思疎通や情報の共有が可能になる認知的原理については別に考察しなければなりませんが、言語の大きな特徴である恣意性を、語彙に反映する認知の観点から捉えることができたとして、次のもう一つの言語の特徴である文法について、どのように認知が反映しているかを見てみましょう。

3. 認知が文法に反映するということ：主語と直接目的語の場合

要素が結びつきより大きな構造を作り上げていくというのは、言語の決定的な特徴です。音素が結びついて音節を形成し、音節が結びついて語の音声面を形成します。また形態素が結合して語を作り、語が結合して文を作ります。

語の結びつけ方が文法ですが、文法には時制や相、不定詞や動名詞、冠詞や指示詞、関係詞や補文標識などがあり、これらにはラネカーの認知分析が示すように要素を結合させる性質があります。しかし語を結びつけるということで、一番わかりやすいのは、動詞に主語と直接目的語をくっつけて文にするというような場合ですから、ここでは、主語や直接目的語がどのような認知を反映し、結合がどのように行われるかを見てみましょう。

個人的には、語用論の研究や語法研究も面白いのですが、どうしても文の中心要素である主語や直接目的語のように文構造を決定するような要素が何なのか、ということが大きな疑問として気になります。この疑問の解消には、主語や目的語の表す意味や意味役割からのアプローチは役立ちません。文の表す「誰が何をどうした」というような意味の「誰」にあたる動作主（agent）が主語だというような答えは、文を受身にしたとき主語は被動作主（patient）ですから、いっぺんに吹き飛びます。プ

3. 認知が文法に反映するということ：主語と直接目的語の場合 | **229**

ロトタイプ論を持ち出して、動作主が典型的な主語で、被動作主は典型性の最も低い主語だという論文を *Language* 誌で読んだことがありますが、流行りの専門的概念を用いてただ現象を言い直しているだけで、なぜそうなのか、肝心なところは残されたままです。

　1986 年シアトルのアメリカ言語学会でのタルミー（L. Talmy）の発表は衝撃的で、主節と従属節が情報構造とかの問題ではなく、前景・後景という際立ちの問題であり、主語や直接目的語も、認知主体にとっての際立ちの問題として扱うことができるというのです。思い悩んでいた疑問に対する答えは、対象を捉える認知主体の＜捉え方＞すなわち認知する側にあったわけです。すでにレイコフ（G. Lakoff）やラネカーの研究があり、ヨーロッパでも認知言語学への胎動がありました。

　さて、主語や直接目的語でいろいろなものが表現されますが、主語や目的語にどのような認知が反映しているかを考察するには、次のような動詞 *shoot* の英語の文がいいでしょう。その多様な主語と直接目的語を捉えるには、主語や直接目的語が何を表しているかという観点からでは無理で、認知導入の必要性が実感されるはずです。主語を *John* に限定しても、直接目的語には、次のように拳銃、弾丸、ドア、ドアの穴などが生じます。

（10）a.　John shot the gun.　　　「ジョンが拳銃を撃った。」
　　　b.　John shot a few bullets.　「ジョンは二、三発撃った。」
　　　c.　John shot the door.　　　「ジョンはドアを撃った。」
　　　d.　John shot a hole in the door.「ジョンはドアを撃って穴を開けた。」

このような多様な目的語を捉える認知的原理は何でしょうか。同じ状況の描写で、*the gun* を主語にすると、直接目的語には、弾丸、ドア、ドアの穴がきます。

（11）a.　The gun shot a few bullets.
　　　　　「その拳銃から二、三発発射された。」

b. The gun shot the door.
「その拳銃から発射された弾がドアにあたった。」
c. The gun shot a hole in the door.
「その拳銃から発射された弾でドアに穴があいた。」

　同じような状況で、*the bullets* も主語になれるのですが、ドアとドアの穴が直接目的語として選択されます。

(12) a. The bullets shot the door.「弾がドアにあたった。」
b. The bullets shot a hole in the door.「弾がドアに穴を開けた。」

これほどに多様な主語と直接目的語の選択原理は何でしょうか。
　例文をただ眺めていても原理は見えてこないので、思考の補助線として、行為連鎖（action chain）を導入しましょう。上の例文からもわかるように、「撃つ」ということの背後には、実は少なくとも5つの参与体（射手、武器、飛翔体、対象、対象に生じるもの）が関与し、働きかけ（acting-on）の連鎖があります。射手が武器に働きかけ、武器が飛翔体に働きかけ、飛翔体が対象に働きかけ、最後は対象が一定の変化（たとえば穴があく）を被る、という順序の働きかけの連鎖です。これは、次のように図示されます。

(13)

　　　ジョン　　銃　　弾　　ドア　穴のあいたドア

　この図で、円は＜参与体＞（特に角丸の四角はドア）を、二重線矢印は＜働きかけ＞を表します（最後のはじけ図形は穴です）。働きかけには順序があり、まずジョンが銃に引き金を引くという働きかけをし、次に銃は（火薬を破裂させ）弾丸を飛ばすという働きかけをし、弾丸はドア

に一定の働きかけをする。最後は、ドアに穴があくという状態への状態変化です。最後の単線矢印がその状態変化（change of states）を表しています。このような参与体間の働きかけの連続（＋最後の状態変化）が行為連鎖（action chain）です。

この行為連鎖をもとに、上の9つの例文の主語と直接目的語についてわかることは、働きかけの流れのより上流にある参与体が主語で、その下流にある参与体が直接目的語で表現され、その逆はないということです。これではまだ、主語・直接目的語の選択原理にはほど遠く、そもそも文の描写する対象（あるいは意味内容）に基づいた記述です。

そこで、さらなる思考の補助線を施し、それぞれの例文に対応する行為連鎖を図示してみましょう。それぞれの例文の主語と直接目的語の参与体を結ぶ部分を四角で囲みます。そうすると、まず *John* を主語とする4つの例文の行為連鎖は次のように表示されます。

(14) a. John shot the gun.

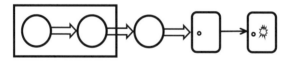

b. John shot a few bullets.

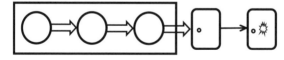

c. John shot the door.

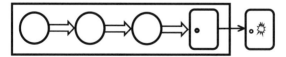

d. John shot a hole in the door.

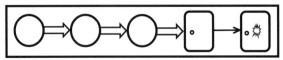

この段階で言えることは、各文が描写するのは、行為連鎖全体の一部分（あるいは全体）の行為連鎖であり、その部分の先頭の参与体と最後の参与体がそれぞれ主語と直接目的語で表現されるということです。

さらに、*the gun* を主語にする場合と *the bullets* を主語とする場合は、それぞれ以下の (15) (16) のようになりますが、主語・直接目的語で表される参与体については同様のことが言えそうです。

(15) a. The gun shot a few bullets.

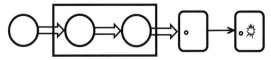

b. The gun shot the door.

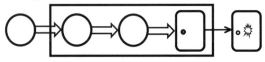

c. The gun shot a hole in the door.

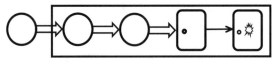

(16) a. The bullets shot the door.

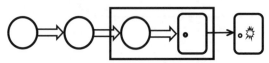

b. The bullets shot a hole in the door.

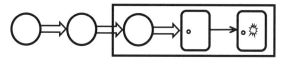

　この状況を、前景・後景という用語を用いれば、各文は、行為連鎖全体の一部分（四角で囲んだ部分）を前景化する表現形式と言えるでしょう。そしてそれぞれの文では、前景化される部分の最初の参与体が主語で、最後の参与体が直接目的語で表現されています。なぜ最初と最後の参与体か。物が一列に並んでいる場合、最初と最後の参与体が目立ち、それらがまず注目されるためでしょう。
　文は、ある状況のなかの前景化される事態を、その第一注目参与体を主語、第二注目参与体を直接目的語として、表現する形式だというわけです。ラネカーの認知文法にしたがい、その用語を用いて以下のようにまとめておきましょう。

(17) 主語と直接目的語はそれぞれ、前景化される（プロファイルされる）事態のなかの、第一注目参与体（トラジェクター、tr）と第二注目参与体（ランドマーク、lm）を表す。

もちろん事態は一般に、1つあるいは2つの参与体に（一番目、二番目に）注目することによって、前景化されて（プロファイルされて）認識されるわけですから、主語と直接目的語は事態認識の決定的要因を表していることにもなります。要するに一番目、二番目に目立つ参与体に注目して、当該事態をプロファイルして認識しているという、その認知の在り方がたとえばSVO文型の背後にある認知プロセスだというわけです。
　こうしてみると、いわゆる結果構文に通常現れない直接目的語が現れるという現象の認知的原理は、もはや明らかでしょう。次の結果構文では、鍋やレンジが動詞 *cook* の直接目的語になっています。

(18) a. John cooked the pan black.
　　b. John cooked the stove black.
　　　「ジョンが料理すると鍋/レンジがまっ黒になった。」

通常料理（cooking）では、食材や完成した料理（とその料理を中心とする食事）が参与体の中心ですから、*potatoes*（食材）、*ham and eggs*（完成した料理）、*dinner*（夕食）などがランドマークとして際立ち直接目的語で表現されます。この結果構文では、たまたまジョンが料理した場面で、鍋やレンジが、まっ黒になって目立ち、二番目に注目されランドマークとして直接目的語で表現される、というわけです。その認知構造図は以下のように水平の通常の行為連鎖と、斜め下への傍系の行為連鎖から成ります。

(19)

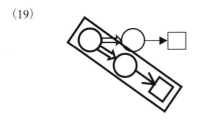

この図で左端の円は、料理人を、水平の二番目の円は、食材、最後の四角は食材が変化して出来上がる料理や食事を表し、二重線矢印は働きかけで単線矢印は変化と対応しています。斜め下への行為連鎖は、料理によって影響を受ける鍋やレンジがまっ黒になったという行為連を表し、結果構文ではこの連鎖へプロファイルがシフト（profile shift）します。ジョンの料理の場面では、ジョン（tr）とまっ黒になった調理機器（lm）が目に飛び込んできて、この事態が結果構文で表されるというわけです。結果述語 *black* は、通常目立たないものがどう目立っているかを示すため不可欠な要素です。通常構文は、語彙動詞のプロファイルと若干異なったプロファイルを表します。

　次のような SVO 文型の例も興味深い現象です。

3. 認知が文法に反映するということ：主語と直接目的語の場合　| **235**

(20) a. My car broke a string. 「私のギターの弦が切れた。」
    b. My car burst a tire. 「私の車のタイヤがバーストした。」

これらの例文が表すのは弦が切れたり、タイヤがバーストするという変化ですから、それが他動詞文で表現されるのは一見奇妙です。この場合も、ギターと弦、車とタイヤは、いずれも＜全体＞と＜部分＞の関係にあり、通常＜全体＞が＜部分＞より際立ちが強く、それぞれがトラジェクター、ランドマークとして主語、直接目的語で表現されると考えることができるでしょう。以上のように、1つあるいは2つの参与体に注目して、事態を際立たせ認識するという事態認識が、主語や直接目的語をもつ文表現の背後にあると言っていいでしょう。

　英語には、基本文型として、SV、SVC、SVO、SVOO、SVOC の5文型があるとされますが、主語が3つも4つある文型や目的語が5つも6つもある文型はありません。私たちの認知は、1つあるいは2つの参与体に注目して、事態を際立たせ事態を認識しているのであり、これが最適の事態認識の在り方として、それが5文型で表現されるようなところに落ち着いているのでしょう。このように基本的な事態認識が、基本的な表現形式に対応しているということは、コミュニケーションの最適化ということでもあるでしょう。もっとも効率がいい事態認識の在り方と、それをどのような表現形式に対応させるかは、認知とコミュケーションの最適性を求めて、一定の定着はみせるものの、絶えず若干の変更が加わっていくはずです。また文型の下には、多くのいわゆる構文があって、語彙とは異なる認知のさまざまなバリエーションと対応しています。その認知のバリエーションを探るのも重要な研究になっています。

　これまで見てきたように、1つあるいは2つの参与体に注目し、その事態を際立て事態認識を行い、文で表現するわけですが、その事態認識は、認知文法では（21）のように図示されます。

(21)

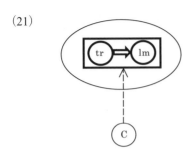

円Cから出る破線矢印は、認知主体（conceptualizer, C）が、視野全体（楕円で表示）の中の、2つの参与体（トラジェクター tr とランドマーク lm）に注目しているところで、これによって当該事態（四角で表示）の認識が成立します。（認知構造図では通常、円Cから四角の事態に向かう破線矢印は表示されません。）

4. 要素結合から再帰性（recursion）への認知的基盤

　主語と直接目的語が認知的なトラジェクターとランドマークに対応し、それが事態認識を惹き起こし、その事態が文で表現されるということを見ましたが、具体的に主語と直接目的語である名詞句が動詞句とどのように結合するかを見ておきましょう。

　基本的には、要素は自律要素（autonomous structure）と依存要素（dependent structure）の2種類しかなく、依存要素に自律要素が組み込まれる形で結合します（自律要素・依存要素結合、A/D alignment）。音素の場合、発音しやすい母音は自律要素、それだけで発音しにくい子音は依存要素であり、依存要素は自律要素である母音を組み込んで音節を形成し、音節は、第1ストレスのある自律的音節が、自律性の低い第2ストレスの依存的音節に組み込まれて、語の音声面を形成します。記号構造としての形態素や語は、自律性の高い形態素が自律性の低い依存的な形態素に組み込まれて形成されます。

　名詞は、語として、モノを表し自律性の高い要素で、動詞は未定の参与体を含み持ち、それゆえ依存的であり、その動詞の満たされていない

参与体の部分を満たす形で自律的名詞が動詞に組み込まれ、単純化して言えば、文ができるというわけです。次の (22a) では、動詞 *hit* の認知構造 (x hit y) の参与体 (x と y) が未定であることを塗りつぶしなしの円で示し、(22b) では、x と y を *Mary* と *John* が満たし、その部分が塗りつぶしの円で示され、文 (*Mary hit John.*) の認知構造になっています。

(22) a.
b.

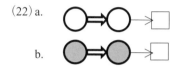

(x hit y の認知構造では、左の円で表示される参与体が右の円で表示される参与体に働きかけ（二重線矢印で表示）をし、働きかけを受けた右の参与体が何らかの変化を被りうることを、右の円から出る矢印が示しています。右端の四角は変化後の状態です。x hit y の場合、二つの参与体と働きかけがプロファイル部であり、太線で示されます。蹴られた対象が特定の変化をするわけではないので、単線矢印と四角はプロファイルされず、細線で表示されます。）動詞は、x、y という満たされるべき参与体を有している点で依存要素であり、名詞はその表すモノが充足しているので自律要素であり、自律要素が依存要素の満たされるべき部分に組み込まれる形で、結合は成立します。

語結合についてもう少し詳しく見てみましょう。*English teacher* という表現には「英語教師」と「英国人教師」という意味があり、複合語として 1 語（英語教師）なのか *English* が *teacher* を修飾する 2 語（英国人教師）なのか問題になります。いわゆるアメリカ構造主義言語学のように表面の構造のみに注目すると区別がつきませんが、その後、深層構造と呼ばれる構造を立てて区別したことがあります。「英語教師」の場合の深層構造は *teacher of English* で、「英国人教師」の場合の深層構造は *teacher from England* であり、次の (23a) のように *teacher* と *of English* の間には、別の句が割り込めないので、*teacher* と *of English* は結合が強く、その表層構造である *English teacher* は 1 語、つまり複合語ではな

238 | 第12章 認知から言語をとらえる

いかというわけです。

(23) a. ＊teacher [from England] of English

   b. teacher [of English] from England

(23b) の *teacher from England* は、別の句が割り込めるので、結合が
弱く、その表層構造である *English teacher*（英国人教師）は修飾・被修
飾関係にある2語だというわけです。

one による置き換えも興味深く、次のように *English teacher*（英語教
師）から *teacher* だけを取り出して *one* で置き換えることはできず、そ
れゆえ *English teacher* は1語であり、その置き換えが可能な English
teacher（英国人教師）は2語だというわけです。

(24) a. ＊This English teacher is taller than that French one.
      「この英語教師はあのフランス語教師より背が高い。」

   b. This English teacher is taller than that French one.
      「この英国人の教師はあのフランス人の教師より背が高い。」

統語重視の最近の研究プログラムでは、言語固有の特性として併合
(Merge) と呼ばれるような語の結合しか認めないので、語の存在は死守
されます（Chomsky(2010), Boeckx (2012)）。ただし、1語としての *English
teacher*（英語教師）も、*one who teaches English* のような関係節による統語
的語結合表現も、後に見るように、同じ認知操作を反映しています。で
すから、いずれの表現も、この認知操作を反映する手段として、必要に
迫られてブリコラージュ的に考案された表現手段かもしれません。そう
すると、一方が語彙的で、他方が統語的というような二分法は適切では
ないかもしれません。このようなことはありますが、統語的併合という
シンプルかつミニマルな特性で言語を観ようという研究プロフラムが打
ち出されたため、概念面でも形式面でも自律要素と依存要素の結合とい
う立場をとる認知的立場との、興味深い比較対照が行える状況になった

4. 要素結合から再帰性（recursion）への認知的基盤 | 239

と言えるでしょう。

　2 語としての *English teacher*（英国人教師）は、まず *teach* が *-er* によって名詞化され、その *teacher* が *English* によって修飾されます。こちらは形態論的にも統語論的にも問題はありません。一方、「英語教師」の方は、[*English teach*] という全体が *-er* によって名詞化されるために 1 語ということになりますが、形態論的な根拠は薄いように思われます。[*English teach*] という全体が形態論的な要素なのかどうかが問題です。

　認知的に見るとどうでしょうか。*teacher* という語彙は、*teach* という動詞に対してどのような意味的関係にあるでしょうか。*teach* は「教える」で、*teacher* は「教える人」だから、意味が増えたようですが、以下のように認知構造で見ると、ただプロファイルが動的関係（relation）から、モノ（thing）へシフトしたにすぎません。つまり「誰かが何かを教える」から「何かを教える誰か」へは、プロファイルが事態から教える誰かへ移動しただけで、「モノ化」（reification）とも呼ばれます。

(25) a.　teach の認知構造（プロファイル部は動的関係）

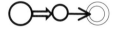

　　 b.　teacher の認知構造（プロファイル部は左端の教える人のみ）

　動詞 *teach* の認知構造は、教える人（左端の円）が教える内容（小さい円）を教えられる人（右端の大きい円）に送り込む（単線矢印で表示）というような構造であり、特に働きかけと教える内容の移動がプロファイルされています。一方名詞 *teacher* の場合は、左端の円すなわち教える人がプロファイルされるだけで、*teach*（*-er* に対しては自律要素）と *-er*（依存要素）の結合による名詞化は、事態（関係）からモノ（教える人）への単なるプロファイル・シフトであり、意味内容に増減はありません。（上の図で、真ん中の小円（教えられる内容）が大円（教えられる人）の

なかに収まっています。これらが細線で描かれているのは、教えられる内容が教えられる人に理解されたということに必ずしもなっていないことを示しています。*She taught us linguistics.* のように二重目的語構文での表現の場合は、理解が生じたことになり、右端の大小２つの円はプロファイルされ、太線で示されます。）

　[English teach] と -er の結合によって名詞化される場合の認知構造は、次のようで、(25) との違いは、教えられる内容が具体化され塗りつぶしの円になっている点だけで、プロファイル・シフトは同じです。

(26) a.　[English teach] の部分の認知構造
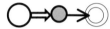

　　 b.　English teacher（英語教師）の認知構造
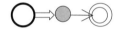

　ここで重要なのは、いわゆる関係節化による表現（*the man who teaches English*）も、実は、*The man teaches English.* という文からのプロファイル・シフトであり、(27a, b) に見るように、事態のプロファイルがモノ（教える人 (the man)）へプロファイル・シフトしています。(26) のプロファイル・シフトと同質のものです。

(27) a.　*The man teaches English.* の認知構造
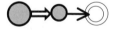

　　 b.　*The man who teaches English.* の認知構造
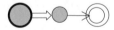

関係からモノへのプロファイル・シフトという同一の認知プロセスに対

応する形式面の手段が、*-er* による名詞化であり、またいわゆる関係詞を用いた名詞化であれば、もはや形態素による名詞化も、統語的な名詞化も、区別する必要はなく、語彙レベルと統語レベルの区別も必要ないかもしれません。とりあえず関係からモノへのプロファイル・シフトを反映するような形式について、同一言語の語彙レベル、統語レベルに関係なく、また言語差も関係なく、ブリコラージュ的にあり合わせの言語資源の中から、どのような要素や方法がリクルートされるのかを突き止め、その成立過程を記述していくのがいいかもしれません。個々の成立過程（あるいは文法化の過程）こそが面白いはずで、成立過程のレベル分け（語彙的か、統語的かなど）は厳密ではないかもしれません。

　関係からモノへのプロファイル・シフトは、人間言語にとって決定的に重要な認知プロセスでもあります。言語の再帰性（recursion）として、次の例に見られるように無限に埋め込み文を許すという性質があります。

(28)　... the dog worried the cat <u>that</u> killed the rat <u>that</u> ate the malt <u>that</u> lay in the house <u>that</u> Jack built.

最も下にある文は、*Jack built the house.* ですが、この事態のモノへのプロファイル・シフトを反映するのが、*the house that Jack built* であり、このようにモノがプロファイルすると、上位文（*The malt lay in ...*）の一つの参与体（あるいは項、argument）として組み込まれ、*The malt lay in the house that Jack built.* のような文が生まれます。さらにこの文の表す事態がモノへプロファイル・シフトすると、*the malt that lay in the house that Jack build* という表現になり、これがさらに上位の文（*The rat ate ...*）の参与体（項）として組み込まれると、*The rat ate the malt that lay ....* という文になるといった具合で、これが無限に繰り返され得るという言語の性質が、人間言語にのみ備わった再帰性だというわけです。関係をプロファイルする文をそのまま上位文に埋め込むことはできず、一度関係の中のモノをプロファイルする形式（関係詞を用いた名詞節）にして、上位文に組み込むわけですから、いわゆる文の埋め込みが無限に可能だということ、

242 | 第12章 認知から言語をとらえる

つまり再帰性は、関係からモノへのプロファイル・シフトなしには成立しません。つまり、事態からその中の参与体の一つへ注目を移すことによって、上位文の参与体（項）として組み込むことができるわけです。関係からモノへのプロファイル・シフトが認知的に不可能であれば、表現としての埋め込み文は成立せず、再帰性も生じません。再帰性が人間言語を決定づける特性であるならば、関係からモノへのプロファイル・シフトは、人間言語の背後にある決定的な認知プロセスだと言えます。

動詞 *kick*（蹴る）も事態つまり関係をプロファイルしますが、名詞 *kick*（蹴り）は事態全体をモノとしてとらえ、モノをプロファイルしているということできます。したがって動詞 *kick* から名詞 *kick* にも、関係からモノへのプロファイル・シフトがあると言えます。これを文レベルで見ると、*Mary kicked John.* は事態つまり関係をプロファイルしていますが、これを *that Mary kicked John* のように that 補文（that 節）にすると、これも「メアリがジョンを蹴った」という事態をモノ（「メアリがジョンを蹴ったこと」）として捉えており、関係からモノへのプロファイル・シフトがあります。こうしてプロファイルされるモノは、上位の文（*Bill noticed ...*）の参与体として組み込まれ、*Bill noticed that Mary kicked John.* のような文の埋め込みが可能になります。これを繰り返せば、*...that my mother thinks that your father knows that Bill noticed that Mary kicked John.* のような文が可能であり、ここでも再帰性を認めることができます。そしてこの再帰性の背後にも、関係からモノへのプロファイル・シフト、つまり、関係をモノとして観る認知が働いているということなのです。

5. 2つの認知モード：言語の進化とタイポロジー

OED によると、補文標識としての *that* は、本来指示詞であり、"Mary kicked John, I know that."（メアリがジョンを蹴ったんだろ、それ知ってる。）のように、事態を指示する *that* から始まって、"I know that; Mary kicked John."（それ知っているよ、メアリがジョンを蹴ったんだろ。）というような用法が拡張し、最後は補文標識 *that* が確立します。これは、

いわゆる文法化（grammaticalization）です。認知の要請に応じて、あり合わせの資源の中から特定の要素がリクルートされ、当該の機能をもつようになるのが文法化かもしれません。日本語では「の」です。「昨日買ったのを食べる」「昨日買ったのを覚えている」「昨日のを食べる」のようにいろいろなプロファイル・シフトを担当します。ある言語に埋め込み文の形式がなくても大騒ぎする必要はありません（Everett (2005)）。「あれ知ってる？」のようにモノを指示する指示詞アレが、出来事指示に使用されていたら、再帰性を可能にする、事態をモノとして観る認知（大げさに言えば、ヒトとしての証し）はあるのです。

さて、事態（関係）をモノとして観ることのできる認知の源泉は、どこにあるのでしょうか。2節で言及した言語記号の恣意性に関連があるかもしれません。上昇するものを捉えていた視線の上昇（認知プロセス）だけが動詞 rise と記号関係を成し、上昇していないものでも、視線の上昇で捉えられていれば、rise で描写されます。事態のなかの動作主の場合のように、一番目立つものに一番目に注目するという強い結びつきがこわれて、一番目に注目するということだけが主語と記号関係を結ぶと、通常は一番目に目立たない被動作主であっても、ある状況で一番目に注目されると主語で表現される（cf. 受身表現）、というわけです。同じように、本来はモノを捉えるときに働いていたモノ認知プロセスが、モノから乖離し、事態の認知に適用されると、その事態はモノとして捉えられるというわけです。

これと比べると明らかなように、動物の鳴き声はそうではありません。たとえばサバンナモンキーの一つの鳴き声の場合、ワシを目撃するということと、そのとき発せられる鳴き声と、そのあと群れがいっせいに恐ろし気に上を見るという行動までが、一体化していて、つまりは、ワシとその認識、鳴き声、恐怖感、行動が混然一体として、分離していないのです。そのため、ワシの飛来なしにこの動物がこの鳴き声を発して群れがこの行動をとるということは基本的にありません。

このような動物ほどではないにしても、経験と経験対象、あるいは認知とその対象との一体感は、最近の身体に基づく認知（embodied cognition) の研究が明らかにしているように、おもいのほか私たち人間の言語にも、残っているのではないかと思われます。この本来といってもよい認知状況とは、身体や環境を含めた認知作用とそこに生じる認知対象とが未分であるような状況であり、すべてが相互作用 (interaction) の状態にあるので、これを認知の I モード (I mode of cognition) として、次の (29a) 図のように表示されそうです。そこでは、「私」という感覚も存在もそのような認知の場に創発する認知像であり、目にする太陽や太陽の上昇も（とりわけ視覚にとっての）認知像だということになります。(29a) 図では、円で示された認知主体（私）も太陽も、「私」と太陽とのインタラクション（両向きの二重線矢印で表示）によって生じる太陽の上昇も、楕円の認知の場に創発する認知像として表示されます。すべてがなんらかの認知作用が生んだものだというわけです。

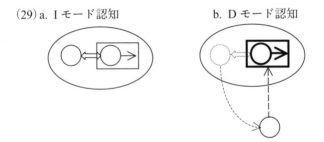

(29) a. I モード認知　　　　b. D モード認知

さて (29b) 図の認知の D モードでは、本来認知像である「私」（認知主体）が、認知の場から出て (displace)、これまた認知像である太陽の上昇を観るという認知構図になっています。自転する地球上の私たちと太陽とのインタラクションによって太陽が上昇しているように見えるのですから、私たちと太陽の上昇は本来切り離せないはずですが、あたかも私たちと太陽の上昇が別個にあって、私たちが太陽の上昇をながめているような認知構図です。この構図では、客体としての太陽の上昇と認知主体としての私たち（あるいは私たちの認知作用）は切り離されていて、そのため、私たちの認知作用が独り歩きし、その認知作用が、本来のものとは違ったものでも、捉えるというわけです。たとえば、モノと

モノ認知は一体化しているはずですが、Dモード認知でモノ認知が独り歩きし始めると、事態でもモノ認知で捉えると、事態がモノとして捉えられるというわけです。（モノとして捉えられた事態が、上位の文の項で表現されるのが埋め込み文であり、これが無限に繰り返し得るわけで、再帰性（recursion）の根本には、事態をモノとしてとらえるプロファイル・シフトあるということになります。）このように、すべてが未分状態にあるIモード認知の場から、とりわけ認知主体の私と対象が切り出され対峙するDモード認知への展開が、いろいろな捉え方を可能にする、というわけです。(21) のラネカーの認知モデルは、(29b) のDモード認知と同じですが、ここではIモードを導入し、IモードからDモードへの認知の展開・進化を考慮しますので、言語成立の根本的な側面の認知的考察が可能になっています。

　Iモードの認知の場から認知主体や対象が創発し、切り出されるという点は、概念の塊から、特定の概念を切り出すということと並行的です。たとえば、＜鳥飛ぶ＞という概念の塊から、＜鳥＞と＜飛ぶ＞を切り出す、＜魚泳ぐ＞から＜魚＞と＜泳ぐ＞を切り出す。そうすると自律概念の＜鳥＞と＜魚＞が、依存概念の＜飛ぶ＞と＜泳ぐ＞と結合して、「鳥が泳ぐ」「魚が飛ぶ」というような想像や発想も浮かぶことになります。おそらくダ・ヴィンチの頭の中では＜人＞と＜飛ぶ＞が結びついて現在のヘリコプターのようなものが構想され、何枚も何枚も素描したのでしょう。無数の自律概念と依存概念が切り出されると、その自由な結びつきで無限の世界が広がることになります。

　また、人間の発しうる音声のなかから個々の音が切り出されると、その自律的なものと依存的なものがくっついて音節ができ、その自律的なものと依存的なものがくっついて記号的な形態素や語ができる。その自律的なものと依存的なものがくっついて文ができるといった具合です。くっつき方がめちゃくちゃでなく、くっついたものも適度なサイズと複雑さで一定の体系を成しているのは、くっつき方とくっついたものが現実の使用の中で（思考やコミュニケーションで使用される中で）「使用に耐えるものだけが残る」という淘汰の結果だと言えます。このように

246 | 第12章　認知から言語をとらえる

すべてが自律要素と依存要素の結合ですから、統語的な結合のみを特別に扱う必要もありません。

　この結合は、結合する要素がなければ成立しませんから、結合する要素があること、つまりさまざまな塊から要素を切り出すということ（carving out と呼びましょう）が前提になっています。この切り出しは、認知の場から認知主体と認知の対象（客体）が切り出されるということと並行的でしたから、切り出しの根源は、Ｉモードのような認知からＤモードのような認知への、認知の展開・進化ということになります。もともと全体を成すものからの切り出しですから、切り出される要素は、おのずと自律要素と依存要素であり、自由に結合するので、私たちの結合能力（Hauser（2009））は必要ありません。

　ＩモードやＤモードのような認知を想定することは、言語の根本を考察するのに有用ですが、言語のタイポロジーを観るのにも有用です。ざっくり言えば、Ｉモードを反映する日本語は、描写する側と描写する対象がほぼ距離ゼロ、Ｄモードを反映する英語は、この二つの間の距離が比較的大きく、他の言語の場合の距離は、日本語と英語の間におけそうです。

　よく言及される「寒い！」は、感覚と表現が一体化していて、私たちは他者の感覚は持てないため、他者の感覚と表現が一体化することはなく「*彼は寒い！」とは言えません。英語の場合、Ｄモードで感覚を離れて眺めているところがあり、「彼」の中に寒さの感覚があることが確認できれば *He is cold.* と言えることになります。英語の *I am cold.* は、自分の感覚をまるで他者の感覚のように眺めて言う表現でもあります。

　一見、Ｄモード認知による普通の描写文のようでも、日本語の場合同じ文を、Ｉモード認知による認知感覚の発露としても用いることができます。「このバーベルは持ち上がらない」というのは描写文・説明文としても使えますが、自分が持ち上げようとして持ち上がらなかったときも使えます。英語の *This barbell doesn't lift.* にこの用法はありません。「この（1パックの）玉子は冷蔵庫に入らない」という文も、入れてみようとして入らなかったときの認知感覚の表出表現にもなります。「てい

る」も描写文・説明文としては進行相・完了相を表しますが、「よく調べてみると、犯人は大阪に一度立ち寄っている」のように発見の「ている」でもあります。このような証拠性（evidentiality）にも関連する現象を、I モードとの関連から洗いなおしてみると興味深いことが多くあるかもしれません。

　もちろんオノマトペの存在は事態と込みの認知感覚の現れですし、類別詞の一羽、二羽、一枚、二枚も、対象に対する認知感覚の現れでしょう。言語構造の 3 つ一組の特徴である＜話題・陳述＞構造、項の省略、スクランブリングも、I モードの観点から何か見えてくるかもしれません。以上の現象が英語に基本的に見られないということも大きな考察の推進力になります。

6. おわりに

　本章で、垣間見たことを整理すれば次のようになります。

① 語彙の用法に決定的に関与するのが認知の仕方であり、文法的概念の主語や目的語も認知的な注目の順序と深く関係し、1 つあるいは 2 つのものに注目して事態認識が行われ、それが文によって表現される。

② 語の結合は、自律要素と依存要素の結合という一般原理に従って生起するのであり、たとえば動詞の意味構造の空き間を自律要素の名詞が埋めるような形で結合する。関係からモノへのプロファイル・シフトというような認知操作が、語彙的結合（動詞＋ -er）によっても、また統語的結合（関係節形成）によっても引き起こされる。

③ 無限に文の埋め込みを繰り返すという操作は、関係からモノへプロファイル・シフトしたそのモノを、上位の文の項で表現するということの繰り返し操作に他ならない（再帰性）。

④ I モードから展開・進化した D モード認知で、自律要素と依存要素の切り出しが行われ（自由な結合を可能にし）、認知プロセス（認知主体）が叙述対象から独立し、同一の認知プロセスによってさまざ

まなものが捉えられる（関係をモノとして捉えるのもその一つ）。

⑤ I モードと D モードは言語対照や言語タイポロジーのための有益な観点を提供しうる。

参照文献

Boecks, Cedric (2012) The emergence of language, from a biolinguistic point of view, *The Oxford Handbook of Language Evolution*, ed. by M. Tallerman and K.R. Gibson, 492–501. Oxford: Oxford University Press.

Chomsky, Noam (2010) Some simple Evo Devo theses: How true might they be for language?, *The Evolution of Human Language: Biolinguistic Perspectives*, ed. by R. Larson, V. Deprez, H. Yamakido, 45–62. Cambridge: Cambridge University Press.

Everett, Daniel L. (2005) Cultural constraints on grammar and cognition in Piraha. *Current Anthropology* 464. 621–646.

Hauser, Mark (2009) The origin of the mind. *Scientific American*, September 45–51.

Heine, Bernd and Tania Kuteva (2007) *The Genesis of Grammar: A Reconstruction*. Cambridge: Cambridge University Press.

James, William (2003) *Essays in Radical Empiricism*, ed. by R.B. Perry. New York: Dover Publications.

Langacker, Ronald (2008) *Cognitive Grammar: An Introduction*. Oxford University Press. [山梨正明（監訳）(2011)『認知文法論序説』研究社出版，東京].

Langacker, Ronald (2009) *Investigations in Cognitive Grammar*. Berlin and New York: Mouton de Gruyter.

Matsumoto, Yo (1996) Subjective-change expressions in Japanese and their cognitive and linguistic bases. *Cognitive Linguistics* 7. 183-226.

中村芳久（編著）(2004)『認知文法論 II』［シリーズ認知言語学入門第 5 巻］，大修館書店，東京.

中村芳久 (2009) 認知モードの射程．『「内」と「外」の言語学』坪本篤朗・早瀬尚子・和田尚明（編），353–393. 開拓社，東京.

中村芳久・上原 聡 (2016)『ラネカーの（間）主観性とその展開』開拓社，東京.

中村芳久 (2018 予定).『認知文法研究—主観性の言語学—』くろしお出版，東京.

索　引

don't と doesn't の出現頻度　90
NEG 脱落　113
Reduced Free Relative　130
Small Clause　129
X バー理論（X-bar theory）　166

あ

アクション・チェイン（action chain）
　　149
改まった（formal）語句　92
依存要素（dependent structure）　236
一般化された会話的推意
　　（generalized conversational
　　implicature）184
イディオム（idiom）　199
イディオム切片（idiom chuck）　120
意味内容（conceptual content）　222
韻律外（extrametrical）　29
英語史上最大の難問（crux）　3
エピソード的名詞（episodic noun）
　　150, 151
押し上げ連鎖説（push-chain theory）
　　6
音形（sound form）　67
音節（penult）　20
音節構造（syllable structure）　19
音節初頭子音（onset）　21
音節拍リズム（syllable-timed
　　rhythm）15
音節末尾子音（coda）　21
音節量（syllable quantity）　21

か

解釈（construal）　148
外置（extrapose）　166
外文法的（extragrammatical）　119

会話的推意（implicature）　184
会話の公理（Conversational Maxims）
　　184
過去分詞（Past Participle）　137
過剰適応（hyperadaptation）　12
化石化した要素（fossilized element）
　　120
可能な語（possible words）　66
関係形容詞（relational adjectives）　71
間接発話行為（indirect speech act）
　　185
擬似部分構造（pseudopartitive）　164
基数的数量詞（cardinal quantifier）
　　174
機能投射構造（Functional Projection）
　　130
気品のある（elevated）語句　92
決まり文句的な（stereotyped）　180
逆成、逆形成（back-formation）　40,
　　67
逆用（exploiting）　191
境界（boundary）　27
強強勢（strong stress）　45
競合（competition）　75
強弱型（trochaic pattern）　80
強勢（stress）　19
強勢移動（stress shift）　80
強勢型（stress pattern）　45
強勢衝突（stress clash）　33
強勢の型（stress pattern）　79
強勢拍リズム（stress-timed rhythm）
　　15
協調の原理（Cooperative Principle）
　　184
近代英語（Modern English）　2, 44
緊張母音（tense vowel）　26
くだけた（informal）語句　92

屈折（inflection）67
句動詞構文（phrasal verb
　construction）64
軽音節（light syllable）21
経験者（Experiencer）144
形式的調整（formal adjustment）79,
　81
形態素（morpheme）123
形態的緊密性（Lexical Integrity）45
軽動詞構文（light verb construction）
　150
計量（measure）162
計量的部分名詞（measure partitive
　noun）164
決定詞（determiner）165
現行談話スペース（Current Discourse
　Space）194
現在分詞（Present Participle）137
現代英語（Present-day English）3, 43
語彙化（lexicalization）44
語彙範疇（lexical category）165
行為連鎖（action chain）230, 231
合成性（compositionality）120
構造的一貫性の問題（The structural
　coherence problem）6
拘束形態素（bound morpheme）33
交替強勢規則（Alternating Stress
　Rule）30
構文（construction）118
構文化（constructionalization）119
構文文法（Construction Grammar）
　118
公理の遵守（observing）191
古英語（Old English）44, 112
語幹（stem）27
語基（base）67
黒人英語（Black English Vernacular）
　87
語形成（word-formation）67
語形成規則（Word Formation Rule）

　75
個人的（subjective）190
固定したコロケーション（fixed
　collocation）210
コピュラ（Copula）127
語末音節（ultima）20
コロケーション（collocation）199
混成（blending）67

さ

再帰性（recursion）236, 241, 245
参与体（あるいは項、argument）
　241
子音（consonant）21
弛緩母音（lax vowel）26
指示物（referent）162
質（quality）162
実在の語（actual words）66
指定文（Specificational Sentence）
　129
弱強型（iambic pattern）80
重音節（heavy syllable）21
主強勢（main stress）20
主節（matrix clauses）180
主体移動（subjective motion）226
主題（Theme）144
出力（output）76
主要部名詞（head noun）111
証拠性（evidentiality）247
上昇化（raising）4
状態変化（change of states）231
省略（ellipsis）109
叙述文（Predicational Sentence）129
自律要素（autonomous structure）
　236
身体を通しての認知（embodied
　cognition）227, 243
真部分構造（true partitive）164
数量詞（quantifier）165
スキーマ（schema）148

索 引 | 251

制限的用法（restrictive use）172
生産性（productivity）74
接辞（affix）33
接辞付加（affixation）67
接頭辞（prefix）27
全体的意味（holistic meaning）120
相互作用（interaction）244
双方向性（bidirectionality）76
俗語レベルの語句（vulgar）92

た
第 2 強勢（secondary stress）28
大母音推移（Great Vowel Shift）2
他動性（transitivity）149
短縮（clipping）67
短母音（short vowel）21
談話（discourse）109
チャンク（chunk）119
チャンク形成（chunking）119
中英語（Middle English）2, 44
超重音節（superheavy syllable）21
長母音（long vowel）21
陳述（statement）185
強い数量詞（strong quantifier）174
転換（conversion）39, 66
等位（coordination）71
同一性条件（identity condition）78
同化（assimilation）41
統語句（syntactic phrase）43
統語構造（syntactic structure）165
動作主（agent）41, 144, 149, 228
頭字語（acronym）67
同族の名詞（cognate noun）143
同族目的語構文（cognate object
　　construction）143
動的関係（relation）239
動名詞（gerund）112
トーンユニット（tone unit）179
特異性（idiosyncrasy）117
特定化された会話的推意

（particularized conversational
　implicature）184
捉え方（construal）150, 225
トラジェクター（trajector）149, 233

な
二重語（doublets）75
二重母音（diphthong）21
二重母音化（diphthongization）4
入力（input）76
認識動詞（verbs of cognition）180
認識様態的句（epistemic phrase）
　191
認知（construal, cognitive processing）
　222
認知主体（conceptualizer）236
認知の I モード（I mode of cognition）
　244
認知の D モード（D mode of
　cognition）244
認知文法（Cognitive Grammar）221
ネガティブフェイス（Negative Face）
　185

は
派生（derivation）67
派生語（derivative）67
はだか名詞（bare noun）165
働きかけ（acting-on）230
発話内の力（illocutionary force）185
引き上げ連鎖説（drag-chain theory）
　6
非個人的（impersonal）190
非指示的（non-referential）175
非制限的用法（nonrestrictive use）
　172
非前提的（non-presuppositional）174
非対格動詞（unaccusative verb）144
否定辞 not の省略 $_2$ 113
被動作主（patient）144, 149, 228

非能格性（unergativity）65
非能格動詞（unergative verb）144
非有界的（unbounded）174
評言節（comment clause）179
比率的数量詞（proportional quantifier）174
フェイス侵害行為（Face Threatening Acts）186
不可能な語（impossible words）66
副強勢（subsidiary stress）28
複合（compounding）67
複合語（compound）43
複合否定辞（complex negation）113
複合名詞（compound noun）43
部分構造（partitive construction）161
部分構造制約（partitive constraint）165
部分・全体の関係（part-whole relation）161
不変化詞（particle）64
プロソディー（prosody）15
プロトタイプ（prototype）148
プロファイル（profile）233
プロファイルシフト（profile shift）234
分割（partition）162
文法化（grammaticalization）128, 243
ヘッジ（hedge）180
方言の問題（The dialect problem）6
方向性（directionality）69
ポジティブフェイス（Positive Face）185
補部（complement）112
ポライトネスの原理（Politeness Principle）185
ポライトネス理論（Politeness Theory）185

ま

見方（perspective）148
無視（flouting）191
無標の形容詞（an unmarked adjective）217
名詞句（noun phrase）43
メタファー（metaphor）211
メタファー的意味拡張（metaphorical semantic extension）64
メトニミー（metonymy）77
モーラ（mora）21
モノ化（reification）239

や

融合（Merger）10
誘導推論（invited inference）188
有標の形容詞（a marked adjective）217
弱い数量詞（weak quantifier）174

ら

ランドマーク（landmark）149, 233
離脱（displace）227
量（quantity）162
類推（analogy）40
類別詞（classifier）162
連鎖的推移（Chain Shifts）10

執筆者紹介 （掲載順，＊は編者）

服部 義弘 （はっとり よしひろ）　　静岡大学 名誉教授

山本 武史 （やまもと たけし）　　大阪大学大学院 言語文化研究科 准教授

米倉　 綽 （よねくら ひろし）＊　　京都府立大学 名誉教授

長野 明子 （ながの あきこ）　　東北大学大学院 情報科学研究科 准教授

中村 不二夫 （なかむら ふじお）　　愛知県立大学 外国語学部 教授

前田　 満 （まえだ みつる）　　愛知学院大学 文学部 教授

保坂 道雄 （ほさか みちお）　　日本大学 文理学部 教授

堀田 優子 （ほりた ゆうこ）　　金沢大学 人文学類 准教授

田中 秀毅 （たなか ひでき）　　横浜国立大学 教育学部 准教授

小林　 隆 （こばやし たかし）　　群馬県立女子大学 文学部 講師

堀　 正広 （ほり まさひろ）　　熊本学園大学 外国語学部 教授

中村 芳久 （なかむら よしひさ）＊　　大阪学院大学 外国語学部 教授
　　　　　　　　　　　　　　　金沢大学 名誉教授

所属・職位は 2018 年 4 月現在

米倉　綽（よねくら ひろし）
1941 年生まれ．京都府立大学名誉教授．
専門分野は英語史・歴史英語学．著書に，『ことばが語るもの：文学と言語学の試み』（編著、英宝社、2012）、『歴史的にみた英語の語形成』（単著、開拓社、2015）、"Some Considerations of Affixal Negation in Shakespeare" (*Studies in Middle and Modern English: Historical Variation*, Kaitakusha, 2017) など

中村芳久（なかむら よしひさ）
1951 年生まれ．大阪学院大学外国語学部教授．金沢大学名誉教授．
専門分野は英語学・認知言語学．著書に，『認知文法研究』（単著、くろしお出版、2018 予定）、『ラネカーの（間）主観性とその展開』（共編・著、開拓社、2016）、『認知文法論 II』（共著、大修館書店、2004）など

英語学が語るもの

NDC830／ix+253p／21cm

初版第 1 刷――――2018年　5月 30日
編　者―――――米倉　綽・中村芳久

発行人―――――岡野秀夫
発行所―――――株式会社 くろしお出版
　　　　　　　〒113-0033　東京都文京区本郷3-21-10
　　　　　　　［電話］03-5684-3389　［WEB］www.9640.jp

印刷・製本　藤原印刷　装　丁　折原カズヒロ

©Hiroshi Yonekura and Yoshihisa Nakamura, 2018
Printed in Japan

ISBN978-4-87424-756-3　C1082

乱丁・落丁はお取りかえいたします．本書の無断転載・複製を禁じます．